江苏人才强省建设决策咨询研究基地成果

创新型人才成长规律研究

曹　杰　蒋　莹　曹　玲　王娓娓　著

科　学　出　版　社
北　京

内 容 简 介

创新型人才是提升国家核心竞争力的关键，如何培养创新型人才成为需要全社会解答的课题。创新型人才的成长有一定规律可循，而这些规律必然发生在生命成长的各个时期、空间。有别于一般的创新型人才成长规律研究，本书聚焦于三个不同的人才成长空间，在微观、中观、宏观三个层面上进行分课题、分论点讨论，以期给出创新型人才生命成长中的基本规律描述。本书从多方位的视角进行探讨，勾勒出创新型人才成长的基本规律，并着重于微观、中观成长环境的分析，更贴近具体操作层面，并对家庭教养、组织中的人力资源管理提出了中肯的、切实的建议与意见。

本书可供相关的人才管理部门、人力资源从业者以及从事人才研究和人力资源管理研究的学者参考，也可作为教育工作者的参考书。

图书在版编目（CIP）数据

创新型人才成长规律研究/曹杰等著. —北京：科学出版社，2018.3
ISBN 978-7-03-056278-4

Ⅰ. ①创…　Ⅱ. ①曹…　Ⅲ. ①创造型人才-人才培养-培养模式-研究
Ⅳ. ①C964

中国版本图书馆 CIP 数据核字（2018）第 006630 号

责任编辑：胡　凯　许　蕾　曾佳佳/责任校对：彭　涛
责任印制：赵　博/封面设计：许　瑞

科学出版社 出版
北京东黄城根北街 16 号
邮政编码：100717
http://www.sciencep.com
北京九州迅驰传媒文化有限公司 印刷
科学出版社发行　各地新华书店经销
*
2018 年 3 月第　一　版　　开本：720 × 1000　B5
2024 年 1 月第三次印刷　　印张：15
字数：300 000

定价：99.00 元

（如有印装质量问题，我社负责调换）

前　言

创新是人们在实践中通过研究事物的本质与规律而得出新认识的过程，而创新型人才则是运作这一过程的行动者。在当今知识经济时代，创新型人才成为提升国家核心竞争力的关键，如何培养创新型人才成为需要全社会解答的一个课题。无论是国家政府层面、组织管理层面，还是学校教育层面，创新型人才的成长规律是共同关注的问题。

创新型人才的成长是有一定规律可循的，而这些规律必然发生在这个个体生命成长的各个时期、空间，包括家庭、学校、组织、地区。有别于一般的创新型人才成长规律研究，本书聚焦于三个不同的人才成长空间，在微观、中观、宏观三个层面上进行分课题、分论点的讨论，以期能组合出一个创新型人才生命成长中的基本规律描述。

在微观层面，本书首先探讨了父母教养方式与创造力之间的关系。父母教养是每个人成长的第一步，父母的教养方式左右了孩子最为基本的社会生存方式，包括孩子的个性、性格、处事方式、自我价值观等。经过实证调研，研究发现父母的性别、教育水平、溺爱程度、对孩子的信任程度等皆对孩子的创造力具有一定的影响。其次，本书从适应性绩效的角度，讨论了创新型人才在进入一个正式的管理组织后，在学习能力、文化适应、不确定事件处理以及压力承受能力上的个体基本特征。研究结论认为，创新型人才的适应性绩效是其创造任务绩效的基础和前提。

在中观层面，本书首先探讨了创新型人才的激励方式，强调创新型人才所想要的激励是差异化的，并且注重内在动机、精神激励以及长远的职业生涯规划。其次，本书探讨了研发团队的创新氛围与组织层面的创新氛围。团队是创新型人才在其岗位必须要进入的一种基本的社会性群体，以团队为单位的创新重于个体创新。为此，团队管理者可以考虑从团队愿景、成员之间的有效互动、团队信息技术平台的建立、正规化制度的建立以及管理者的角色任务等方面加强团队的创新管理。在团队运作的基础上，组织层面的创新氛围影响因素则更为丰富，还包括工作氛围、领导支持、组织支持、学习与培训、企业文化等方面，这些管理内容的建设实际在搭建一个促进创新型人才成长的最真实的社会性互动情境。同时，本书在企业和事业单位两个不同性质、不同氛围的组织中进行了调查研究，用案例分析的方式剖析了两个组织在员工激励与培训上的措施，用实证调研的方式证实了在事业单位中，因为职位的“永久性”保障，员工可以克服在组织政治知觉上的不舒适感，工作满意度并不下降。

在宏观层面，本书探讨“官本位”文化对创新型人才成长的制约，并从人才选拔、人才产品、薪酬体系、激励方式和组织文化方面提出了相关的改善建议。最后，本书以无锡市为例，全面介绍了地区人才引进、创业环境建设的九个方面，以期对其他城市的创业创新环境建设起到一个综合性的借鉴作用。

基于以上三个层面的研究与讨论，本书最终总结出六个方面共 33 条创新型人才的成长规律，主要包括：①孕育创造力的原生家庭氛围（父母情感温暖、注重父亲教养、品质教养重于能力教养、提倡高学历父母的开放式教养）；②创新型人才人格特征与独特能力（尊重自我职业兴趣、理智的职业规划、开放沉稳的职业心态、持续的学习能力、灵活的人际交流能力、良好的时间管理能力和压力调适能力）；③创新型人才激励措施（倡导差异化激励、注重内部动机激励、注重职业生涯规划）；④创新型团队管理（团队愿景重于团队目标、注重团队成员之间的社会性互动、重建师徒制、团队管理者的创新推进者和跨边界管理者双重角色）；⑤建立创新导向的组织氛围（在组织战略层面明确创新型人才引进用途，科学测评创新型人才，重视心理契约，明确区分科研人员与科研管理人员的不同岗位职责与能力需求，为科研人员和科研管理人员设计多通道职业发展路径，加强科研管理者的管理能力培训，重视内部创新型人才的培养，推行全面绩效考核，弱化“职称”，推行宽带薪酬，提倡科学健康的领导-下属关系，营造必要的职业危机感，关注创新型人才的职业心理健康）；⑥国家与地区创新环境建设（提倡独立、自由、开放的教育理念，重视人文科学的发展与创新，注重高层次管理人员的引进，培养“领导者”而非“管理者”，帮助创新创业人员适应本地生存软环境）。

总之，本书希望能以多方位的视角，在不同的层面、不同的论题上进行探讨，勾勒出创新型人才成长中的基本规律，并着重于微观、中观成长环境的分析。为此，本书得出的结论更加贴近具体的操作层面，对家庭教养、组织中的人力资源管理提出了中肯的、切实的建议与意见。

本书的出版得到了中国科学技术协会调研宣传项目（2010ZCYJ02-2）、江苏高校哲学社会科学优秀创新团队建设项目（2015ZSTD006）、江苏省“333 工程”项目（BRA2017396）、江苏人才强省建设决策咨询研究基地的资助，也得到了科学出版社的大力支持，在此表示感谢！

由于时间仓促和作者水平有限，书中不当之处在所难免，请读者批评指正。

作　者

2018 年 1 月

目　录

1 绪　论

1.1 研究背景

1.1.1 人才成为第一资源

所谓创新（innovation），是指人们在实践中通过研究事物的新过程、新本质、新规律而得出新认识，并且依靠新认识来发明新的实用技术或者新的实践方法，来创造新的事物或开拓新的局面的过程。美籍奥地利经济学家约瑟夫·熊彼特（Schumpeter，1912）在经济学领域提出创新理论，认为创新就是建立一种新的生产函数，将新的生产要素和生产条件的新组合引入生产体系中去。2000 年，联合国经济合作与发展组织（简称经合组织，OECD）提出“创新必须考虑在经济上的运用，实现其潜在的经济价值。只有当发明创造引入经济领域，它才成为创新”。2004 年，美国竞争力委员会向政府提交的《创新美国》计划中提出：“创新是把感悟和技术转化为能够创造新的市值、驱动经济增长和提高生活标准的新的产品、新的过程与方法和新的服务。”由此可见，创新的目的是为包括消费者在内的利益相关者创造价值，提供服务，提升人们的生活品质，增进其福利和便利性，甚至推动社会经济发展的进程。

目前，我国进入了全面建设小康社会的关键时期。2005 年，《中共中央关于制定国民经济和社会发展第十一个五年规划的建议》中提出，制定“十一五”规划，要以邓小平理论和“三个代表”重要思想为指导，全面贯彻落实科学发展观。坚持发展是硬道理，坚持抓好发展这个党执政兴国的第一要务，坚持以经济建设为中心，坚持用发展和改革的办法解决前进中的问题。发展必须是科学发展，要坚持以人为本，转变发展观念、创新发展模式、提高发展质量，把经济社会发展切实转入全面协调可持续发展的轨道。

2006 年，胡锦涛主席在全国科学技术大会上发表重要讲话，提出要建设创新型国家的动员口号，提出了要把科技进步和创新作为社会经济发展的首要推动力量，将建设创新型国家作为未来发展的重要战略。进入创新型国家建设时期是我国国民经济整体发展的重要举措，对我国经济增长方式转变、提高核心竞争力、加快现代化建设步伐以及实现以科技为引擎的第二次经济腾飞具有重要的现实意义和深远的历史意义。

同年，胡锦涛同志在两院院士大会上强调，建设创新型国家“最根本的是要靠科技的力量”。学习贯彻纲要，首先要加深对人才资源是第一资源重要性和建设人才强国战略目标的理解，进一步解放思想、更新观念，营造人人关心、支持人才工作和人才发展的社会氛围，在全社会形成讲科学、爱科学、学科学、用科学的良好风气。

2008 年，国家总理温家宝指出：坚定不移地贯彻落实科学发展观，坚定不移地实施科教兴国战略和人才强国战略，坚定不移地推进科技进步和创新，充分发挥科技第一生产力的作用，把我国经济社会发展切实转入科学发展的轨道。自主创新，就是从增强国家创新能力出发，加强原始创新、集成创新和在引进先进技术基础上的消化吸收再创新。加强自主创新是我国科学技术发展的战略基点。

2010 年，第十二届中国科协年会提出，“十二五”时期科技发展将遵循五项原则：继续坚持创新导向；继续坚持需求牵引；继续坚持统筹兼顾，统筹政府引导和发挥市场机制的作用，统筹国内国外两种资源，统筹科技创新和管理创新；继续坚持以人为本，把改善民生作为根本出发点和落脚点，把创新型人才队伍和创新环境建设作为根本任务；继续坚持跨越式的发展，从量的积累到质的提升来推动经济社会发展。

可见，进入“十二五”发展期间，种种政策和规划都表现了国家和党对创新型人才需求的渴望程度是多么的强烈。建设创新型国家，提高国家竞争力，核心是提高自主创新能力，科技创新是提高创新能力的重点。科技创新，人才是关键。随着经济的发展，科学的不断进步，人才资源尤其是创新型人才的作用越来越重要。因此，世界各国都大力培养创新型人才，并在全球范围内争夺创新型人才，力争在世界市场的发展与壮大中取得先机，塑造强有力的国力。党的十六大报告提出：要造就数以亿计的高素质劳动者、数以千万计的专门人才和一大批拔尖创新人才。这些不同层次的人才都包含着创新人才，既包括一流的思想家、科学家、理论家和能够发明创造的研究型人才，也包括规模庞大的、具有创新思维，能够推广新思路、扩散新技术的应用型人才。

为此，本书拟以创新型人才为研究对象，使用深度访谈、问卷调研、实证调研、理论推演等研究方法，分析创新型人才成长的不足与问题，揭示创新型人才成长规律，借鉴国内外成功经验，提出合适可行的促进我国创新型人才培养与成长的对策与建议。

1.1.2 中国创新型人才的发展情况

今日的世界处于知识经济时代，人才作为国家发展的第一资源，在各国竞争中越来越起到最终决定作用。科技作为第一生产力的作用逐渐突出，科技作为人类文明进步的基础和原动力的作用也日益凸显，以科技和人才为核心的综合国力竞争越演越烈，科技比历史上任何时期都更加深刻地牵动着经济发展、社会进步、人民福祉。为此，当今各国之间的人才竞争越来越激烈，而其中创新型人才竞争尤为明显。

美国近百年来特别是第二次世界大战以来，成为世界上经济军事强国，首先得益于它的科技长期保持领先地位。自1900年至2017年，全世界有876人荣获诺贝尔奖，美、英、德、法有640人获诺贝尔奖，其中美国已有356位科学家获得诺贝尔奖，占全世界获诺贝尔奖总数的40%以上[①]，在科技和工程领域，人们耳熟能详的“硅谷”奇迹和“新经济”的产生都与美国的高科技密不可分。世界上重大科技创新多数发端于美国。正是靠着高科技，美国能引领世界科技新潮流，有持久发展的动力。这与美国科技人才有很高的经济社会地位有密切关系。发达国家和地区重视知识与人才的民意很值得我们思索与借鉴，那里有重视科技的制度与舆论环境。

我国也逐步深刻认识到创新型人才的重要性，正在努力建设成为一个创新型国家，并相继提出和制定了一些建议和政策，以促进创新型人才的培养。

2003年中央人才工作会议以后，我国的人才建设已经取得了巨大的成就，人才工作目前处于很好的时期。人才资源是第一资源的战略思想已经深入人心，人才总量在不断稳步增长，人才的素质也是不断提高，创新型人才的培养也取得了巨大的成果，以“两弹一星”、杂交水稻、载人航天、陆相生油理论与应用、高性能计算机等为标志的一大批重大科技成果，极大地增强了我国的综合实力；一批具有创新能力的高新技术企业，如联想、海尔、华为、方正等迅速成长壮大，成为引领国民经济增长的重要力量。但是，在目前的社会环境下，我国的人才现状还是存在着许多不足之处。

1）总量大，相对规模小

温家宝总理曾就中国自然资源相对短缺的状况有过这样的陈述：任何一个“小数”乘以13亿就是一个“大数”，任何一个“大数”除以13亿只能是一个“小数”。这句话同样适用于我国的人才资源。根据国际统计，2012年，我国每万名劳动力拥有研发人员数量为38人，远低于日本（133人/万名）、韩国（135人/万名）、德国（132人/万名）、俄罗斯（111人/万名）等国家。从我国经济社会快速发展的态势看，科技队伍的总体规模仍需要较大发展。

2）高层次人才匮乏，创新型人才少

在我国科技人才资源中，能够把握世界科技前沿、做出重大科技创新成果的战略科学家非常匮乏。我国缺乏国际级科学大师，我国获国际性权威科学奖的人数寥寥无几。截至2017年，世界上获得诺贝尔奖数量（教职工、校友及工作人员）最多的10所高校分别是：美国哈佛大学（133位），英国剑桥大学（97位），美国

① https://www.phb123.com/xinwen/rd/18555.html.

哥伦比亚大学（96位），美国加州大学伯克利分校（94位），美国芝加哥大学（92位），美国麻省理工学院（88位），美国斯坦福大学（67位），英国牛津大学（66位），美国加州理工学院（66位），美国耶鲁大学（58位）。而中国籍公民仅有屠呦呦、莫言等极少数获奖者。令人惋惜的是，李政道、钱永健、杨振宁、丁肇中、李远哲、朱棣文、崔琦、高行健这8位华人诺贝尔奖获得者却是在别国的土地上获得此项荣誉的。为何聪明的中国人却是在他国的环境下才能显现出他们的创新才能？这说明我国在创新型人才的发展过程中尚存在着很多问题和不足。

3）中国人才成果的整体水平不高

科技部中国科学技术信息研究所发布中国科技论文统计结果显示，2007年至2017年10月，我国科技人员发表的国际论文共被引用19335万次，较2016年统计时增加29.9%，排名比去年上升两位，超越英国和德国，跃居世界第二位。但是，论文的影响力却是极低的，不但远远落后于发达国家，就连巴西、印度等发展中国家也比不上。这说明我国科技人员的科研水平和世界水平存在着明显的差距。

在发明专利方面，截至2017年，我国发明专利申请、授权双双位居世界第一位，这个数据在表面上看是很好的，但是，深入研究就会发现，在这些为数众多的发明专利中，有近半数的专利申请是来自外企的，而本土人士的发明专利中非核心技术专利占大多数。这些都说明我国的创新型人才和西方发达国家相比还是处于弱势。

根据国家知识产权局统计国内外专利授权的情况，国人在发明专利方面落后于国外。2001年，国内发明专利申请只占三种申请总量的18.21%，到2015年才达到36.68%。而国外申请中，发明一直占比超过80%，而且比较稳定，只有实用新型专利申请占比稍有波动，但幅度并不大。

4）中国人才流失现象严重

现在，出国留学已经渐渐成为一种时尚。据统计，1978~2015年，中国出国留学的人数累计已达404.21万人。其中221.86万人选择学成回国，有大量人才选择留在海外发展。根据有关调查，我国1052个高新产品研究项目的部分核心人才都已经出国。我国在芯片等高新科技方面原本就面临着人才不足的困境，人才流失更是使得创新型人才严重不足（沈荣华，2008）。

5）企业创新型人才总量偏少

表现一：初中级人才多，高层次人才少。

在我国，企业尚未成为高层次人才的聚集地，大量的科技人才集中在高校、科研院所等机关事业单位，使得企业高层次的创新型人才相对偏少，影响先进科技成果的转化，难以与市场需求对接。从高学历人才分布情况看，以浙江省为例（图1-1），企业人才学历层次不高，具有本科及以上学历的人才仅占企业人才总数的9.63%，远低于占机关人才总数的46.1%，占事业单位人才总数的39.3%。从高技术人才分布情况看，以 2005 年科技人力资源的分布为例，事业单位有专业技术人员 1796 万人，占全国总量的 81.7%，企业单位专业技术人员为 401 万人，仅占 18.3%，真正在企业单位以及工农部门等生产、科研第一线的专业技术人员相对缺乏（孙芬，2013）。

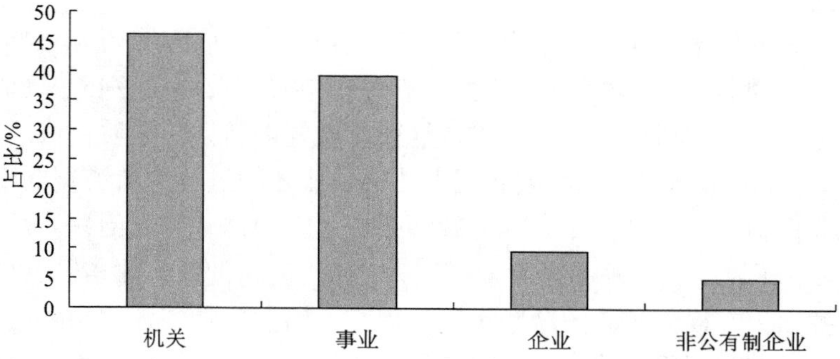

图 1-1 浙江省 2007 年具有本科及以上学历人才比重图（张旻，2008）

表现二：继承性人才多，从事科技研发的人才少。

据统计，世界 500 强企业中，高新技术产业研究开发所需科技人员数量为传统产业的 5 倍；而制造等非研究开发部门中，技术工人比传统制造业多 70%。世界化学业巨头巴斯夫公司（BASF）仅从事高新技术研究与开发的专业人员就超过 1 万人，其中有 1700 人获得自然科学高级学位，而在国内不少企业则呈现继承性人才多、技术研发性人才少的局面。以科技人力资源为例，据《关于中国科技人力资源的总量、结构与流动的研究与思考》（何国祥，2008），我国大多科技人力资源其实并没有从事科技活动，有近 40%的科技人力资源并没有在与科技有关的岗位上发挥作用。2012~2014 年，累计新增科技人力资源 1312 万人，但同期新增高等教育毕业生却多达 3230 万人，这表明半数以上高等教育毕业生没有进入科技相关领域岗位工作。中国科协 2014 年开展的第三次科技工作者状况调查结果显示，74.1%的科研人员认为我国科技工作者的研究能力落后于发达国家。麦肯锡《新兴市场人才报告》的数据表明，我国工程方面的毕业生只有 10%左右具备全球化企业所要求的能力。

1.2 研究目的及意义

科技发展规律与人才成长规律的有机统一是关系我国科技发展的重大理论与实践问题。我国从事科学研究的人力资源近十年来总体平稳增长，总体规模较大，但创新型人才还是严重不足，特别是能够在某一领域带领团队进行创新成果研制的顶端人才十分缺乏。

基于此，本书拟通过系统科学的调查研究，以期探究创新型人才成长规律，具体目标如下：

（1）调查分析我国创新型人才发展现状，分析存在的问题与不足。调查我国创新型人才的发展现状及其成长环境，总结国内外创新型人才成长经验，比较分析存在的问题和不足。

（2）研究创新型人才成才过程及其关键成功要素。研究国内外科学家和中青年科技领军人物的学术成长经历，探索影响创新型人才成长的核心关键成功因素。

（3）总结归纳创新型人才成长成才规律。研究创新人才素质构成、发展过程及阶段性特征、成长模式，总结创新型人才成长成才的过程中所遵循的变化规律。

（4）分析制约创新型人才培养造就和发挥才干的体制机制问题。从政策环境的角度出发，研究有利于提高自主创新能力、加快创新创业人才培养的体制机制，构建以保护知识产权为核心的激励机制，提高原始创新能力，加快吸收外来知识并加以创造，充分利用全球化的知识存量与信息传递，促进创造性成果的产生等方面的体制机制问题。

（5）有针对性地提出加快培养造就大批创新型人才的对策建议。分析借鉴其他国家创新人才培养模式，有针对性地提出适合中国国情的创新型人才培养的对策建议，树立创新人才开发新思维，促进创新人才可持续发展和自我开发。开发潜在人才和引用外来人才相结合，留住现有人才，培养学习型创新人才，并在创新人才的引进、培养、使用、激励机制方面提出具体可行的对策建议。

研究创新型人才的成长规律，对于一个社会来说，首先可以体现在经济效益方面。目前，知识创新已经逐步成为一个社会发展的核心动力。尤其自 20 世纪 90 年代以来，技术的快速更新、全球化的快速发展以及日益激烈的竞争，都需要国家、区域和企事业单位等组织具备多元化的、高层次的、不断更新的知识和技能。创新型人才能带来技术创新、产品创新、市场创新、服务创新等，对创新型人才进行引导和培育，能在创造出一批高新技术成果的同时，催生一个又一个新兴产业，或重振一个传统产业，培植新的经济增长点，从根本上推动组织的持续发展，获得可观的经济效益。

其次，研究创新型人才的成长规律，会产生良好的社会效益。在一个创新型人才的集聚地区，创新活动将会为当地的社会人力资源创造更为广阔的就业机会、提供规范的人才发展平台、营造良好的学习和竞争氛围，从而起到提升区域整体人力资源质量的作用。同时，创新型人才的引领性作用，将会有助于区域创新文化的发展，让创新的理念深入人心，从而带动区域创新环境形成良性的发展态势。

再次，研究创新型人才的成长规律，能推动国家和区域科技事业的蓬勃发展，壮大科技人才队伍，全面提升科技实力。尤其是创新型人才的自主创新，能突破技术引进、模仿跟随所带来的不确定性，通过拥有自主知识产权的独特的核心技术实现价值的大幅度增长，为国家和民族的文明进步作出重要的贡献。

1.3 国内外研究现状

1.3.1 创新人才内涵与特征

创新人才突出的是“创新”。在竞争的知识经济时代，创新就是灵魂，竞争的核心在于人才创新能力。对于创新型人才的基本特征，国内外众多学者提出了自己的看法和描述。

美国心理学家吉尔福特（Guilford）（1959）通过大量的研究认证，认为：“创新型人才就是人体才智体现为发展的完整性、健全性与非压抑性的优秀人才。”

Barron 和 Harrington（1981）认为创新型人才的特点包括：超出一般水平的智力、高水平的自我控制能力、强烈的独立自主需要和对抽象思维的热爱。

对于创新人才的研究，我国起步较晚。2003 年 12 月 26 日《中共中央国务院关于进一步加强人才工作的决定》中第 2 条指出：“只要具有一定的知识或技能，能够进行创造性劳动，为推进社会主义物质文明、政治文明、精神文明建设，在建设中国特色社会主义伟大事业中作出积极贡献，都是党和国家需要的人才。”并且指出衡量人才的主要标准不是学历、职称、资历或身份，而是品德、知识、能力和业绩。

近年来，国内学者对创新型人才的学术研究逐步增加，研究成果逐渐丰富。

对于创新型人才的定义，张黎（2001）认为：“所谓创新人才，是指具有独创能力，能够提出问题、解决问题，开创事业新局面的人才，他们必须具有超常的健康人格、很强的创造性思维能力以及良好的社会适应性和充沛的精力。”高宝立（2003）认为创新型人才除了具有创新精神和创新能力外，还应具有独立发现问题、解决问题并获得创新成果的能力。而刘宝存（2003）从两个角度给出了两个创新人才的定义：一是从创新成果与贡献的角度，认为创新型人才，是富于独创性，具有创造能力，能够提出、解决问题，开创事业新局面，对社会物质文明和精神文明建设作出创造性贡献的人。这种人才，一般是基础理论坚实、科学知识丰富、治学方法严谨，勇于探索未知领域；同时，具有为真理献身的精神和良好的科学道德。他们是人类优秀文化遗产的继承者，是最新科学成果的创造者和传播者，是未来科学家的培育者。二是从创新能力的角度，认为创新型人才是指具有创造精神和创造能力的人，它是相对于不思创造、缺乏创造能力的比较保守的人而言的，这个概念与理论型、应用型、技艺型等人才类型的划分不是并列的。实际上，不论是哪种类型的人才，皆需具有创造性。

冯润民（2010）指出，所谓拔尖创新人才，是指在各个领域特别是科学、技术和管理领域，有强烈的事业心和社会责任感，有创新精神和能力，为国家发展作出重大贡献，在我国特别是在世界领先的带头人和杰出人才，而思想政治素质是拔尖创新人才所必须具备的基本素质。纪宝成（2010）认为，创新人才就是思想上能创新、理论上能创新、实践上能创新，有能力创新并且敢于尝试未知新鲜领域的能作出贡献的人才。田起宏等（2010）认为，创新人才是具有创新精神、创新思维、创新能力并在此基础上获得了创新成果，为社会进步作出了突出的贡献。

对于创新型人才的基本特征，韩燕和唐振华（1999）强调欲望是创新人才第一要素。因为只有强烈的求知欲才能推动创新人才获取新知、积累知识、掌握技术，才能在大量知识积累下形成对现状的思考，才能进一步的创新，空有创新意识没有求知欲是无法称得上真正的创新人才。同时又指出创新人才是具有创新能力来进行思想创新、学术创新、知识创新、技能创新等一系列创新活动，在面对创新失败时候又拥有永不放弃的心态和坚忍不拔的毅力去面对失败、接受失败、反思原因，最终达成目标。

魏登才（2004）指明创新人才三大方面的特征：素质特征、人格特征、成就特征。既要有健康正确的社会主义思想觉悟，也要有较高科学文化素质、健康的心理素质。

武士勋等（2005）认为创新人才在一定方面有相对的矛盾性：创新人才既能创新又能脚踏实地；常常在幻想、想象和现实之间切换自己的角色来满足不同的要求；对工作充满了热情却又不失冷静，能准确发现症结。创新人才具有独立的知识结构，因为基础知识是创新的前提，但是又可以对问题进行创造性的思考想象，不拘泥现状，不满足于答案结果，善于发现事物的差异性。同时，过硬的实践技能和良好的心理素质同样是创新人才必不可少的特点。

王慧娟（2009）指出创新型人才的特征主要有以下五点：一是具有独特的性格特征，二是具有创造性的思维方式，三是具有“博专”结合的知识结构，四是流动性强，五是工作成果难以衡量。余祥庭和李晓锋（2009）提出创新人才的特征主要由以下方面构成：知识基础宽厚，善于学习；人格独立，具有批判精神；工作态度严谨，有创新意识；志向远大，持之以恒；善于沟通协调和团队协作；具有国际视野和国际竞争意识。陈跃（2010）结合各个学者的观点，总结出创新型人才特征：以创新意识为中心的自由发展的个性，以创新能力为特征的高度发达的智力和能力，以创新人格为中心的人格特质。

综合国内外各位学者对于创新型人才定义和特征的研究，可以看出创新型人才具有三个最为基本的特征，即广博扎实的知识结构、创造性的思维方式以及独特优良的人格素养。

（1）广博扎实的知识结构。创新型人才通常在某一领域有着独到的见解或深刻的造诣，有着较高的文化素养。同时，创新型人才有着一定的创新知识与技术，是最先进知识的最佳载体。广阔的基础知识、深厚的专业知识、了解邻近学科知识前沿，这些都是创新型人才必须具备的基本素质。

（2）创造性的思维方式。创新型人才有着强烈的创新欲望、自由的思维方式，能够摒弃旧思想、寻找新方法来解决问题，倾向于追求思维的灵活性与新颖性。

（3）独特优良的人格素养。创新型人才通常有着较强的事业心和自信心，有着超凡的毅力和坚强的性格，独立的个性品质、优良的意志品质、强烈的求知欲以及永不满足的进取心，以及具有交流表达、自我提高、团队合作和处理信息等能力。这些人格素养决定了创新型人才对于创新成果的不断追求。

1.3.2 人才成长规律

早在 1979 年，美国的哈里特·朱克曼在其《科学界的精英》一书中，对美国诺贝尔奖获得者的成长规律作了许多研究。她发现，因协作研究取得成果而获得诺贝尔奖的人数在逐年增加，在杂志上发表多人合作的论文所占的比例也有逐年上升的趋势，她认为：合作进行研究的科学家乃是研究工作的“主导力量”。国际著名科学家李政道教授认为，人才的培养，需要有正确的方向和创新的精神，需要个人和团队的刻苦努力与共同奋斗，需要国家制定政策营造有利于人才成长的社会环境和氛围，三者缺一不可。

我国对人才学的研究始于 1978 年。按照王通讯先生的观点：人才成长的第一个规律是人才萌发规律。人才萌发规律认为，人的才能发展的早期阶段有一个“萌发期”，略前于“萌发期”给予丰富适量的信息刺激，其才能可以得到充分的发展，如果错过“萌发期”，才能发展的可能性将随时间的增长而递减。

王通讯先生在 1986 年出版的《人才学教程》一书中，认为以下两种人有可能走上成才之路：一是顺境下的克制者，一是逆境下的坚韧者。反过来，以下两种人是难以成才的：一是顺境下的依赖者，一是逆境下的屈服者。

刘树明等在 1991 年出版的《科技人才素质结构》一书中，从总体角度探讨了科技人才成长的一般规律问题，认为科技人才成长包括内在与外在基本规律，前者包括：萌发成才规律、蓄积成才规律、扬长成才规律、聚焦成才规律、协调成才规律、创造成才规律、叠加成才规律等；后者包括：应运而生规律、团聚成核规律、反馈调节规律、舆论推崇规律等。

张慧明、薛瑞丰等在 1995 年的机械工业部高教学会重点课题——机械行业人才成长规律研究中，根据科技人才成长一般规律，结合机械行业环境特点，总结出机械工业人才成长的特殊规律性，并据此提出机械工业人才培养的改革设想，例如增设基础理论课程，加强教师队伍建设，加强实验室的建设与管理等。

1.3.3 创新人才培养

国外对于创新人才的培养主要集中在高校开展创新教育，从国外的创新教育培养来看有以下一些可以借鉴的经验。

第一，树立创新人才观，确立创新教育理念。通过创新教育将高校作为创新人才培养的摇篮，就要建立能够增强人创造性和适应性的学习观、知识教学观、人才观。在管理和培育环境上，要有科学合理的素质教育观，将创新教育逐渐贯穿终身，培养学生的创新意识、精神和能力。

第二，创新教育结合了课堂教学和实践教学，营造了一种全新的教育环境。就像美国的"无缝环境"，温馨和谐的校园人文环境，能够给学生更多的机会，在这样的课堂课外活动中，学生能够与更多专业类型更丰富的教师接触，使实践能力和理论学习更加良好地结合。

第三，创新教育的关键是创新型教师队伍的建设。虽然创造性思维的培养注重突破传统思维、人的独立思考，但青年学生的思维能力还不成熟，人格塑造还未完成，因此仍然需要教师的正确引导。教师在创新人才培养中要发挥作用，就要不断扩充自身对于新技术的整合和前沿知识的掌握。不拘泥于传统的思维模式，引导学生进行自我思考、实践。

第四，高校的创新教育需要不断更新教育内容。巩固基础理论知识，拓宽专业口径，加强专业间的联系，促进知识的融会贯通，改变教学内容老化、知识陈旧、落后于科学文化发展的状况。让学生更多地接触学科的前沿知识和发展方向以及各种学派的观点，能够更大限度地激发学生的兴趣和思考，鼓励学生掌握具有时代价值的创新知识。

创新人才突出的是创新，但又离不开一般人才的本质特征，拥有创造力和创造性思维是创新人才的核心特点。创造的核心就是创新能力与创新精神，创新能力是形成创造性思维的依据，创新人才往往能对外部世界进行创新，也能对自身的心理、精神进行创新。

创新人才的成长是个体努力、团队协作以及外部环境、机制共同作用的结果。创新人才的成长既有其普遍性的规律，也有与不同行业相联系的特殊性的规律。

创新国家建设以及创新人才开发在我国是一个比较新的研究方向，同时相关的创新经济学也成为日益受到人们关注的领域，提高我国的综合竞争力、提高自主创新能力、走可持续发展的道路，需要从根本上提高对于创新人才培养的重视、投入，将创新和经济发展相联系。

1.4 研究内容及技术路线

一个人才的成长，从来离不开其成长各阶段中周围环境的影响。美国心理学家斯滕伯格 1991 年提出了创造力投资理论，他认为，一个人的创造力源于以下六个方面：

（1）智力（intelligence）：是信息的输入、编码、加工、输出过程。

（2）知识（knowledge）：是相关的经验体系和知识结构。

（3）思维风格（thinking styles）：是智力活动的风格或倾向，如整体与局部、保守与创新等。

（4）人格（personality）：创造性的人应该具有忍受模糊的能力、克服障碍的意愿、成长的意愿以及敢冒风险、自信等人格特征。

（5）动机（motivation）：当人们从事创造性的工作时，他们的动机是任务中心的而不是目标中心的，是内在的而不是外在的。

（6）环境（environment）：可以通过传播、支持、评价和修正这些创造思想来支持创造。

在这六方面的因素中，斯滕伯格认为最后一个因素环境是最为重要的，如果没有一个支持性的环境，其余各项内在品质将是空话。而这里所指的环境，更大意义上是个体日常接触到的、微观层面的社会环境，如家庭环境、学校教育环境、工作环境等。

基于斯滕伯格的创造力投资理论，以及希望能有别于目前已有的创新型人才成长规律研究成果，本书研究内容与方法如下（表 1-1）：

（1）区分了三个层面的研究领域。本书将在微观个体层面、中观组织层面、宏观国家与地区层面上进行分析和探讨。其中，个体层面将分析创新型人才的人格特征、行为习惯、认知风格等个体特质；组织层面将从人力资源管理的角度，探讨创新型人才培养和激励的相关制度和方法；国家与地区层面将探讨创新创业环境的构建与管理。

（2）重点聚焦于三个成长环境空间。与三个研究层次相呼应，本书将创新型人才的成长主要分为三个环境空间，一是家庭成长环境，二是组织成长环境，三是地区创新环境。在家庭成长环境中，将探讨父母教养方式与创造力之间的关系；在组织成长环境中，将探讨创新型人才的激励、培训、组织氛围、上下级关系、考核、薪酬等相关问题；在地区创新环境中，将探讨 GEM 框架下的创业环境分析以及人才引进的相关政策与制度。

（3）跨领域的研究主题。在不同的研究层次上，本书选择了不同的研究分主题。这些主题的理论来源涉及管理学、心理学和创业学，并各自体现不同的创造力投资理论的不同要素。

（4）应用三种研究方法。本书将采用理论推演、实证数据调研与案例研究三种方式来进行探讨。因为本书的研究内容跨越三个研究层次，并且区分了若干研究分主题，根据各主题的研究内容以及本书的研究时间、人员的实际精力，在不同的研究主题中应用的研究方法侧重不同。其中，理论推演在各研究主题均有应用；实证研究在两个研究主题中应用，进行了较大范围内的数据调研；案例研究在两个研究主题中均有体现，并进行了三个案例研究。另外，本书应用深度访谈的技术手段，就三个层次、三个成长空间的各类相关问题进行访问，获得了这些创新型人才与相关管理人员的真实想法和观点，并体现在本书的各个主题研讨中。

总体来说，本书采用了分主题的研究方式，在不同层面上、用不同的研究方法得出了若干研究结论，但这些研究结论皆紧密围绕核心主题，从多角度、多层次总结了创新型人才成长的规律，期望能对创新型人才研究作出一定的理论贡献，对创新型人才成长培养和引进的政策制定提出相关的建议和意见。

表 1-1 详细列出了本书的研究内容和研究方法。

表 1-1　本书研究内容与技术路线

<table>
<tr><th colspan="4">文献回顾</th></tr>
<tr><td colspan="2">基础理论
➢ 创新型人才成长规律研究
➢ 人力资源管理理论
➢ 组织行为学理论
➢ 发展心理学理论
➢ 创业学理论</td><td colspan="2">创造力投资理论
➢ 智力
➢ 知识
➢ 思维风格
➢ 人格
➢ 动机
➢ 环境</td></tr>
<tr><th>研究层次</th><th>研究分主题</th><th>创造力投资要素</th><th>研究方法</th></tr>
<tr><td rowspan="2">微观个体研究层次</td><td>原生家庭教养方式对创造力的影响作用分析</td><td>家庭环境</td><td>理论研究，实证研究，有效问卷 159 份</td></tr>
<tr><td>基于适应性绩效的创新型人才个体特征</td><td>智力，知识，思维风格，人格</td><td>理论研究，深度访谈（52 人次）</td></tr>
<tr><td rowspan="5">中观组织研究层次</td><td>基于期望理论的企业创新型人才激励方式</td><td>动机</td><td>理论研究，案例研究（2 家企业）</td></tr>
<tr><td>研发团队创新管理</td><td>团队环境</td><td>理论研究</td></tr>
<tr><td>组织创新氛围</td><td>组织环境</td><td>理论研究</td></tr>
<tr><td>事业单位组织氛围研究：组织信任、组织政治知觉与工作满意度</td><td>组织环境</td><td>理论研究，实证研究，有效问卷 117 份</td></tr>
<tr><td>“官本位”对创新型人才发展的制约作用分析</td><td>社会文化环境，组织环境</td><td>理论研究，深度访谈（47 人次）</td></tr>
<tr><td>宏观社会研究层次</td><td>创新创业环境影响作用研究</td><td>社会文化环境</td><td>理论研究，案例研究（以无锡市为例）</td></tr>
</table>

续表

研究结论：创新型人才成长规律			
序号	规律展现范畴	数目	创造力投资要素
1	孕育创造力的原生家庭氛围	4	家庭环境
2	创新型人才人格特征与独特能力	7	智力，知识，思维风格，人格
3	创新型人才激励措施	3	动机
4	创新型团队管理	4	团队环境
5	建立创新导向的组织氛围	11	组织环境
6	国家与地区创新环境建设	4	社会创业环境

本章小结

本章介绍了本研究课题的研究背景、研究目的及研究意义，回顾了创新型人才成长规律的相关研究，并说明了主要研究内容和研究方法。总的说来，为了区别于现有的创新型人才成长规律研究成果，本研究应用了分主题的研究方法，从多个层面、多个角度来体现创新型人才成长的规律体现，尤其强调创新型人才成长过程中的微环境。因为本书研究人员的学术背景，本书在组织管理层面考虑较多，较多地从人力资源管理和组织行为学方面进行了探讨，这与以往的停留在一般社会层面的研究不同。为此，本书总结出的创新型人才成长规律较好地与人力资源管理实践结合在一起，可以为组织管理提出切实中肯的意见和建议。

2 原生家庭教养方式对创造力的影响

“可以说家庭对我最大的影响是培养了一个人耿直的性格、朴实的生活作风以及对人真诚，我的父母一直讲要知恩图报，要踏踏实实，不要搞歪门邪道，走捷径，这对我的教育很深，对我的一生影响很大。”

“我父母对我最大的影响是教会我怎么做人。因为学习方面基本是靠自觉，当时不像现在小孩压力这么大，当时除了上课，回来把作业做完，没有辅导书，也不会去看书。父母的教育就是这样，但是主要的还是教会我怎么做人。”

“品质的教育比学习更为重要。”

“我父母就是农民，我觉得我父母，他们是很积极进取的状态，比较勤奋，为人比较诚恳，我觉得这些对我的影响是比较大的。”

“作为典型的中国父母，他们给我的影响其实更多的还是行动的潜移默化。他们任劳任怨，造就了我对于自己事业的执着；他们诚实无私，映照了我对自己事业要求的苛刻；他们的一句话，也让我决定回到自己的土地。”

——摘自本书访谈记录

2.1 创　造　力

2.1.1 创造力的定义

创新最重要的特征就是创造性思维，创新并非高不可攀、神秘莫测，更不只是少数精英的专利。从理论上讲，人人皆可以创新、创造。因此，我们要以更加开阔的视野认识创新人才的内在含义。而实际上，国外学者研究“创新（innovative）人才”较少，更多是研究“创造性（creative）人才”，并且更多从心理学角度来研究人才的创造力。为此，创造力是一个反映创新性的基本概念。

创造力（creativity），也称之为创造性，是人的一种综合素质，也是创造型人才的关键特征。创造性起源于拉丁文 creare 一词，意思是创造、创建、生产和造就等新的、前所未有的活动。creativity 是一个很宽泛的概念，有的中国学者将其翻译为创新力，例如许长荣和李良婷（2008）等，他们认为创新力即创新的能力，就是突破现状，不断超越与变化的能力，是一种与众不同的魄力。

创造力是人的一组个性品质，是非认知的品质；是有关具备创造性的个体的一系列个性品质；是人的一组认知和能力特性；是一种结果或者产品；是一种在时间上的延续，以首创性、适应性和现实性为特征的创造过程；是一种多面体，许多研究同时指出了创造力是一种多维度的现象；创造力是一个人在特定情境中的复杂行为产物。而创造力内隐观是指人们在日常生活和工作背景下形成的，以某种形式保留在个体头脑当中关于人类创造力及其发展的看法。

1959年，吉尔福特唤醒了人们对创造力这个领域的兴趣，他做了强有力的描述并提出了研究议题。随后，众多科学家把注意力转移到了人的创造力上面，其中包括创造力的来源、内容、方法和发展前景。

美国著名心理学家斯滕伯格（2005）曾指出，创造力是一种提出或产出具有新颖性和适切性的工作成果的能力。世界天才儿童研究协会亚太地区理事会主席、中国科学院心理研究所施建农（1995）研究员提出的“创造性系统模型”，认为创造力应该被看成是一种智力活动，让人通过一定的智力活动，在现有所掌握的知识和经验的基础上，通过一定的重新组合和加工，在脑中形成新产品的形象，并通过一定的活动使之成为新产品的能力。

邹枝玲和施建农（2003）将创造力的要点总体概括为：①新颖性，即与众不同的地方；②流畅性，即完整性，各种思维之间不是跳跃的；③灵活性，指可以适应不同的情况；④精细性，是指想法详细；⑤可行性，可以简单地理解为可操作性，能够实现的；⑥指向性，是指目标明确、方向明确。

Martindale 和 Hasenfus（1978）在他们的研究中指出了创造力与生物学的关系，指出创造力的生物学基础。他们认为不论是科学家还是艺术家，他们的一些创造性想法都不是来自简单的理性推理。其中主要有认识的初级加工、联想层次、诱导性皮层激活、唤醒水平的可变性、皮层唤醒的自我控制、创造力过度敏感和习惯化、创造力与大脑扫描、诱导性右半球激活等一系列复杂的程序。

还有其他一些学者认为创造力来源于艺术、生活以及不断地努力等，这些只是片面地理解了创造力的某一方面。总之，创造力就是指那些能够创造出一些别人难以预料到的，同时又能够运用到实践中的一种能力，其核心是创造性思维。

目前，创造力研究主要包含4个方面的内容。

一是研究创造性个人（person），主要探讨高创造力者所具备的人格特质。如凯岑特米·哈伊（2001）对91位创造性人物进行深入访谈后，发现这些创造性人物有许多共同的人格特质，它们是10组明显正反相互对应的人格特质：精力充沛/沉静自如、聪明/天真、责任心/游戏心、幻想/现实、内向/外向、谦卑/自豪、阳刚/阴柔、叛逆/传统、热情主观/冷静客观、开放/敏锐。斯滕伯格（2005）在创造力投资理论中提出的人格特质包括：面对障碍时的坚持、愿意冒合理的风险、愿意成长、对暧昧不明的容忍、接受新经验和对自己有信心。国内学者赵业等（2004）将企业中员工的创造力构成总结为四个主要元素：专业知识、创造思维能力、创新动机、创新技能。

二是研究创造性过程（process），主要探讨创造力产生的过程，即着重于认知心理过程的探讨。如凯岑特米·哈伊（2001）从生物进化和文化演化的高度出发，提出了创造力系统理论。该理论认为，创造力的产生是一个系统内部个体、范围、领域等因素相互作用的结果。斯滕伯格（2005）认为知识在创造力中充当重要角色；在创造力的人格和社会层面的研究中，Mackinnon（1978）提出有助于创造力的认知风格的七种特点，Simonton（2000）识别出导致人们更具创造性的社会支持因素。

三是研究创造性产品（product），主要指创造性过程中产生的高创造性成果或产品。如斯滕伯格（2005）根据创造性产品的概念提出了创造力的推力模式，指出在领域之中有 8 种不同类型的创造性助性，可将领域从原处推向不同的境界。这 8 种助力分别为：复制模仿、重新定义、前向推移、加速前向推移、复位方向、重新建构/复位方向、另起炉灶、整合。

四是研究创造性环境（environment 或 place）。如艾曼贝尔（1987）从社会心理学视角出发，以创造动机为核心内容研究影响创造力的社会-环境因素，诸如教育环境、工作环境、家庭影响、社会影响、政治影响、文化影响、以前的活动、玩耍和幻想以及物理环境。凯岑特米·哈伊（2001）从更为广泛的文化人类学视角出发，将创造主体放在整个社会文化背景中考察，提出了创造力系统理论。他认为，创造性并非是在人的头脑中产生，而是在人的思想和社会文化环境的相互作用中发生。它不是一种个体现象，而是一种全方位的现象。薛贵等（2001）研究了内部动机和外部动机对创造力的影响，发现对于不同的任务，内部动机与外部动机的贡献显著不同。另外，团体创造力是目前创造力研究的新方向，是注重社会情境下创造力研究的具体表现。Kurtzberg 和 Amabile（2001）明确指出，当前的创造力研究需要以对团体的研究为中心，并认为团体创造力研究实际上源自两条线索：一是从个体创造力研究得到的线索，主要是关于创造性思维、创造性人格以及肯定激励机制对创造力的影响等研究给予的启示和线索；二是从团体头脑风暴及其解题研究中得到的线索。尽管目前关于创造力的团体水平或团体创造力的创造过程研究还很少，大多数研究集中在头脑风暴团体上，但它同样反映出了团体创造过程的某些特征，比如论证了团体解题既有潜在的风险又有潜在的益处等问题。

总体来说，随着对创造力的认知层面的探讨逐渐深入，对创造力的人格、社会层面的思考也日益受到重视，将创造力看作是认知、人格、社会多层面的整合体，目前是一种广泛认同的趋势。

2.1.2 创造力的影响因素

对于创造力培养的影响因素，一般可以分为：社会环境因素、家庭因素、学校因素以及个体因素。

社会文化对青少年创造力的影响，主要表现为社会主流的传统哲学思想对青少年创造力的影响。西汉董仲舒认为阴阳等相反之物是相互分离的，没有任何联系，也不会相互转化，这说的是一种僵化、孤立的思想。这种思想被统治阶级利用以后对中国社会产生了广泛的影响。在当代主要表现为“对权威的迷信”，墨守成规，扼杀了创造力的发展。另外就是社会对个性发展的态度对青少年创造力的影响。“个人主义”强调的是个人个性的张扬，强调与众不同，而“中庸”思想和“明哲保身”的原则却要求人们安于现状，收敛个性以获得社会的认可。最后就是社会对竞争的理解对青少年创造力的影响。我国社会曾经的“平均主义”和“吃大锅饭”的旧思想在今天依然有一定的市场，这严重地打击了青少年的进取心，抑制了青少年创造力的发展。

家庭观念对青少年创造力发展的影响，主要表现为家长对青少年独立意识的培养。受中国历史的影响，中国父母对待青少年的态度往往是严重控制。父母对青少年事事包办，父母经常代替青少年去做决定。在物质上，父母是子女的“私家银行”，青少年从小到大都难以摆脱对父母的依赖；心理上，家长对于青少年自信心的建立未引起足够的重视。

学校教育对青少年创造力也有着很重要的影响，这其中主要表现为学校的教育理念。在中国存在了上千年的科举制度，严重影响到现在中国学校的教育理念，素质教育只能是空谈，只有应试教育才能让学生考上好的学校，这样严重阻碍了青少年学生创造力的发展。还有就是课堂教学方式，在课堂教学上，填鸭式教育严重压制了青少年的创造性思维。

另外，自身因素也对青少年创造力产生影响，如研究者发现智力与创造力是高相关，学习成绩与创造力是低相关，个人归因风格对创造力具有一定的影响（赵海，2002）。

2.2 原生家庭教养方式

2.2.1 家庭教养方式的定义

家庭教养方式（parenting pattern）是指父母在抚养教育儿童时，所采用的一贯的一系列方法，是家长在抚养、教育子女的日常生活中所表现出的一种行为倾向，是对父母各种教养行为的特征概括，具有同一性、稳定性。人格既受遗传又受环境影响，而在环境中尤以家庭环境为重。根据 Piaget（1974）的研究，儿童到 8～12 岁阶段开始形成人格，到 17～18 岁时形成自己的完整人格，许多人格特征、行为方式都是在幼年时形成。

家庭是社会的基本组成单位，是青少年成长的第一站，所以是青少年性格养成、能力培养的首要场所。家庭教养方式是父母的教养以及教养行为及其对青少年的情感表现的一种组合方式。这种组合方式是相对稳定的，不随环境的改变而改变，它反映了亲子交往的实质。早在 19 世纪末，奥地利心理学家弗洛伊德就注意到不同教养方式对青少年的影响，并且对父母的角色做了简单的划分，父亲负责提供规则和纪律，母亲则负责提供爱和温暖，这一观念与中国传统的“严父慈母”的观念十分相像。

在儿童社会化的早期研究中，父母对儿童的单向影响观渗透在学者们的研究思路中，他们努力寻求父母决定儿童的教养维度或模式。西方心理学家研究家庭教养方法对儿童社会化的影响时，采用了不同的研究取向。

霍夫曼（Hoffman，1982）还研究了惩罚对青少年社会化的影响。他指出父母使用强制方法会阻碍青少年对道德规范的内化，也会降低青少年良知的发展；父母使用心理处分会使青少年产生过重的内疚感，呆板而非灵活地遵守社会行动规矩。

在父母教养方式的研究上面，时间的推移以及在世界范围内的交流，会使得各国的教育学家以及心理学家不断深入研究，以获得更为清晰、准确的研究成果来证明不同的家庭教养方式对青少年成长的影响。

2.2.2　家庭教养方式的类型

在国外，大量的心理学家对家庭教养方式不断进行发展研究。在早期的研究中，西蒙兹（Symonds，1939）从吸收与拒绝、安排与屈服两个维度来区分父母的教养行动，他指出，如果父母按照自己的意愿随意安排青少年，那么青少年更偏向于屈服、被动；如果父母考虑青少年的感受以及想法，那么青少年情绪稳固，兴趣广泛。在霍夫曼和亚龙、劳顿、韦克斯勒的研究创造中指出，温暖对青少年社会化过程所起到的作用是积极的，能增进青少年道德感、成就感、良好社会适应能力。

随着研究的进一步发展，鲍姆林特（Baumrind，1971）提出了经典的三种教养方式：专制型、放任型、权威型。

专制型家庭教养方式的家长会对自己的孩子提出过多的要求，强制要求执行，并且很少解释为什么，让孩子很难发自内心地去接受一件事情。父母要求孩子绝对遵循其所定的规则，不鼓励孩子提问、探索、冒险及主动做事。较少对孩子表现温情，并严格执行对孩子的处罚。在某种情况下对父母而言，这种教养方式可能更省事。但这种家庭的孩子从小缺乏思考的训练，又未从父母那儿得到温情，他们不懂得如何恰当表达自己的情绪、想法，在人际关系或处事能力上，可能会碰到较多困难。专制型父母的教养方式使得现在社会上的很多青少年都觉得从犯罪上面可以得到些许快乐，从而一发不可收拾。

放任型的家庭教养方式不给孩子限定任何规矩，无明确要求，奖惩不明。只给予孩子足够温情，孩子没有“长幼有序”观念，享有很大自主权。家长对青少年不管不顾，对青少年的成长不关心，任其发展，不了解青少年。这些父母大多数对青少年不抱有希望，自然也不存在什么顾虑和失望。在这样的家庭中成长起来的青少年，常常容易受到身边人或事物的影响，“近朱者赤，近墨者黑”，向不同方向发展，容易形成两种极端。这种类型父母忽略了教导孩子学会尊重，不能适时教导孩子做人处事基本道理，使得孩子较缺乏自制力。尤其对学龄前孩子来说，父母若不能在言语、行为上有所引导，那么，孩子犹如独自在汪洋大海中漂泊，不知该往何处，即使犯错也不自知。所以，给孩子这种自主，反而阻断了他学习做人的机会。

权威型又称民主型。大部分的专家认为，这种教养方式对于青少年的身心发展是最有利的。这种教养方式要求父母能够给青少年适度的关心与控制，父母与青少年之间相互平等、相互尊重、相互沟通。青少年可以很好地表达自己的想法，父母也能很好地接受青少年的想法，帮助青少年去实现自己的目标，并且在这个过程中不断给予鼓励和帮助，发掘他们的潜力。在这样的家庭环境下成长起来的青少年有着较强的成就感和自信心，很容易发挥自己的创造力。家长以合理、温和的态度对待孩子，站在他们的立场引导和帮助，设下合理标准，并解释道理。既尊重孩子的自主和独立性，又坚持自己的合理要求；既高度控制孩子，又积极鼓励孩子独立自主。在这种家庭环境中长大的孩子，从小被尊重，又不乏父母的引导和要求，往往成为最独立而又不失自信的人。

鲍姆林特（1971）认为，与专制型、放任型家庭相比，民主型家庭的青少年是相对成熟和独立的，具有更多的社会责任感和成就感。鲍姆林特的研究表示青少年的个性形成并非只由父母的某一个行动维度决定，而是受到父母全部行为模式的影响，可以根据父母不同的教养类型而对限制作不同区分。专制型父母和民主型父母都对青少年加以限制，但后者的限制是严格合理的，前者的限制却是随意且不合理的，因而限制对青少年社会化所起的作用也是不同的。Wechsler（1974）也指出在民主型家庭中应用“爱的收回”会对青少年的社会化起积极作用，而在专制型家庭中应用则起到相反作用，这种理论正好证明了鲍姆林特的理论。

国内学者卢乐珍（1984）、曾琦等（1997）大多从 20 世纪 80 年代开始关于家庭教养方式的研究。起初研究的内容较为零碎与单一。或从青少年性格入手，或从青少年心理卫生入手，都是为了探求有利于青少年心理发展的家庭教养方式。进入 90 年代，随着国际信息交流的快速发展，我国学者方晓义和郑宇（1998）、钱铭怡和肖广兰（1998）等不断地吸取和参考外国学者的建议与研究成果，并且在我国国情的基础上，逐渐将一些新的思想运用到我国家庭教养方式的研究中。随着研究的不断深入，浮现出不少新的特点，主要表现为研究的对象不断扩展，从婴幼儿到大学生。张文新（1999）、魏运华（1999）等学者弥补了我国家庭教养方式在年龄段上的空白，研究的内容相比之前更加具体。80 年代后期，只是从单纯类型论的角度来判定家庭教养方法，例如将家庭教养方式归纳为娇纵型、启发型、放任型、因材施教型、粗暴型等。到了 90 年代，在教养方法的分析上出现了新的想法。有从教养方法的情绪和行动控制来分析教养方式。例如桑标（2003）在 1991 年提出从“吸收—拒绝”以及“宽容—严格”两个维度来划分母亲的教养方法，从“确定—否定”维度划分父亲的教养方法；在父母教养方式的影响因素的研究方法上不断增加和变化。父母与青少年互动观的影响使桑标等研究者在发掘教养方法背后的影响因素的同时，开始逐渐将视线从父母身上扩大到青少年身上，关注父母和青少年的特点。大批的研究在很多方面取得了共鸣，父母的受教育程度、职业、夫妻关系等因素均影响其教养方法。

2.3　原生家庭教养方式对青少年创造力的影响

2.3.1　研究对象

本研究的调研对象为 16～20 岁的青少年学生，总共发放调研问卷 180 份，收回并且数据有效的问卷是 159 份，有效率为 88.3%。他们的平均年龄是 18.5 岁，其中 69 个女生，占 43.4%。之所以会选择这个年龄阶段是因为这是一个生理和心理都逐渐成熟的年龄，是一个人格逐渐定型的阶段。

2.3.2　研究工具

本研究共采用了两个量表。

一是父母教养方式评价量表：采用了岳冬梅等（1993）翻译与修订的中国版，用以评价父母教养态度和行为，共包含 11 个分量表，其中，父亲教养方式 5 个分量表：情感温暖（F1），严厉惩罚（F2），过分干涉（F3），拒绝否认（F4），过度保护（F5）；母亲教养方式 4 个分量表：情感温暖（M1），过度干涉保护（M2），拒绝否认（M3），严厉惩罚（M4），9 个分量表由 60 个陈述句构成（附录 1）。

在信度检验中，为了确保一定的检验标准，在冒险性分量表中去掉了第 35 题“我不敢确定我对事情的看法都是对的”、第 28 题“我喜欢唱没有人知道的新歌”。在父亲的严厉惩罚分量表中去掉了第49题“如果发生什么事，常常是兄弟姐妹中唯一受责备的一个”。在父亲的过度保护分量表中去掉了第16题“父母总是过分担心我的健康”、第40题“如果不按父母所期望的去做，就会使我良心上感到不安”。最后，本研究采用的最终量表修订后的父母教养方式问卷有4个等级，记1～4分，1为从不，2为偶尔，3为经常，4为总是。

二是威廉斯创造力倾向测量表：共50题，包括冒险性、好奇性、想象力、挑战性四个维度。采用3级评分，每个项目可回答“完全符合”“部分符合”或“完全不符合”，根据正向和反向记分分别记为1分、2分、3分，得分越高，说明创造力越强（附录2）。

所有统计数据全部使用SPSS 16.0软件进行分析。信度检验后的量表描述如表2-1所示。

表2-1 创造力与父母教养方式各量表信度检验

量表	分量表	题项数目	信度
创造力	C1 冒险性	9	0.605
	C2 好奇性	14	0.68
	C3 想象力	13	0.617
	C4 挑战性	12	0.637
父亲教养方式	F1 情感温暖	19	0.886
	F2 严厉惩罚	11	0.886
	F3 过分干涉	10	0.8
	F4 拒绝否认	6	0.715
	F5 过度保护	3	0.643
母亲教养方式	M1 情感温暖	19	0.879
	M2 过度干涉保护	16	0.782
	M3 拒绝否认	8	0.782
	M4 严厉惩罚	9	0.874

2.3.3 数据分析结果

1. 相关性分析

在各因子相关性检验（表2-2）中，不难发现父亲的过分干涉和母亲的严厉惩罚对青少年创造力的影响都呈现较为显著的负相关，而父亲和母亲的情感温暖都对青少年的冒险性有着略微显著的影响。

表 2-2　创造力与父母教养方式各因子相关性分析

分量表	C1 冒险性	C2 好奇性	C3 想象力	C4 挑战性
F1 情感温暖	0.173*	0.162*	0.125	0.151
F2 严厉惩罚	–0.146	–0.093	–0.004	–0.119
F3 过分干涉	0.023	0.117	–0.228**	0.037
F4 拒绝否认	–0.143	–0.029	0.064	–0.098
F5 过度保护	–0.092	–0.028	0.088	–0.153
M1 情感温暖	0.189*	0.121	0.028	0.151
M2 过度干涉保护	–0.096	0.001	0.022	–0.047
M3 拒绝否认	–0.13	–0.13	0.062	–0.045
M4 严厉惩罚	–0.25**	–0.128	–0.173	–0.118

* $p<0.05$；** $p<0.01$。

2. *t* 检验

1）性别在各分量表中的差异分析

在性别在各分量表的差异中（表 2-3），父母对不同性别的青少年的家庭教养方式不同，所能起到的效果也不同。父亲对男生的严厉惩罚程度明显高于对女生的程度，而母亲对待女生的情感温暖程度却明显高于对待男生的程度，这样可以很明显说明在中国的传统教育中父母对于男孩子仍旧寄予了更大的期望，同时对于女孩子的保护更为细心与体贴。

表 2-3　性别在父母教养方式上的 *t* 检验

分量表	男（*N*=90）	女（*N*=69）	*t*	*p*
F1 情感温暖	2.61±0.51	2.71±0.54	–1.298	0.196
F2 严厉惩罚	1.63±0.58	1.52±0.49	1.331	0.185
F3 过分干涉	2.09±0.53	2.13±0.59	–0.484	0.629
F4 拒绝否认	1.83±0.59	1.61±0.54	2.486*	0.014
F5 过度保护	2.10±0.66	2.10±0.72	0.048	0.962
M1 情感温暖	2.68±0.54	2.85±0.50	–2.026*	0.044
M2 过度干涉保护	2.25±0.39	2.31±0.48	–0.857	0.393
M3 拒绝否认	1.80±0.59	1.69±0.51	1.229	0.221
M4 严厉惩罚	1.59±0.59	1.41±0.50	1.958	0.052

* $p<0.05$。

2）父亲教育程度在创造力、父亲教养方式上的差异分析

父亲的教育程度直接影响着父亲在社会上的认知，而这个也直接影响到青少年对社会的认知程度，影响青少年的创造力。其中父亲的教育程度对青少年想象力的影响有一定的显著性，但同时，学历程度越高的父亲对自己的孩子寄予更大的期望，所以他们在对待青少年的态度上更倾向于严厉惩罚、过分干涉、拒绝否认和过度保护（表 2-4）。

表 2-4 父亲教育程度在创造力、父亲教养方式上的 *t* 检验

分量表	大学（包括大专）（*N*=69）	高中以下（包括中专）（*N*=90）	*t*	*p*
C1 冒险性	2.35±0.33	2.35±0.28	0.870	0.931
C2 好奇性	2.34±0.33	2.32±0.27	0.305	0.761
C3 想象力	2.21±0.29	2.11±0.30	2.120*	0.036
C4 挑战性	2.30±0.30	2.30±0.26	0.109	0.913
F1 情感温暖	2.66±0.53	2.69±0.54	–0.281	0.779
F2 严厉惩罚	1.67±0.59	1.48±0.46	2.228*	0.027
F3 过分干涉	2.29±0.61	1.98±0.49	3.526**	0.001
F4 拒绝否认	1.83±0.65	1.58±0.47	2.767**	0.006
F5 过度保护	2.30±0.75	1.95±0.61	3.261**	0.001

* $p<0.05$；** $p<0.01$。

3）母亲教育程度在创造力、母亲教养方式上的差异分析

同父亲类似，母亲的受教育程度也会影响其教养方式，进而影响青少年的创造力的发展（表 2-5）。母亲教育程度越高的家庭，青少年的想象力就越丰富。但同时，与父亲类似，母亲受教育程度越高，其对孩子的关注度越高，具体表现为过度干涉保护、拒绝否认、严厉惩罚。

表 2-5 母亲教育程度在创造力、母亲教养方式上的 *t* 检验

分量表	大学（包括大专）（*N*=52）	高中以下（包括中专）（*N*=107）	*t*	*p*
C1 冒险性	2.33±0.35	2.36±0.28	–0.536	0.593
C2 好奇性	2.31±0.33	2.34±0.27	–0.589	0.557
C3 想象力	2.23±0.27	2.11±0.31	2.173*	0.031
C4 挑战性	2.29±0.30	2.30±0.27	–0.324	0.729
M1 情感温暖	2.81±0.51	2.77±0.53	0.411	0.268

续表

分量表	大学（包括大专）（N=52）	高中以下（包括中专）（N=107）	t	p
M2 过度干涉保护	2.41±0.51	2.23±0.41	2.382*	0.018
M3 拒绝否认	1.86±0.59	1.67±0.51	2.019*	0.045
M4 严厉惩罚	1.62±0.60	1.41±0.49	2.315*	0.022

* $p<0.05$。

4）创造力总分高分低分组在父母教养方式上的差异分析

将创造力总分按照高低排列，取前面 25%作为高分组，共 42 人，后面 25%作为低分组，共 41 人（表 2-6）。

表 2-6　创造力总分高分低分组在父母教养方式上的 t 检验

分量表	创造力（低分组）（N=41）	创造力（高分组）（N=42）	t	p
F1 情感温暖	2.5±0.50	2.74±0.54	–2.172*	0.033
F2 严厉惩罚	1.73±0.57	1.62±0.58	0.894	0.374
F3 过分干涉	2.12±0.48	2.28±0.65	–1.266	0.209
F4 拒绝否认	1.86±0.65	1.77±0.56	0.664	0.509
F5 过度保护	2.26±0.66	2.13±0.70	0.891	0.376
M1 情感温暖	2.65±0.51	2.81±0.48	–1.430	0.156
M2 过度干涉保护	2.39±0.49	2.32±0.51	0.653	0.515
M3 拒绝否认	1.87±0.61	1.86±0.56	0.420	0.967
M4 严厉惩罚	1.69±0.67	1.48±055	1.568	0.121

* $p<0.05$。

在高分低分组的 t 检验中，父亲的情感温暖对于创造力的总分而言有着较为显著的作用，高分组所感受到的程度高于低分组所感受到的程度。

3. 多元回归分析

以父母教养方式的各因子作为自变量，以创造力的 4 个因子作为因变量，进行多元回归分析（表 2-7）。

同时对各因子之间进行了多元回归分析，以此来分析哪些因子对于青少年创造力的发展有着预见性的影响。结果表明母亲的严厉惩罚，父亲的情感温暖以及过分干涉进入回归方程。母亲的严厉惩罚对青少年的冒险性有着相反的预测作用，而父亲的情感温暖和过分干涉对青少年的好奇性和想象力有着预测的作用。

表 2-7 父母教养方式与创造力各因子之间的多元回归分析

自变量	因变量	β	t	p
M4 严厉惩罚	冒险性	–0.25	–3.232	0.001
F1 情感温暖	好奇性	0.199	2.482	0.014
F3 过分干涉		0.162	2.026	0.044
F3 过分干涉	想象力	0.27	3.437	0.001
F1 情感温暖		0.186	2.369	0.019

2.4 研究结论

2.4.1 有利于青少年创造力培养的显著积极因素

经过研究不难发现，在父母的教养方式的各个因素中有些因素对于青少年创造力的培养具有显著的积极作用。

其中父母的情感温暖对青少年的创造力的正面影响是比较显著的，如果青少年无法从自己的父母身上感受到情感温暖，势必会觉得自己无足轻重，对于自己存在的价值会产生怀疑，又怎么会有多余的精力去考虑创新，去学习、努力呢？其次，父母的受教育程度对于青少年想象力的培养同样也是很重要的，父母受到的教育程度越高，自身的知识面就越广，知识层次就越高，这样在教育自己孩子的时候可以给予更多的知识支持，有利于青少年创造力的发展。

对于男女生而言，性别不同也就注定了他们得到的关注也不尽相同。女生因为是个柔弱的群体，所以得到父母的关爱更多，保护也更多。虽然男生在这个方面不如女生，但是男生的调皮捣蛋更能得到父母的理解，因为在父母心里，男生天生调皮，不过一旦过火的话，男生受到的惩罚相对更严厉，但这依然无法阻止男生们去探索发现，因此男生的创造力要高于女生。

2.4.2 不利于青少年创造力培养的显著消极因素

通过数据分析我们还可以看出某些父母教养方式的因素对于青少年创造力的培养有着消极的作用。

其中，从相关性的分析中，不难发现父亲的过分干涉和母亲的严厉惩罚有着较为显著的负相关关系。父亲的过分干涉和母亲的严厉惩罚一般都是在青少年的行为超出父母自身能够掌控的时候才会出现。因此，父母会开始想办法极力将青少年控制在自己的能力范围内，这样就在无形中打压了青少年的创造力。

然而，父母的受教育程度在某一个方面同样对青少年创造力有着消极作用。虽然父母受教育程度高，能够给予更多的智力、知识的支持，但是另一方面，父母受教育程度越高，他们对青少年的期望值就越高，希望青少年按照自己的意愿去发展，总觉得自己的安排是为了孩子好，是最好的成长路线，殊不知这样就已经压抑了青少年自己的想法，影响了创造力的健康成长。

由于男女生的性别差异，女生得到的保护更多，这其中也就包含了有时候的过度保护，父母总是不希望自己的女儿去接触一些比较危险的事情，但有的时候父母对男生的想法反而是：试试又何妨呢。

2.4.3 父亲教养方式对青少年创造力影响的重要作用

从以上各种检验分析出的量表以及对量表的分析中不难看出，在现在的中国家庭中父亲对于青少年创造力的影响明显大于母亲对青少年创造力的影响。在父亲的各因子中，父亲的严厉干涉又尤为明显。在中国文化这样的大背景下，不难想象出存在于中国几千年的父系社会，对于崇尚男女平等的今天依旧有着深远的影响。在中国的封建时代，男子在家中处于绝对的领导地位，不管是妻子还是孩子都要对男子顺从，否则就被视为不忠不孝，这个后果是相当严重的。受此影响，现在的中国传统家庭，依旧是父亲在家中的地位高于母亲的地位，虽不如封建时代那么明显，但也还是不难看出的。因此，父亲在家中地位直接关系到父亲的教养方式对青少年创造力的影响。

其次，在当今社会，父母的教育程度不断提高，而男性在获得教育资源方面又略比女性多，并且在现今的社会中男女的不平等在就业方面也是尤为突出，男性更容易获得社会地位和金钱，因此也就更加巩固了男性在家庭中的地位。由此，父亲在家中地位的不断上升，必然对于青少年的创造力有着直接并且较为深远的影响。同时，随着父亲的学历不断上升，他们对于青少年的支持会更多，但同时对于青少年的期望也就更高，希望他们去实现自己没有实现的目标，这样也就势必会对青少年的发展更为关注，但是有的父亲可能会过分干涉青少年的发展，这样的话反而不利于青少年创造力的发展。

同时，虽然有的父亲与青少年的接触不多，但这更造成父亲在青少年心中的神秘感，使得父亲的一举一动相对于母亲而言更容易受到青少年的关注，青少年就会更多地想得到父亲的关注与认可，从而向着父亲希望的方向去发展自我，这也是中国“严父慈母”的条件下产生的一种现象。

但是，目前中国家庭的教育现状是“父亲缺失”，即父亲用在青少年教育上的时间少之又少，从家庭到幼儿园到学校，基本上负责管理青少年成长教育的都以母亲为主。因为社会标准对父亲责任的期待，父亲往往将精力放在外在的经济获取、社会地位的争取上，而忽略青少年的成长教育。同时，在数据中我们也可以发现，如果父亲的情感温暖更高点，那么对于青少年的好奇性和想象力的发展更为有利。而母亲的情感温暖仅在与青少年冒险性的相关程度上高于父亲的情感温暖。因此，如果父亲能在情感温暖上更加关注孩子，则更有利于青少年创造力的培养。

本章小结

通过对于家庭教养方式对青少年创造力影响的研究，发现父亲对青少年的影响至关重要。为了使青少年的创造力能够得到很好的培养与开发，本书提出几点建议。

首先，要争取使女性在社会中获得更多平等的权益，保护女性，提高女性在家庭中的地位，这也就提升了母亲在家庭中的地位，这样母亲对青少年创造力的影响就会更为明显和有利。

其次，父亲在教养方式上需要不断改进与提高。在教育资源不断增多的今天，父亲不断学习，使得自身不断得到充实，可以使得父亲的教养方式更为民主与科学。同时，父亲不能只关注自己在社会上的成就以及自己所获金钱多少，应该多分些精力在青少年的成长、教育上，让青少年切实感受到父亲的情感温暖。

然后，注重家庭文化的培养，一个平等的家庭环境下，即使父母的受教育程度不高，即使父母的社会地位不是那么理想，也还是可以为青少年的创造力的发展提供一个很好的空间，使得青少年的发展不会受到太多的束缚，同时又可以得到应有的关注。

3 基于适应性绩效的创新型人才个体特征

> “西方的价值观和体系在国内是不适合的，……然后就是人才素质的问题，人才素质比较好的，总能找到办法适应；如果是素质差的，他永远是抱怨别人，不从自身上找原因，他就无法融入。”
>
> “有时候外部环境的变化会影响到一个人内心的决定，毕竟人是社会人，脱离组织、社会是不可能的。”
>
> “对于刚接触一点事业的年轻人，我建议他首先学会表达自己，表达自己的情绪，表达自己的想法，有效地！因此多一点的社会接触没有什么坏处，但太多的社会接触，会让一个决心做研究的人太功利，这样不好。”
>
> ——摘自本书访谈记录

3.1 适应性绩效：创新能力的新建构

对于任何一个组织来说，效益都是其关注的焦点和追求的目标。而组织效益是依靠许多个体的工作绩效来实现的。比较典型的有 Borman 等（1993）提出的二因素绩效模型，该模型准确地将员工绩效划分为任务绩效（task performance）与周边绩效（contextual performance）两个维度。任务绩效是组织所规定的、与工作任务效率直接相关的行为，和特定工作任务中核心的技术活动有关；周边绩效是与工作任务间接相关的自发行为、组织公民性、组织奉献精神以及与特定任务无关的绩效行为。

然而随着时代的发展，二因素绩效模型忽视个体对新任务和新要求的适应情况的描述，使得其越来越不能为新型组织服务，于是适应性绩效应运而生。

在变化不定的环境下，员工个体适应能力的高低会对自身的和组织的绩效产生巨大的影响。员工要想更好地适应这种新型的动态性组织，就必须大大提高自己的适应性能力，能快速建立对情境的感知，并在此基础上制订自己的学习计划和行动方向，来面对各种突发事件和各种压力情景，以保证获得较高的个人绩效。

为此，适应性绩效（adaptive performance）的概念应运而生：当员工个体在突发情况或紧急事件前，能从容乃至积极地适应变化然后找出解决办法，从而保证自身绩效的顺利完成。面对新情况时，员工所表现出的适应性，并由此产生的绩效，这种绩效被称为适应性绩效。

随着对适应性绩效研究的重视，出现了各种对适应性绩效的操作性定义。

Hesketh 和 Neal（1999）认为适应性绩效主要指那些表现出应对变化的行为以及当工作需要变化时把所学知识从一种工作任务向另一种工作任务迁移的能力。

Allworth 和 Hesketh（1997）则提出认知成分和非认知成分两方面构成了适应性绩效，其中认知成分包括了新知识和以问题为焦点的应付策略的运用、评价有关变化的信息、预见和解决与变化有关的问题等，一般都与知识应用和问题解决技能有关；非认知成分包括对应付变化的能力自信心的变动表现出的情绪适应，允许变化发生而不是抵制变化的意愿，对变化及变化带来的机会的积极情绪反应，通常都与对工作和任务需要变化的情绪适应有关。

有学者认为适应性绩效是对广泛的、类型各异任务的一种适应行为（Campbell et al., 1993），也有学者认为适应性绩效是个体进行自我管理和学习新经验所产生的效能（London and Mone，1999）。还有学者认为适应性绩效是“角色灵活性”，指适应不同角色的能力（Jackson and Murphy,1999）；Allworth 和 Hesketh（1999）把适应性绩效定义为员工展现的处理变化能力和随着工作需要的改变学习从一种任务向另一种任务转变的行为；影响力最大的是 Pulakos 等（2002）的观点，认为适应性绩效是个人根据新情况和变化的环境要求来改变他们的行为。

Griffin 和 Hesketh（2011）认为，个体应对各种挑战的适应性行为反应是一个连续统一体，从相对无效的不适应反应到适应反应，再到高度有效的胜任反应，可分为三种不同的行为类型：①主动性适应行为，个体对环境的变化发起有积极影响的行动；②反应性适应行为，改变自己以更好地适应新环境的行动；③容忍性适应行为，尽管环境正在改变，或者当采取主动性行为和反应性行为可能不合适时，能够持续起作用的行为。

适应性绩效并非是对传统任务绩效和周边绩效模型的否定，而是在动态环境下对绩效概念的发展和补充。它不仅拓展了绩效模型的新维度，而且要求任务绩效和周边绩效本身也增加适应性的内容。即一方面适应性绩效有自己独特的概念构思，要求在绩效管理体系中加入员工适应性的考察内容；另一方面，要求原有的任务绩效和周边绩效指标也应充分考虑环境动态性特点，减少静态固化的数字目标，增加动态变化的考核内容。

3.2 适应性绩效的表现维度

3.2.1 不同职业的一般性适应性绩效表现

随着适应性绩效的概念逐步成熟，研究者需要对适应性绩效的具体表现进行进一步的系统研究。2000 年，Pulakos 等运用关键事件分析技术，对来源于 21 个不同工作岗位的关键事件进行分析，并通过因素分析对采用“工作适应性量变”获取的来自 24 个不同工作岗位的数据进行处理，结果均显示适应性绩效包含 8 个维度，具体如表 3-1 所示。

表 3-1　Pulakos 等（2000）的适应性绩效维度结构

适应性绩效维度	适应性绩效表现
创新适应性绩效	➢ 需要个体能将复杂的问题引向自身所期望的结果或创造性地提出解决方法，包括在复杂情境中采用独特的解决方法； ➢ 能够不受已知条件限制进行思考，并产生富有创造性的想法； ➢ 对表面上似乎不相关的信息进行整合，形成解决问题的有效途径； ➢ 当现有的资源不足以完成任务时，能创造性地获取并合理地使用资源
不确定适应性绩效	要求员工能较容易地适应该情景并解决其不可预测性，能有效并平稳地转变角色，甚至必要时能在了解事态之前就采取具有前瞻性、预见性的行动，在不确定性事件发生后也能及时调整计划或行动以应对之
学习适应性绩效	员工必须学习和掌握未来工作所需的、新的工作方法与技术，以便能执行全新任务，或为新的工作和职业生涯做准备
人际适应性绩效	包括与他人相处时展现灵活性，保持开放性，善于倾听他人的观点；与新的团队、同事及顾客建立良好的合作关系；敏锐地洞察他人的需要并采取相应的措施；适应不同的人际类型，对他人施加影响以便有效地开展工作等
文化适应性绩效	包括组织和国家两个层面： ➢ 在组织层面，员工要学习并了解不同组织或团体的规则、目标、价值观及文化氛围，以融入其中并与其他成员和谐相处； ➢ 在国家层面，员工需要具备学习新语言、新习俗的能力，了解他国文化和历史传统，理解他国的行为方式。 更为重要的是，除了对新文化的简单学习之外，文化适应性绩效要通过理解并自愿与广泛接触的组织内部的文化、价值观相协调，以更快融入新文化氛围
物理环境适应性绩效	要求员工迅速而有效地适应各异的环境条件，如环境科学研究工作、国外服务工作、远征及旅游相关的工作等，必要时员工要强迫自己调整身体状况，以完成非常艰辛而苛刻的工作任务
工作压力适应性绩效	要求员工在面对压力情境或要求较高的工作任务时能保持沉着冷静，对出乎预料的信息或情境不会做出过激的反应；面临严峻问题时能采取建设性的解决方法；对待那些寻求帮助的人或事能保持积极的心态，并愿意尽力帮助其摆脱困境
紧急事件适应性绩效	包括善于控制自身情绪，从而客观地看待并处理当前的危机情境；能够采取适宜的、有效的措施应对生活中的威胁或危急状态；在危机中保持清晰、集中的思维以迅速对各种备选方案进行分析，做出合理的决策，从而促进事态的健康发展

国内学者王胜桥（2006）认为，适应性绩效需要在不同的文化背景下考虑，提出了中国文化背景下的适应性绩效维度构成，如表 3-2 所示。

表 3-2 中国文化背景下的适应性绩效维度构成（王胜桥，2006）

适应性绩效维度	适应性绩效表现
组织与文化适应性	能够主动理解公司的发展方向和文化；在必要的时候能够调整自己的行为；能够与不同文化的人维持良好的关系；能够积极了解其他部门的需求和价值观；能够融入不同组织价值观和文化中去；能把学习到的新技能应用到工作当中
问题解决创造性	善于从多业务信息中找到新的解决方法；当资源不足时，能设法寻找新的资源；能够逆向思维想出解决问题的新方法；复杂情况下能独特思考得出创新想法
危机与压力管理	紧急问题时，善于立即采取应急措施；处理冲突能保持情绪控制和客观应对；紧急时能迅速分析和选择备选方案；当意外情况发生时也能够镇静自如；能够分步采取相应措施解决紧急问题；面对困难和高压力情景能够冷静应对
不确定情景应对	即使情况不明资料不全也能有效行动；常常找到别人没想到的问题解决方法；情况发生变化时能迅速调整计划目标；不确定情景时能抓住焦点改进绩效；能预料变化，主动学习，并做好应对准备
沟通反馈与工作改进	总是能够采取行动改进工作中的缺陷；总是想办法解决挫折而不是责怪他人；能够倾听多方意见，改变自己不当观点；经常了解与工作相关的正负信息反馈

国内学者吴新辉（2009）认为，适应性绩效是一种在动态变化的环境中，个体有效应对非预期工作要求与环境变化的各类行为，因此，在目前的变革型时代下非常有研究的意义。通过对来自制药、信息技术、金融保险和餐饮等行业的 557 名企业员工的调研实证研究，认为变革型企业中的员工适应性绩效可以区分为文化与人际促进、压力与应急处理、岗位持续学习和创新解决问题四个维度。

3.2.2 特定职业的适应性绩效维度

除了对一般性的适应性进行研究，一些学者认为，不同背景和职业下的适应性绩效是有差别的，所以针对不同的情况，适应性绩效需要具体研究，不能一概而论，可以针对不同职业或者岗位的组织员工所需要的适应性绩效表现做研究。如 McGill 等（1993）研究了动态环境中管理者的适应性绩效，认为管理者的适应性绩效由以下成分构成：①基于当前财务结果的短期子公司绩效；②源于当前实现的未来现金流现存值的长期子公司绩效；③管理者的总体绩效评估；④在作为管理者的身份中其他的绩效实现情况。

国内学者鲁頔（2010）探讨了高新技术企业研发人员的适应性绩效，认为可以从四个方面来描述：①学习与创新：这是研发人员最直接最核心的能力之一。是指个体在总结过去经验、向他人学习以及通过组织内部或外部的渠道获取知识和技能的基础上，维持持续成长的动力，并将自身知识转化为解决复杂问题的能力。包括持续学习和创新地解决问题两方面。②压力的处置：由于研发人员需要不断地运用知识及灵感进行脑力劳动，因此在进行研究任务或者攻克技术难题时，往往会将自己与外界隔离，或者仅与少数人接触，在时间或空间上没有概念，而这些难免会使其面临巨大的压力，在这种情况下需要保持平和的心态、沉着冷静地处理压力。③协调与融合：指研发人员在面对不同的文化背景时，能够适应环境，融入新的文化氛围，并很好地与其他成员进行合作的能力。④应急与权变：指研发人员通过自身的积累，在面对突发的紧急情况或不可预料的情景时，能够快速分析各种备选方案，有效地调整目标或对策，延缓事件的恶化或逐步地解决问题；抑或为其他人提供一个思路以处理当前情况的能力。

国内学者张乐（2010）探讨了保险行业销售人员的适应性绩效表现，包括学习与创新性适应性绩效维度、应急适应性绩效维度、文化与人际适应性绩效维度、不确定性适应性绩效维度、工作压力适应性绩效维度。付仁峰（2009）则探讨了企业中人力资源管理者的适应性绩效，可以划分为创新工作方法、人际环境适应性、学习能力适应性以及压力与紧急处理四个维度。

张敏和郑全全（2009）认为，教育行业同样具有变化的、动态的环境和组织特征，教师也面临着对新环境和工作要求的适应性问题，适应性绩效的具体内容包括：①文化促进，指教师在不同文化和环境中完成工作的有效性。学习并理解学校的文化和价值观，必要时调整行为以便尊重学校或他人的价值观和风俗，维持与学校和他人的关系。②能动地解决问题，指教师面对不确定的和变化的工作情境，有效、灵活地转变角色，产生新的、创造性的方案解决各种复杂的问题。③压力处理，指教师面对困难情况或高要求的工作任务时沉着冷静，采取建设性的方法管理挫折。④应急处理，指教师采取合适的紧急措施应对工作中的意外事件或危急状态。⑤人际促进，指教师展示人际的灵活性，适应不同的人际类型，与新的团队、同事工作时表现出有效的人际适应行为。⑥持续学习，指教师学习新的工作方法和技能，使自己的知识和技能跟上时代的要求，更好地完成工作；预见工作要求的变化，并为应对新的工作要求或职业生涯做准备。⑦身体适应，指教师适应要求的工作环境，必要时使自己的身体承受繁重的工作任务。

3.3　创新型人才适应性绩效构建

通过适应性绩效研究的发展，可以看出适应性绩效是一个与创新能力相关的概念，因为创新是在变革的、不确定性的情境下的认知和行为。相对于一些规定职位，创新型人才的适应性绩效应该具有一定的独特性。本研究采取了深度访谈方法，对若干位研究学者的个人思维、行为相关进行了梳理，并请教了他们对创新型人才个性特征的描述。为此，基于以上文献回顾和深度访谈记录，本书认为创新型人才的适应性绩效可以表现为以下维度。

3.3.1　持续学习和创新

创新型人才适应性绩效首先表现为持续学习和创新，其由主动寻找资料信息工具的能力、将不同信息转化为自身知识的能力、实践与反思三部分构成。

1. 主动寻找资料信息工具的能力

学习欲望可以促使创新人才主动寻找资料信息工具来规划自身行为，通过自己日常活动和企业文化来补充构建自己的知识体系、技能来提高组织效能并且提高自身持续适应能力。

创新人才的学习可以促成自身乃至整个组织观念的改变，进而带来绩效的提升，通过学习不但可以巩固和凝练深化已有的知识技术，还可以有机会探索出新技术和新机会。

创新人才通过学习来追求新的知识，又以新知识为依托进行创新，也利用新知识来获得新方法或改进旧技术来帮助组织和自身处理现有问题，同时还增强了自身的适应和研发能力，促使自身更快地适应市场环境和开拓新的市场，并且改善现有产品使其更具竞争力和适应性。

创新人才也通过学习对已有的知识技能进行提炼深挖，改进自身不足、学习自身未知并保持自身优点，可以做到在不同情景下将技术微创新改造后完成具体的任务，完成任务的同时既增加了相关领域的知识经验技术，也增强了组织的市场竞争力。

学习新的岗位工作技术和方法，既可以顺利完成自身的工作任务，也是为适应现有工作流程和程序变化。凭借牢固的专业知识一方面可以应对不同的全新的任务，另一方面可以为新的职业生涯打下基础。由于时代的变化，以单一的现有的知识技术能力并不能适应整个职业生涯，所以不断学习新的技术、理念、知识乃至手段是为了更好地拓展自身的职业生涯。

创新人才的学习是为了适应不同环境的变化和组织内部需要，最大限度吸收知识、能力、技能并且存储在记忆中，也就是扩大自己的知识储备以应对市场竞争和变化，同时激发自身的潜能，促进全面发展。在信息爆炸、多元化社会和复杂环境下，为了满足各种要求适应时代变化，创新人才的学习能力是至关重要的，通过学习进行知识积累和应用同时发展才能提升自身技术和创新能力，从而适应组织要求、社会要求。

创新是创新人才的根本特征，也是其区别于其他人才的最大特点，创新可以认为是将旧知识、技能、思想等转化为新方法，并且可以适用于未来的挑战。创新人才可以有效利用组织内部和外部环境下的各种资源进行创新，并且拥有可以在创新过程中及时获取内外部资源并进行整合的能力。

创新人才是能够做到创新持续性而不是爆发性，在强烈的求知欲和好奇心驱使下常常探索自己的未知世界和感兴趣的领域，并能够迅速获取相关知识且加以思考，对知识不是一味地吸收，而是能够提出疑问和见解。

2. 将不同信息转化为自身知识的能力

创新人才在学习过程中能够将不同的信息转化为自身的知识，同时能够进行不断创新，动态化和复杂化的工作情景就是需要创新人才创造性地去解决那些界定不明、复杂独特的问题。

学习和创新对于创新人才来说是相辅相成的，学习能力是创新能力的关键，学习能力不足将阻碍技术能力的发展，只有具备较高学习能力才能有效获取并利用新知识，拓展现有的知识储备，提升消化和利用信息的能力并最终增强创新绩效。而创新又能反过来推动他们去学习吸收知识，因为创新是需要大量知识和技能储备为基础的。

3. 实践与反思

举例说明：对于研发人员来说，学习就是他们总结经验教训，通过各种渠道获取知识技能来保持自身的持续成长，在成长的过程中将知识创新为解决各类问题的能力；而高校教师因为要面对教学环境的动态化、适应不同的学生群体以及预见工作要求的变化，所以学习和创新对高校教师来说既是对学生负责的体现，也是自己科研的要求；初中级 HR（人力资源）的日常性、程序性工作较多且工作事务性较强，故而本身不需要太多的创新工作行为，但是需要进行持续的学习；而高层 HR 面临的是整个企事业单位的人力资源状况，对于人力资源的战略性思考能力、创新工作能力等要求要远远高于初中级 HR，也就是说，初中级 HR 对于持续学习具有较强的需求，而高级 HR 更多的是创新需求。

3.3.2　文化适应

1. 文化理解能力

创新人才通常具有较高的文化理解能力，可以通过组织历史、员工礼仪等方面迅速了解组织的价值观、文化观和组织规范甚至员工的态度和期望，并迅速调整自身的习惯、行为、作风、态度等来适应企业文化，融入企业氛围之中，一举两得。

创新人才对不同的工作情景有不同的理解能力和适应能力，在国内需要适应不同地域企业的风俗差异，在国外需要具备学习新语言和适应巨大的文化差异的能力。

良好的文化适应能力可以使创新人才在组织内获得更好的培训机会和更快的发展机会，更能形成科学的职业生涯规划，也就能提高组织绩效和适应绩效。

2. 行为调节能力

因为信息时代的需要，组织所主导的文化在各个时期可能会有不同程度的变化抑或不同部门间也有文化差异。创新人才不但可以对组织价值观带来冲击，还能够自己调整行为和态度去适应新的文化内涵，同时帮助其他员工一起适应这个变革，这是更高层次的一种文化适应能力。

创新人才在工作中一般能理解他人的行为方式并且一定程度上尊重他人的价值观和行为，能够灵活开放地与同事相处，善于倾听并且能够在洞察到他人的难处和需求时做出相应的行动，也能够在适应了解他人的基础上对其施加影响来更好地开展工作。

创新人才可以常常与同事沟通工作情况，可以调节彼此间的任务或者责任，对于同事的烦恼和困苦会认真倾听并且提出合理的建议，在与人交谈时会考虑他人的习惯、风俗、想法等，能根据他人的反应情况迅速调整自己的言语。

3. 人际支持

人际适应就是指在社会互动中，能与他人建立和保持良好的关系，能帮助他人，支持他人，信任他人。

创新人才能够客观公正地认识自己和他人，可以与其他员工和睦相处，可以根据人际氛围来改善自身的人际适应性水平和独立工作能力，既能愉快地与同事合作互相协助，也可以适当公平地进行竞争来提高自身和组织水准，不会产生嫉妒、暗斗等情况。

创新人才在与人交往中既能看清他人长处，也能包容他们的短处，在相互工作时能积极引导他人扬长避短，共同促进绩效发展。

在这一点上研发人员和高校教师具有类似的特点，在常年进行技术研究和课题科研时，通常都会面对各种各样的情景，或是单人研究或是团队合作，特别是在团队合作的时候，需要能够迅速适应融入环境和氛围及与其他成员合作研究的能力，同时还要能够在不同环境文化下完成本职工作。销售人员的人际文化适应更多体现在去接受尊重客户的习惯，理解客户的不同观念，根据不同客户的性格去调整自身的交际手段，然后影响或者满足客户的需求来完成销售的目的，在完成绩效指标的同时还能与客户保持朋友关系。

3.3.3 不确定事件的应急处理

不确定事件的应急处理包括转变自身角色从容调整计划、情绪控制以及快速思维与行动三方面。

1. 转变自身角色从容调整计划

创新人才不会对未来进行主观臆断然后制定方针来应对，因为不确定性是动态的，这个高速发展的时代是不稳定和无法确定的，也就是说对这个社会、环境、任务等是难以进行准确预测的，很难也没必要去提前判定。

创新人才能在平时学习积累知识，观察各种不确定的情景，同时思考应采取的措施方案，即能做好应对的准备，不确定事件发生后也可以从容地调整自己的计划来处理，不会手足无措。

高校教师在面对不确定的环境时，能灵活有效地转变自身角色，因为课堂上的不确定性是永恒的，高校教师必须有良好的专业知识和相当大的灵活性去应对这个不确定。例如为学生答疑时，可以放下教师的架子换位思考，不拘泥于成规，也可以和学生合作去研究创造性的方案解决复杂问题，与学生可以是师生也可以是朋友。

2. 情绪控制

创新人才在面对紧急和突发事件时能沉着冷静，不会出现重大失误甚至有时候能以超高水准去分析和解决问题，也就是说各种不确定的因素不太会影响创新人才的工作绩效，因为创新人才可以事先作出一些有效判断来平稳地过渡和适应。这种适应性包括可控的自我情绪、客观的心态、及时的措施、合理的决策。

创新人才有明确的目标和目的来保证在不确定事件发生时能够不迷失自己，并相应地调整自己的行为路线，制订完善计划并且能够予以实施来保证任务的完成，达到组织目标和绩效。

3. 快速思维与行动

创新人才在危机发生后，能迅速找出紧急事件的根源和特点，然后制订出相关的应对计划，必要时能依靠和发动各方关系。

比如研发人员的应急能力是通过自身的积累，从而能在面对突发和不确定事件时迅速分析备选方案，逐步地解决问题。高校教师则体现在随机应变上面，对于工作中遇到的意外或者危机情况能充分发挥高校教师的智力能动性去分析和判断问题、解决问题。

3.3.4 压力的自我调适

1. 心理压力的自我调适

当今社会的压力来源是多种多样的，如快速和高强度的工作环境、工作知识和技能的迅速发展、组织的动态要求和自身职业生涯的发展，要更好地适应本职工作导致了如今工作压力越来越大，所以对冷处理压力、管理挫折等方面的需求也越来越多。

创新型人才在面对压力情景或者高要求工作任务时能保持冷静，不会有过激反应，能以积极的心态提出建设性的解决方法，在压力下不抱怨并能进行有效的自我调适，将滚滚的压力转化为源源不断的工作动力。

创新人才可以降低压力所带来的消极情绪和由此产生的疲惫感，还可以帮助自己和他人在压力中获得信心，并产生对抗压力的信心，在压力下能保持乐观开朗的心态，用积极的情绪更可以消除压力或者更有效地处理压力。

创新人才知道工作压力产生的来源，并能更有效地处理它，同时还可以适当地引导分散压力给其他人，适当的压力可以促进更有效地完成工作任务。创新人才还可以很好地处理压力所带来的不确定反应，也就是能及时调整工作态度，把不利的压力转化为动力。

比如：高校教师不但有繁重的教学任务，还有一系列科研课题需要完成，所以必要时需要调整身体状态来承受适应长期高强度的工作任务，同时在压力下需要冷静地发挥自身水准来处理工作与生活中的紧急、危险或威胁事件。而研发人员的压力主要是来自于组织上层和研发内容，这就需要他们去调整抗压心态和努力协调上层来减轻研发压力和自身压力，从而保证研究的继续直至完成。

2. 身体适应性

在压力下，有时候不仅仅需要心理的调适，身体的适应性也是创新型人才能迅速适应不同物理环境条件的重要条件，高难度、高强度、周期长的任务更需要他们调整身体状态来保证任务的圆满完成。

身体适应是指人们为从容应付日常生活和偶然事件所必须经常保持的行动能力和适应能力。创新人才有对疾病的抵抗能力和适应自然环境、社会环境、紧急事件的能力，创新人才可以在多变高压的工作环境下使身体维持机能稳定来保证日常工作的完成。

创新人才在压力下和紧张时，可以表现出适当的扛晕眩和抗大脑疲劳能力，也就是可以保证持续高强度的工作不出错不短路，能保持应有的行动能力和控制行为。

3.4　创新型人才适应性绩效的影响因素

3.4.1　创新人才的知识技能

创新人才的知识技能主要表现在知识存量上，也就是说知识存储和掌握决定了对不同环境或任务的适应速度，也是创新能力的体现。通过研究表明，不论在团队还是个人层面上，知识技能总是促进着适应性绩效。

创新人才角色知识、与组织水平的市场相关经验和知识以及对自身团队的了解是保持他们学习和创新的原动力，也就是说专业知识越丰富，学习和创新的适应性绩效就越高，充沛的知识存量可以保证在不确定事件发生时创新人才迅速找寻合理的处理方法，保证自己绩效任务的完成。

同样，创新人才的思维能力、学习能力和自我发展能力对适应性绩效也有正面影响。思维和学习能力可以使创新人才在各种文化和人际环境下保持学习性和思考性，从而迅速适应融入，而自我发展能力可以使创新人才在不确定情景和压力下冲破自身发展的桎梏。创新人才通过角色知识还可以筛选出自身的目标并且为之努力活动，也就是工作动机的正确选择影响着其自身的适应性绩效。

知识技能是一个积累的过程，工作年龄和实际年龄较大的创新人才，在经历过很多突发情况和紧急事件后，已经形成一种临危不乱的心态，能迅速分析问题并提出解决方法，还可以稳定团队内的不安情绪，压力与应急处理适应性绩效也就更高。

如果有适应特定环境的经历，就能够在未来需要同样适应方法的环境中成功，也就是说创新人才如果面对过各种特殊环境并且学习适应后，这些过去的经历既能很好地帮助他适应现有组织环境并作出贡献，又能促进他将来的适应性绩效。

高知识技能往往代表了高的学历，因而创新人才对于企业文化的理解和对人际关系的认识往往更好，也就常常表现出更强的文化促进和更和谐的人际关系，在高学历的基础上创新人才的持续学习和创新能力也更优秀。

3.4.2　创新人才的人格特征

首先，自我效能可以定义为自信力，它深深地影响着创新人才的工作行为，坚持不懈还是半途而废都是自我效能高低的反馈。具备高自我效能可以更有效地应对不确定性的动态环境下的各种挑战，不会去抱怨和放弃，在压力下也能更好地完成任务。另外，自我效能还通过培训和培训后的自我调控过程来促进创新人才的适应性绩效发展。自我效能还对创新人才的学习绩效产生显著影响，有动力推动创新人才去学习创新并把知识转化为工作动力。

其次，创新人才的成就动机也与自身适应性绩效积极相关。成就动机就像黑暗中的一盏明灯，是创新人才学习创新的最终目的，也是困难和多变的环境下的一种激励。因此高成就动机的人才可以很好地适应各种环境和对抗压力以及在这些环境下学习和创新。

再次，高开放性人才在动态变化的环境中具有更高的适应性绩效。当创新人才被要求适应组织或环境的变化时，开放性态度是适应性绩效的关键因素，且高开放性人才在变化之后的长时间内经历绩效高原的可能性更小，更能适应多变复杂的环境，也可以保持更好的状态。拥有高开放性特征的创新人才不但能迅速融入新环境和新人际圈子，还可以一定程度上改变原有组织不良的工作氛围，也可以帮助新员工或者感到不适的员工去适应整个环境。不过工作任期可能会对开放性与适应性绩效间的正向关系产生缓冲作用，长工作任期可能会影响创新人才的学习创新动力和成就动机，过于安逸的不变的环境也可以导致抗压性的缺失。

然后，创新人才自身的价值理念是否与企业或组织的相匹配也影响着适应性绩效。因为适应性绩效主要以行为作为考核指标，采取的是主观评价，如若理念不合，极容易使员工质疑考核公正性，从而导致怠工散漫等消极情绪蔓延，不但会影响自身的学习创新积极性，更会给组织的工作氛围和行为带来不利的影响。在压力下常常自暴自弃，一心想着失败，容易造成心理崩溃，严重的可能导致整个人才的堕落。

最后，创新人才的情绪是否稳定也关系到自身的抗压性和耐劳性。如果没有稳定的情绪，当面对不确定事件和高压状态下就会越发感到六神无主或者依赖其他员工，也就根本无法发挥出自有知识水平，更勿论创新了。

3.4.3　组织管理制度

在组织中，给予创新人才有效的支持是促进其适应性绩效提高的主要因素。

竞争日益激烈的环境中，学习对于创新人才是至关重要的，这就需要企业去营造企业学习型文化：重视并且将知识视为组织的重要资产之一；改变组织氛围让其有利于人才自愿自觉的学习，以个人的知识经验来带动公司的经验知识和团队信息知识，并且常常表现为自身结构性营销能力，个人能力越强整个公司的适应性绩效肯定就越高。

而在文化和人际适应上，上下级应该互相支持、信任、团结一致，同时组织也可以创造一种快乐、积极的文化氛围，可以使员工更轻松地投入工作和与同事聊天，并进一步融入整个组织的文化当中，以便形成创新人才与组织之间牢固的情感纽带，使其愿意为组织作出更大的奉献，同时也更好地体现并加强了自身的适应性。

创新人才进行创新也是一个实现自我价值的过程，组织如果承认其创新成果，就更能激发他们的学习和创新行为。组织可以建立一个奖励机制来鼓励创新人才，采用长期激励与短期激励相结合的方式，使研发人员能更好地学习和创新，更好地为组织服务，从而促进个体和组织的适应性绩效。

当处于挑战性和复杂性工作任务或工作环境中时，来自管理层足够的支持可能是提高创新人才开发适应能力的关键因素之一，因为长时间处于高压、高强的工作下可能会使创新人才不堪重负，心生厌倦，久而久之会影响自身的绩效，要保证其能更好地进行工作，提高其适应性，可适当地组织集体活动，丰富一下日常生活，劳逸结合既可以提高员工的忠诚度，又能增长他们压力下的适应性，提高适应性绩效。

通过研究创新型人才适应性绩效的影响因素，可以帮助我们更好地去了解创新人才已经掌握的和所需要的能力以及加深适应性绩效的各维度的理解，也可以更好地帮助组织在绩效考核时准确把握适应性绩效内涵，从而了解判断人才是否为组织可用或者未来是否有发展潜力等。

本章小结

适应性绩效的研究关注点主要是集中在员工个体本身，比如学习适应性、工作压力适应性、人际适应性等，这些都能反映出个体的创新能力特征。

研究创新人才的适应性绩效，可以广泛地应用到组织其他的各个方面。可以在组织进行招聘时，用适应性绩效结构来对应聘者进行测试，通过测试结果来确定谁是比较适合组织的员工；还可以将适应性绩效考核引入创新人才的绩效考核中，这样考核的结果不仅可以反映各个员工的绩效，同时还可以反映出产生不同绩效的原因，通过分析较低绩效的员工考核结果，对各个员工进行有针对性的培训，以最大限度地提高员工绩效。

4 基于期望理论的企业创新型人才激励方式

"我们的考核，只重结果，不重过程。"

"我们的优势好像就是人多嘛。比如说，人家十个里面选一个，我们可以在一千个里面选一个，那绝对优秀啊。"

"衡量人才的主要标准不是学历、职称、资历或身份，而是品德、知识、能力和业绩。"

——摘自本书访谈记录

4.1 企业创新型人才的发展现状

创新型人才不仅具有常规人才所具有的综合性的知识与能力，在企业具有卓越绩效，对社会有所贡献，其核心特点在于他们是企业自主创新的主体，与常规人才相比具有创新意识、创新精神和创新能力，在推动企业自主创新中发挥积极的贡献。

人才是创新之本，有效的人才资源管理是企业竞争优势的来源。对于企业来说，只有建设好创新型人才队伍，才能在产品研发、经营管理、营销战略等方面自主创新，获取竞争优势。

2010 年 12 月，《2010 中国创新型企业发展报告》（以下简称报告）正式出版，这是由科技部、国资委、中华全国总工会及相关部门通过对国家层面选择确定的 458 家创新型企业的创新发展状况进行了筛选统计，经过对统计结果的分析，得出了我国创新型企业自主创新能力显著提升的结论。该报告出版的目的宏观上反映企业创新型人才对企业发展建设所取得的成效的作用，系统总结创新型企业的成长规律，从而科学地引导企业快速发展。该报告的数据结论中得出，企业对创新人才的投入日益加大，已经成为企业研发投入的重要力量。

2009 年 458 家企业总的科研经费支出总额接近了 2435 亿元，占全年全国企业科学研究经费支出总额的 42%，研发费用的强度达到了 1.86%，远高于全国大中型工业企业的 0.96%。

这些企业创新人才经过努力实现的科研成果，使企业在其自己的领域内成为拥有自主知识产权技术的领先者。截至 2009 年年底，创新人才拥有的授权发明专利的总量就达到了 49 412 件，占国内有效发明专利的 23.1%。

458 家企业中有的企业积极承担或参与了国家和行业技术标准的制定，这些企业主持制定过的国家技术标准有 4730 件，主持的行业标准有 3832 件。

报告的最后显示，458 家企业都有针对创新人才的内部科技研发机构，其拥有国家认定的企业技术中心 337 家，占国家认定企业技术中心总数的 58.6%；还有 47 家企业在海外拥有研发机构。国际（工程）技术研究中心 182 家，国家重点实验室 129 家，国家工程实验室 55 家。

这些企业对国民经济发展的贡献日益显著。据报告中显示，458 家企业注册的资产总额达到了 19.3 万亿元，主营业务收入达 13.1 万亿元，增加值达 3.3 万亿元，利润总额达 8597 亿元；企业上缴的税额达 11 841 亿元，占全国税收收入的 19.9%。

而且，这些企业的国际竞争能力在不断地提高。2010 年《财富》500 强中，共有 54 家中国公司入围，内地入围企业达 43 家，其中 27 家企业的创新型建造在不断加强，18 家被评为创新型企业。

由这个报告可以明显地看出上述创新型企业在不断壮大发展，可以成为国家部分行业形象的代言者。创新型企业所取得的成就，离不开企业内部创新人才的贡献。

随着我国产业结构的不断升级，企业发展的重任落在了创新人才的身上，创新型人才对企业的重要性日益突出。创新型人才是企业科研和发明的主导力量。新技术的发明与应用是企业能否突破发展瓶颈的关键，创新人才能否提供先进、成功的科研成果，直接影响着企业的发展。企业如果可以吸引和拥有大量的创新人才，那么企业就掌握了核心技术资源，也许企业会因为缺乏资金或设备等原因，无法在短期内取得很大的发展，但是给创新型人才一段时间，他们会创造出新的技术，让企业在竞争中处于优势的地位。在知识飞速发展的今天，企业的核心竞争力是创新型人才，企业的资源要为创新型人才服务，从上面报告中数据就可以显示出来，大量的授权发明专利不都是由企业领导层发明的，而是企业内部的创新人才。无论企业创新人才是由外部引进还是由内部培养，他们都关系着企业是否能在将来取得竞争优势。

当今社会，知识的更新速度是惊人的，企业要想在残酷的竞争中占有先机，就必须依靠企业创新，而创新的来源在于企业的创新型人才，企业不论是从外部引进人才还是运用企业内部的人才进行创新科研工作，这些人才不可能时刻都保持着对最新知识的了解，或者他们并不是总能有持久的创新灵感，那么对创新型人才的培训就是不可避免的了。只有坚持对创新型人才的培训，企业才能保持自己的竞争优势。

随着我国加入 WTO，各企业之间的竞争日益激烈，现有资源（包括物质资源、资金、设施、人才等）已经不能满足企业的需求，尤其以人才资源最为重要，各企业成功的关键因素也变成它是否拥有创新型人才。因此各企业大力实施人才强国战略，我国在创新型人才队伍建设方面取得了显著的成效，但仍存在不少突出的问题。

4.2　企业创新型人才激励主要存在的问题

4.2.1　单纯的奖励性激励

在国内很多企业领导者的认知中还存在着一个片面的看法：激励就是奖励。鉴于这个错误的认识，在设计科技创新人才激励机制的时候，往往只片面地考虑正面的奖励措施，而轻视或不考虑约束和惩罚措施。有些虽然也制定了一些约束和惩罚措施，但碍于各种原因，没有坚决地执行而流于形式，结果难以达到预期目的。

虽然从字面上看，激励有激发、鼓励、诱导、驱使之意，而在管理科学研究中，激励不等于奖励。仅仅将激励狭义地从字面理解为正的鼓励，只强调利益引导一个方面是不准确的，将其用于指导实践则是有害的。在管理学上，激励通常是和动机连在一起的。主要是指人类活动的一种内心状态。激励是由动机推动的一种精神状态，它对人的行为起激发、推动和加强的作用。从完整意义上说，激励应包括激发和约束两层含义。奖励和惩罚是两种最基本的激励措施，是对立统一的。

4.2.2　普适的统一性激励

许多企业在实施激励政策时，往往激励主体都不明确，并没有对员工的需求进行仔细的分析，比如薪酬设计上采取“一刀切”的简单做法。如此片面地认为同样的激励手段对所有人都适用，结果却是适得其反。例如，某科研单位将全体员工简单地“一视同仁”，对科技人员和工人采用同样的激励手段：奖金加表扬。科研人员得不到实质的尊重和地位，积极性受到打击。有一位热心钻研的科研人员，经过两年的辛勤劳动，取得了一项科技成果，也受到了领导的表扬和物质奖励。但是对于这项成果的市场推广领导并不放在心上，这位科研人员不久就离开了单位，因为他需要的并不是奖金和表扬，追求的是事业的成就感，是取得成果后的那份荣誉和受尊重。

一般而言，能够促进员工或是调动员工积极性的因素都可以称为激励因素。只有对员工的需求进行认真的分析，找到员工真正的激励因素，才能对其展开有效的激励。

4.2.3　缺乏公正的评价系统

一些企业发现，在建立起激励制度后，许多科技人员非但没受有效激励，反而积极性大幅下降，努力水平也是下降不少。这是因为激励制度在实施的过程当中，没有科学的评估系统，导致在激励的实施过程中员工没有得到公正的评价，积极性受到打击。如奖金，本来是激励因素，但是，由于在评价过程中出现了偏差，使其变成了非激励因素，消减或抑制了员工的努力水平。因此，激励制度并不是孤立存在的，它必须辅以公正的评价系统。没有公正的评价，激励制度就必然会导致完全相反的结果。

无法建立科学合理的创新评价体系。目前企业还无法建立一个科学合理的创新评价体系，因此，不能够有效地评价创新型人才的个人价值，从而使创新型人才不能完全理解“科学技术是第一生产力”的深刻内涵，而且企业内部也评价不了创新型人才的创造能力，降低了创新型人才努力提高自身科研技能的积极性。

4.2.4　对创新型人才的产权激励不足

产权激励是对人力资本的首要激励，是最具激励效应的途径与方法。产权激励就是通过产权合约的形式将企业所有权卖给员工，是长期激励的一种有效形式。一般来说，产权合约最重要的激励对象是企业投资者，即权益层。这种激励是通过产权持有人对企业剩余价值的索取和控制来实现的，最早是由厉以宁教授提出来的，他的股份制改造对中国经济起到了很明显的作用。

创新型人才之所以会成为企业重点培养对象，就在于他们具有强烈的探究未知知识的精神和坚忍不拔、勇往直前的创造意识、超越意识、进取意识，并有良好的科学文化素养，而这些正是企业能否快速发展以至于进军国际市场并占有一席之地不可或缺的重要因素，因此，政府倡导现代企业对创新型人才进行产权激励。各企业虽然有积极实行，但还有明显不足，具体表现为以下方面。

（1）产权激励制度不完善。制度经济学家诺斯认为：“一个社会如果没有实现经济增长，那就是因为该社会没有为经济方面的创新活动提供激励，也就是说，没有从制度方面去保证创新活动的行为主体应该得到的最低限度的报偿或好处；直到现在，不能在创新方面建立一个系统的产权仍是技术变化迟缓的主要根源。”产权制度的不完善不仅不能够明确界定企业内部不同个体之间的权利和义务关系，而且还不能够为企业内部各要素所有者之间在团队合作中提供有效的空间，这样就导致创新型人才失去创新的积极性。另外，不完善的产权激励制度无法把创新者的个人利益同企业发展的整体利益结合起来，因而在某种程度上他们个人效用最大化的目标与企业利润最大化的目标会发生矛盾，进而损害创新型人才的个人利益。

（2）产权激励的缺陷还导致无法给予创新型人才相应的薪酬。由于产权激励制度存在一定的缺陷，企业给予创新型人才的薪酬还无法与他们的工作成绩相匹配，进而使他们的工作积极性极度下降，这样不仅会延长研究开发时间、降低研究开发质量、增加研究开发的投资，还增高了创新的投入，使企业的预算严重超额。

（3）产权激励前提假定的缺陷增大了对创新型人才的投资风险。企业为了获得市场竞争力，必须对人力资本，特别是创新型人才进行投资，另一方面又要承担这些创新型人才流失的风险。而产权激励坚守经纪人的假设却忽略了人本复归的事实，市场交易规则的普遍化和商业文明对人的主体性的充分肯定使得这样一种依赖压抑矛盾一方来缓解矛盾的制度安排趋于失灵，这样的依赖也使得创新型人才本身失去了自我主导性、自制性，在一定情况下完全听从企业内部的决定，从而使投资风险增大。

4.3 期 望 理 论

4.3.1 期望理论的含义

美国管理学家弗鲁姆于 1964 年，首先提出期望理论，其基本观点是：激励就是掌握选择的过程。如果某个人有了特殊的目标，为了达到这个有意义、有价值的目标，他必须做出某种行动。因而，人们就要对能达到所期望目标的各种不同行为的可能性予以权衡。若某种行为被认为比其他行动更具有成功的可能性，人们就受到激励，很可能选择并采取这种行动。

期望理论表明人们的努力与其所得最终结果的因果关系。该理论的前提是：假设员工是理性的，他们工作前会想一想，他们在做什么，他们怎样才能得到奖励，奖励对他们的意义有多大？只要当人们认为能够从工作中得到他们期望的东西，他们才会努力去工作。个体只有在预期能达到目标的情况下，才会被激励起来去完成既定的目标。个体所受的激励程度与个体实现目标的期望值成正比，与目标在个体中的价值，即效价成正比。其公式为

$$激励力量（M）=效价（V）\times 期望值（E）$$

M是指个体所受激励的程度，即被激发的工作动机的强烈程度，M越大，个体的努力程度就越大，达到目标的概率也就越大；V是指个体对目标的偏好程度，若个体对目标不在意，则V为 0；若个体不愿达到目标，则V是负；E是指个体在主观上估计自己的行为能否达到目标的概率。

期望理论表示，效价与期望值的不同结合，会产生不同的激励力量，一般存在以下几种情况：

$$高E\times高V=高M$$

$$中E\times中V=中M$$

$$低E\times低V=低M$$

$$高E\times低V=低M$$

$$低E\times高V=低M$$

弗鲁姆期望理论认为，“期望”的核心应该理解为双向期望：一是企业管理者期望员工的积极行为；二是企业员工同时又期望管理者的奖赏。所以要激励员工更好地工作，管理人员应明确三点：一是要明确做什么工作给什么报酬；二是要使员工认识到这种报酬与工作绩效有联系；三要使员工相信只要努力工作，绩效就能提高。

4.3.2　期望理论的应用

期望理论认为，人是理性人，当人们预期某种行为能带给个体某种特定的结果，而且这种结果对个体具有吸引力时，个体就倾向于采取这种行为。根据期望理论，一个人从事某项工作的动机强度是由其对完成该项工作的可能性、获取相应的外在报酬的可能性的估计以及对这种报酬的需求程度来决定的，为此，研究者在以下三种关系中探讨期望理论的应用方式。

1. 努力与绩效之间的关系

员工总是根据以往的经验判断通过自己的努力能否达到目标，即期望值。如果主观上认为通过自己的努力能达到预期目标，即期望值较高，他就能被激发出强烈的工作动机；如果他主观上判断自己通过努力很难达到预期目标，那么，他就可能意志消沉，缺乏工作动力。所以，管理者应根据员工的能力制定相应的目标，目标不能太低，若员工能轻而易举地达到目标，则目标对员工没有多大的激励作用，无法激发出员工的潜能；同时，目标也不能太高，否则，员工会对目标望尘莫及，失去工作热情和积极性。针对这种情况，可以采取职业激励的方法，职业激励的基本做法是企业领导者指导人才进行个人职业生涯设计，然后企业提供一定条件，如对人才的技术攻关项目等给予资助，与人才共同努力以促进其职业生涯发展计划的实现。如朗讯科技公司为人才制定“职业阶梯”，详细规划出“一个大学生从进公司成为一名普通员工起，一级一级向上晋升发展中所有可供选择的职位对能力的要求和岗位职责、任务目标”，使人才感到个人职业发展前景明朗，从而不至于轻易跳槽。国内的长虹集团、海尔集团等培养了一大批在国内有名的经理级人才，其成功的方法并不主要是高薪和待遇，而是职业激励的成功（韦艳，2009）。

现在绝大多数企业的员工都是属于知识员工。知识员工与普通员工相比，其优势就是在于他们的知识量多少。知识员工在初期的知识量是远远大于其他人的，这正是其成为知识员工的基本原因。但是，如今的社会是一个知识爆炸的时代，知识更新的速度非常快。正如奥本所说的那样：在未来世界中，环境变化的速度将超过任何组织的学习速度（奥本，2000）。如果知识员工只是专注于工作任务而不继续学习的话，那他们的知识也会变得陈旧落伍而不能胜任技术要求越来越高的工作，这是不能为知识员工所接受的。在这种情况下，若企业没有相应的措施，那么很可能会导致知识员工集体跳槽的现象，给组织带来巨大的损失。管理大师Drucker（1999）告诫我们："我们无法驾驭变革，我们只能走在变革的前面。"在这种情况下，作为企业的领导者，必须要能够洞察和预见员工的期望，培养管理知识员工。由此，定期对员工进行培训，鼓励他们继续教育，或者主动给他们提供继续深造学习的机会，都不失为一种留住知识员工、激励知识员工的措施。进一步，如果单位能给员工进行职业生涯规划，也是对知识员工自我发展的一种内在激励。通过职业生涯规划可以为员工提供适合其要求的发展道路，使员工的职业发展目标和单位的发展目标一致，使员工为单位尽心尽力地贡献自己的力量，并与单位结成长期的合作伙伴关系（刘翠花，2007）。

2. 绩效与奖励之间的关系

员工努力工作，希望取得好的绩效，获取丰厚的奖励，包括物质奖励和精神奖励，如提高工资级别、增加奖金、获得同事的尊重、上司的赏识、升职、成长机会等。只有员工认为自己良好的工作绩效能够得到相应的回报时，他才会有巨大的工作动机，才会积极主动地投入工作。优秀人才一般都渴望得到更大的发展空间，这种要求甚至比物质方面的要求还要强烈。要真正激励并留住他们，必须满足他们的发展需要，及时为他们搭建更大的、充分施展其才华的舞台。让他们知道自己的良好绩效能够得到相应的回报。

其次，给员工提供培训机会。任何个人要想实现自身价值，都渴望得到培训的机会。给予人才培训的机会已成为激励人才的一项重要措施。IBM公司有一句名言："员工能力与责任的提高，是企业成功之源。"对员工进行职业培训能增强企业的核心竞争力。拥有10万名员工的丰田公司，其快速发展与高素质、稳定的人才队伍和完善的人才培训密不可分。加入丰田公司的新员工要经历9个月的培训，管理和技术人员每3～5年要培训一次。在中国的多数外资企业实行"每年送10%～15%关键岗位专业技术人才或管理人才出国考察、进修、短期培训"的制度吸引和激励人才。

与此同时，管理者还需要给员工创造一个公平、公正、公开的环境，在公平、公正、公开的环境下，员工会产生巨大的工作热情，发挥积极性、主动性、创造性；反之，员工则会失去斗志。因此，组织必须建立一套公正的评价体系，只有这样才能保证激励的公平性。海尔集团设立的动态人才选拔机制，不搞“伯乐相马”，而是提供“赛马场”，通过全方位开放式的“赛马”，使人才的技能、活力、创造精神和奉献精神充分展现出来，推动企业的进步与发展。海尔集团的做法告诉我们，要努力营造科技创新人才成长的宽松环境，这里包括良好的竞争环境、舒适的生活环境和尊崇的社会环境，让广大科技人员充分发挥自主自由的创造力，实现自我价值的公平显现（裴宏斌，2002）。

3. 奖励与个人需求之间的关系

人之所以产生工作动机，主要是为了满足自己各种各样的需求。然而，人是有差异的，员工在年龄、性别、教育程度、经历、资历等方面都是不同的。同样一种奖励对不同的员工来说，需求满足程度不一样，被激励的程度也不一样。国务院的调查显示，国有企业人才最看重学习和提高的机会，私营企业人才更希望同事之间关系融洽；管理人员或 45 岁以上的人才比一般人才或年轻人更希望获得学习和提升的机会；中西部地区企业的人才更看重收入高低，东部地区企业人才更希望能发挥个人聪明才智；IT、化工、电子等行业的人才更希望获得学习和提高的机会，公用事业、批发零售等行业的人才则带有明显的安于现状倾向。因此，在实行激励政策的时候，管理者必须要结合组织和员工本身的情况来制定相应的策略。

据国外一些研究资料表明，通过物质利益和严格的管理制度只能发挥员工工作能力的 60%，而剩余的 40%工作潜能只有靠精神激励才能充分发挥出来。创新型人才属于那种“掌握和运用符号与概念，利用知识或信息工作的人”，他们比从事物质生产的员工更重视自己的尊严和自我表现价值的实现。而企业向员工“支付”尊重和自我价值实现的机会，可以极大地增加员工的效用和员工对企业的满意度，使其激励力量达到最大。

未来是不确定的，没有人能够预知未来。员工也会对自己的未来产生怀疑、感到迷茫。针对这种情况，企业应当将重点使员工就业转向使员工具有就业适应能力。一方面，企业要进行很好的工作职务设计。在今天激烈的人才竞争中，要吸引和留住优秀的人才，企业只有改变传统的工作职务设计方法，采用职务雕塑技巧让员工根据自己追求的发展目标，设计自己的工作职务，以便使用和留住优秀的员工，从而有效地防止智力资产的流失；另一方面，企业应帮助员工进行职业生涯设计，使员工更好地实现自我发展。根据员工的不同类型和职位，企业（特别是知识密集型企业）要为企业的技术人员提供职业发展阶梯，根据企业技术人员的专业技能和他们对企业的贡献提高他们的待遇和地位以及给予他们在各自专业领域进行技术创新的自由和支持，而不是迫使专业技术人员为了晋升而承担管理工作职务。因而，在企业中的晋升应包括“纵向晋升”和“横向晋升”，并采取权变的管理方法来激励员工。

经济学家托马斯说过：“好的经理应当不仅让员工挣到钱，而且让员工感到工作的意义和乐趣。”因此，情感激励就显得比较重要了。情感激励主要是使员工保持良好的情绪，将其对工作的热情激发出来并转化为能量（雷卫中和吴国英，2002）。情感激励的突出表现是企业注重人情味和感情投入，给予人才家庭式的情感抚慰。对人才的情感激励在日本颇受重视。索尼公司原董事长盛田昭夫自豪地说，一个日本公司最主要的使命，是培养它同雇员之间的关系，在公司创造一种家族式情感，即经理人员和所有雇员同甘苦、共命运的情感。企业对人才的情感激励，必须是建立在对人才的尊重和信任基础之上，只有建立在尊重基础上的情感激励才有效果，才能为人才所接受。企业与人才结成的不仅是利益共同体，还是情感共同体，人才生活与工作在这个充满温暖的大家庭中，其创业的激情就会充分发挥。

4.4 创新型人才激励理念

4.4.1 激励要有差异化

据国务院发展研究中心（2006）调查研究报告显示，成长机会、关系融洽、有成就感和得到公正评价成为人才最关心的激励因素，收入高低与工作强度等因素的重要性下降。国务院曾对 22 个省市进行问卷调查，据有效回收的 7715 份问卷分析显示，优厚收入的吸引力在下降，提高个人竞争力、和谐的工作关系等对人才越来越重要。在 7715 份有效问卷中，就“人才最希望的工作情景是什么?”选择有良好的成长机会、同事关系融洽、工作有成就感的人数分别为 1995 人、1927 人和 1691 人，分别占总数的 25.9%、25.0%和 21.9%；而选择收入水平高和工作舒适的人只有 518 人和 506 人，占 6.7%和 6.6%。马斯洛的需求层次理论指出，已经满足的需求，不再是激励因素。人们总是在力图满足某种需求，一旦一种需求得到满足，就会有另一种需要取而代之。当经济发展和居民生活水平达到一定程度后，收入就渐渐地变化为不再是激励因素，收入高低对人才的激励效果就会下降。近年来，我国的经济水平在逐步上升，在经济发展的同时，企业间的竞争也在不断地加剧。而企业间的竞争加剧使得人才越来越重视个人竞争力的提升。根据企业竞争的传导原理，企业间的竞争最终会传导至一个企业内部形成人才之间的竞争。于是，企业内的升迁条件也会跟着提高，同事间的竞争也越来越激烈。在这种情况下，人才只有不断提高自身竞争力，才能不会被裁掉或被取代。而提升个人竞争力的主要途径就是在工作中不断学习和提高。同时，同事之间职位竞争的加剧也使人才越来越注重如何更好地处理同事关系。在这种情形下，当收入不再是激励的重点时，成长机会、关系融洽、有成就感和得到公正评价就成为人才最关心的激励因素。

实行激励的目的是调动员工的积极性。不同的人，其激励因素是不尽相同的。如较高学历的人一般比较重视自身价值的实现、自身的成长机会，与物质激励相比，他们较多注重精神激励，如工作环境、员工关系、工作成就感等；而学历相对较低的人则首先关注的是物质方面的东西，他们的首要目标是满足基本需求。在实施激励政策的时候对这两类人则要分别对待。由此可见，实施激励政策的同时必须要考虑到个体的差异性，根据个体的具体情况实施相应的激励政策，只有这样才能收到最大的激励成效。

可见，创新型人才最关心的激励因素是成长机会、关系融洽、有成就感和得到公正评价，企业管理者需要根据这些因素制定出激励政策。

4.4.2　要注重精神激励

物质需求是人类的第一需求，是人们从事一切活动的动机。物质激励是指运用物质的手段使受激励者得到物质上的满足，从而进一步调动其积极性、主动性和创造性。物质激励有资金、奖品等，通过满足要求，激发其努力生产、工作的动机。它的出发点是关心群众的切身利益，不断满足人们日益增长的物质文化生活的需要。

虽然说随着经济的发展，人才对物质激励的需求在逐渐降低，但是，物质激励不能消失，若没有物质激励，员工也就失去了动力。但是，若太过注重物质激励，则容易形成“金钱是万能的”这一极端的思想。人不仅有物质需求，还有荣誉、成就等高层次的精神需求。因此，只有将物质激励和精神激励结合起来，才能真正地调动员工的积极性。

传统的激励方式注重的是员工的物质层面的激励，即工资、福利方面的激励。随着企业文化在企业日常管理活动中发挥的作用越来越大，满足员工心理需求的激励逐步超过了物质层面的激励。

知识管理专家玛汉·坦姆仆经过大量实证研究，在《如何激励知识工作者》一书中，提出了激励知识员工的前四个因素，即个体成长（约占总量的 34%）、工作自主（约占 31%）、业务成就（约占 28%）和金钱财富（约占 7%）。从玛汉·坦姆仆的研究成果可以看出对创新型人才的激励，不能以金钱刺激为主，而应以其发展成就和成长为主。也就是说，对于创新型人才的激励应以非物质激励为主。

文魁和吴冬梅（2006）在《科技创新人才环境研究报告》一文中，通过对北京市 20 家企业进行调研，得出科技创新人才的个体需求分析表，见表 4-1。

表 4-1 科技创新人才个体需求分析（文魁和吴冬梅，2006）

因素名称	5	4	3	2	1	得分	排序
工作自主性	20.0	13.2	15.7	23.4	27.4	274.1 3	3
个人发展	42.4	23.4	20.6	10.2	3.4	391.2	1
业务成就	18.8	27.7	24.7	21.3	7.7	329.2	2
良好的人际关系	9.2	20.6	21.3	29.8	19.1	271.4	4
金钱财富	9.6	15.1	17.7	15.3	42.3	234.4 5	5

根据表 4-1 可以看出，创新型人才对于物质奖励方面的需求已逐渐下降，心理层面的高层次追求更能达到激励的效果，如个人发展、业务成就、工作自主性等。传统的激励方式能够为创新型人才提供生活所需的物质基础，满足其生理需求和安全需求，但从社会经济发展的角度来说，传统物质激励无法满足创新型人才的高层次需求，即社会需求、尊重需求和自我实现需求。因此，在现阶段，我国企业在对创新型人才进行激励时，更注重于满足其高层次的心理需求，从而达到持久、深入的激励效果。

4.4.3 内部动机激励与外部动机激励相结合

对于创新活动来说，来自人力资源管理的最大挑战是如何创造条件同时满足组织目标的实现和个体成员的自身满意感（Badawy，2007）。有两种针对不同动机的激励方式，一是外部动机激励（extrinsic motivation），二是内部动机激励（intrinsic motivation）。当个体成员努力工作是为了得到某些工作之外的结果，如奖励、报酬，那么他是被外部动机所激励的；当个体成员在工作中寻求到了享受、乐趣、满足好奇心、自我展现或自我挑战，那么他是被内部动机所激励的（Amabile，1993）。

相对于外部动机激励，内部动机激励被认为有利于个体创造力的发挥。Amabile（1998）认为内部动机主要激发来源包括：具有挑战性的工作；工作中的自主性；充足的时间和资金资源；团结互助的团队精神；管理者的鼓励；组织在价值承认上的支持。进一步，内部动机激励被认为可以促进知识的创造和转移，尤其对于知识型员工来说，内部动机可以鼓励其去完成多任务（multiple task）性质的工作（即一些未在契约合同中完整描述的工作），从而充分调动组织中的无形资源，创造和转移隐性知识（Osterloh et al.，2002）。

内部动机在本质上是一种自我感知，包括对自我兴趣、能力和目标实现的认知，而这些认知和个体所存在的具体行动环境是密切相关的，认知会随着行动的进行而不断改变。由此，内部动机被认为是个体在绩效创造过程中进行适应性自我调节的核心内容之一，而激发内部动机则可以从改善个体行动环境来入手（Rawsthorne and Elliot，1999）。Osterloh 等（2002）认为，对组织知识创造绩效有益的个体内部动机不可能被完全激发出来，但在适宜的情境下可以增强。具体的，组织可以从四个方面来进行管理：①促进个体在工作中积极参与各种活动，通过参与可以促进共同目标的达成，在这过程中，个体会提升自我认知，内部动机会被明确或加强；②推行工作中的自我管理原则，让员工自己考虑基于自身追求的社会准则在哪里，以促进不同利益间的竞争性协调；③建设良好的人际关系，这是培育团队精神的先决条件，并要给予团队合作行为以充分的社会性承认；④对于绩效奖励采用不确定的方法，鼓励自我目标设定，避免挫伤员工的工作热情。

但是，从其特征可以看出，内部动机是受个体内发性的精神需要而产生的，体现在个体活动的过程之中，期望获得对当前状态的满足感，并往往伴随着情绪体验，在本质上永远是自愿的（陈志霞和吴豪，2008）。并且，内部动机产生的自我目标不一定与组织发展目标相符合，还可能存在着一些不良的情感，如嫉妒、复仇、支配欲望等。所以，通过一些动机与绩效之间关系的研究证实，内部动机所起到的作用不一定总是比外部动机明显。比如，Manolopoulos（2006）调研了希腊境内 315 家跨国企业的研发团队的人力资源管理状况，发现对研发人员的有效激励主要还是以外部动机为主，尤其是经济上的奖励和晋升的机会，更能激发高绩效的产生。Manolopoulos 认为，这其实对组织的长期发展来说是不利的，因为过度的外部动机激励会导致个体的机会主义行为产生，减少对组织的忠诚度。所以，引进各种方式的内部动机激励是十分必要的。尤其是研发活动开放式创新的目标往往并不确定，无法制定详细的绩效评估及激励策略，需要通过内部动机激励使得团队成员保持一种持续的发展动力。国内学者祁红梅和黄瑞华（2008）通过对 22 家企业 335 份调研问卷分析后发现，在对组织情境因素影响知识转移绩效的中介作用中，外部动机对于知识获得绩效（掌握了被转移的知识）和知识创造绩效（对转移来的知识再进行创新）均存在显著的影响，而内部动机只对知识创造绩效产生影响。可见，个体只有在兴趣或爱好被激发时，才会致力于知识创造性的活动中；而对于不感兴趣的知识或压力来自外部时，则既不愿意接收也没意愿投身其中进行再创造活动，甚至会对创造性的发挥产生负面的影响。

所以，对组织管理来说，为了控制和引导内部动机激励产生对组织有利的目标绩效，需要将内部动机激励和外部动机激励相结合来应用。而这两者之间的平衡，是需要巧妙把握的，因为强权、高压的外部动机激励机制如计件工资、奖金等会破坏员工原有的工作热情，从而降低内部动机的产生。目前就这一点，研究者已取得一致的结论：非必然的、未预料到的、无形的外部动机对内部动机的损害较少，赞扬个体胜任与能力感有利于内部动机产生；反之，被期待的、有形的奖励会削弱原有的内部动机（张剑和郭德俊，2003）。

4.4.4 整体激励与层次激励相结合

激励的核心是在整体目标一致基础上的激励。但是，处于不同层次的员工的个体目标是不同的。若制定的目标与其现实情况不相符合，则个体对目标的兴趣会下降，会对目标表示毫不在意，甚至会不愿达到目标，这样，个体的效价就为0，甚至为负。而在这种情况下，个体的期望值也必然会是极低的。根据期望理论公式：激励力量（M）=效价（V）×期望值（E），此时，激励力量则会很低，甚至为 0，这样就达不到预期的激励效果了。因此，管理者在注重员工整体激励的同时，还应该重视不同层次员工不同时期的激励。

4.4.5 注重职业发展激励

优秀人才都希望能够得到更大的发展空间，这种期望比物质方面的要求更为强烈。要想留住人才，使得激励得到预期的效果，就必须要满足他们的发展需求，及时为其提供更大的、能够使其充分发挥能力的舞台。人才，特别是创新型人才无时无刻都想能够提升自己，他们对于个人成长机会的主观估计较高，并且他们看重社会地位特别是别人的认同度。基于此，组织首先应该注重对这些员工的人力资本投资，健全人才培养机制，为他们提供进一步的职业发展机会，从而具备一种终身就业的能力和职位升迁的基础。

本章小结

本章基于期望理论探讨了创新型人才的激励方式，其核心观点是：虽然同为创新型人才，工作所带给不同个体的心理预期是不同的，积极工作、不断创新的动机也是不同的，不同的人期望不一样。为此，作为组织管理者，针对创新型人才的激励，一定要差异化。

进一步，在差异化激励的前提下，对创新型人才的激励要注重内在动机的激励，和组织内的职业生涯规划以及一定的精神激励。因为创新更多立足于自身发展的需求，而不是组织的命令与强求。

为此，创新型人才的激励意味着管理功能上的技能提高，创新型人才的管理者需要学习更多的管理理念、掌握更新的管理技巧。

5 研发团队创新管理

5.1 研发团队的创新功能

5.1.1 研发团队是组织知识创新的核心主体

当知识成为现代组织发展的核心资源，创新便成为管理学研究者和组织管理实践者共同关心的话题。尤其到了 20 世纪 90 年代，技术的快速更新、全球化的发展趋势以及日益增长的企业间竞争，需要组织具有多元化的技能、高层次的专家技能、快速的市场反应能力和适应能力，而团队化运作被认为是实现这些目标的有效途径（Harrison et al., 2003；Ellis et al., 2003）。同时，信息技术的发展也使得异地、分散结构的团队运作成为现实。所以，团队逐渐成为组织创新的核心力量，团队运作过程是否成功也逐渐成为实现组织创新的关键因素（Kozlowski and Ilgen, 2006）。

知识管理研究之父 Nonaka（1994）认为，组织中的团队是知识创新的最初发源地。从团队到组织，知识创新过程表现为五个阶段：团队成员之间分享知识、经验，共同参与实践；基于共享的知识，创造出了有关产品或服务的新概念；这些新概念渗入到组织运转的活动中，如市场定位、战略选择；为产品生产或服务提供建立初始的运行模式；将这些知识、概念、初始运行模式在整个组织中进行传播。由此可见，研究组织中的知识创新，首先需要着眼于团队。

在组织中，研究与开发（research and development）是主要的知识创新方式，研发能力的高低被认为是识别企业发展成功与否的重要标志之一（Nerkar and Paruchuri，2005）。从 20 世纪 60 年代起，研发活动开始进入组织内部的商业运转，成为组织中的一个功能部门，但在与其他部门之间的关系上，处于被动配合的地位；70 年代，研发活动强调与工艺的同步，出现了设计和工艺部门合作开发的形式；80 年代，研发活动和经济风险、战略计划及技术路线图紧密联系在一起，跨功能部门的研发团队成为主流；90 年代以来，研发活动被提升至组织运作的核心位置，与组织内其他业务单元之间要进行充分的合作与互动。同时，随着国际化、网络化的组织创新趋势发展，研发团队的组织形式也向虚拟化、分布化和全球化的方向发展（Blomqvist et al.，2004；聂晖，2005）。

在这种研发发展趋势下，研发团队日益成为企业整体创新系统中的重要一环，研发团队在组织中功能和形式的演变也见证了研发思想的演变。并且，研发团队的各项活动实质上就是知识创新活动，研发团队效能的创造即是知识的创造，并为组织层面的知识创造作出贡献。为此，研发团队成为研究组织创新机制的一个适宜对象，通过理论研究为研发团队管理提供理论指导具有一定程度上的实践意义。

研发团队的创新功能是内嵌于组织创新活动的整体系统之中的，所以对研发团队的定义要从组织的角度做系统化的处理。研发团队的具体组织形式取决于研发项目的性质，其原则是：研发项目越复杂，对组织的意义越大，研发团队的独立性就越强。一般来说，研发团队有以下三种组织形式：①专职团队，独立于组织的正常运行，并保持财务的独立性；②跨部门的临时团队，研发工作与其他日常工作并行，在管理上需要注意部门间的协调；③技术改进团队，范围小，方式灵活，但要注意把握好项目运行的时机（戚振江和王端旭，2003）。

为此，基于知识创新的视角，可以认为研发团队：

（1）是一个承担创新任务的社会性群体；

（2）内嵌于一个多层次的系统中，这个系统包括了个体、团队和组织；

（3）核心任务是创造新的知识，创新成果取决于团队成员在特定社会情境中的有效实践互动；

（4）在完成任务过程中要与组织中其他相关部门进行密切的沟通与交流；

（5）研发团队在时间轴上的发展是动态变化、不确定的。

5.1.2 研发团队的创新效能评价

在研发管理和新产品创新管理研究中，对于研发创新效能评价的研究大多基于组织层面。而在研发创新效能评价进入研发团队层面时，最重要的问题是需要将团队的创新效能与组织整体的创新效能统一起来。因为对于组织来说，除了在研发阶段的创意产生，还要将技术成果转移到市场，需要组织内部不同运作单元之间的有效配合，包括从顾客管理到供应商管理。所以，对于研发团队来说，需要将这些管理理念转换成相应的管理方法，造就一种市场导向的研发创新效能。

Cooper 和 Kleinschmidt（1996）在对 161 家企业研发活动效能的考察中，总结出 10 条能反映出组织整体研发效能的最重要指标。

（1）项目成功率：多少项目能将研发成果转化成组织经济效益；

（2）近三年来新产品创利在销售额中的百分比；

（3）开发费比：新产品上的获益与费用的比较；

（4）技术成功评比：新产品开发计划技术成功的评比；

（5）营收影响：新产品开发计划对公司每年营收的影响；

（6）获利影响：新产品开发计划对公司每年获利的影响；

（7）新产品销售目标达成：新产品计划达成销售目标的程度；

（8）新产品获利目标达成：新产品计划达成获利目标的程度；

（9）相对于竞争者的获利程度比较；

（10）整体成功程度：新产品计划相对于竞争者的整体成功比较。

经过因素分析，这 10 个指标落实在两个维度的评价上：收益性和获利影响能力。其中，收益性反映组织通过研发活动所取得的效益，影响能力反映研发活动对组织整体的营业收入、获利能力的影响程度。Brown 和 Svenson（1998）认为，评估研发效能要应用客观性的指标，所以在团队层面的创新效能评价，也应该体现出收益性和获利影响能力这两类指标。

Thamhain（2003）认为测量创新效能，对于公司层面来说，最为重要的测量方面是能成功面世进入市场的新产品或服务的数量，市场反应速度，成本和绩效提升，专利发布。而对于研发团队和个体来说，最有意义的衡量指标难以确定。相对来说，研发管理者最为关注的评价内容包括管理者自身对创新绩效的评估、创新建议的数量、专利公布和论文、对已有目标的努力和承诺等方面。而对于研发团队之外的创新效能测量更为困难，目前很少有相应的测量方法。

García-Valderrama 和 Mulero-Mendigorri（2005）基于 Brown 和 Svenson 的整体化研发系统框架，并综合研发管理者的具体建议，开发了一套测量组织研发效能的量表。这套量表是针对组织中的研发活动系统的总体效能的，其设计基础包括：①对经典文献的回顾，识别最重要的、最主流的测量研发效能的问题；②请专家和研发管理者对量表中各项进行评估；③采用了心理学量表研究中的方法“试题与目标一致性”，对测量项目与目标间是否相配做检测。该量表并未进入实证应用阶段，但设计者在严格的设计过程中保证了量表的内容效度，并准备进一步的实证检验。具体内容如表 5-1 所示。

García-Valderrama 和 Mulero-Mendigorri 的这个评价体系，围绕着研发团队，考察了团队在组织整体研发中发生在团队内部、团队外部的各种活动。在结构上，包含了团队内部（如研发人员的配置和利用）、团队与组织中其他部门之间（如与生产部门之间的知识转移）、团队与外部环境之间（如与利益相关者）的关系；在内容上，包含了客观评价指标（如预算、基础设施应用情况），也包括了主观性指标（如对创新氛围的评价）。所以，可以说，这个评价体系比较全面地体现了系统化、网络化的研发管理思想。但是，García-Valderrama 和 Mulero-Mendigorri（2005）在研究报告中说明了此评价体系目前只是从内容结构上获得了研发管理者与相关专家的认可，进入实际应用，还需要进一步的证实。

实际上，在现有的许多与研发团队效能评价相关的实证研究中，多以团队管理者的主观性评价为主。一般，最常用的评价内容包括团队预算执行、项目完成进度、创新程度、项目完成质量、团队总体绩效或效率，另外还包括团队成员满意度、情感凝聚力、团队总体绩效和项目完成时间等方面（戚振江和王端旭，2003）。

表 5-1 整体化研发效能评价框架

环节	考察对象	考察内容
输入	投资与基础设施	● 相对于以往的平均水平，公司对研发活动的财务支持情况 ● 相对于以往的平均水平，公司把获利用在研发活动上的百分比情况 ● 研发部门对基础设施的利用情况，投资成本效益情况
	研发人力资源投资	● 相对于研发项目的增长情况，研发部门中的人力资源数量增长情况 ● 就公司整体的工程师及教育水平而言，研发人员所接受的培训情况 ● 研发人员的技能、能力和经验水平 ● 研发人员的动机分析
过程	计划制订	● 针对公司现有的情况和环境，研发目标制定的合适程度 ● 研发过程中的活动以及目标的制定是否合适
	计划执行	● 针对研发活动的要求，研发预算的合适程度 ● 利用新的研发技术是否会在研发人员中引起冲突 ● 当研发成果转移至生产环节，生产部门的人员是否有足够的知识去接受 ● 研发部门与公司内其他部门之间的信息流动、沟通情况 ● 研发部门中人际氛围 ● 研发部门和市场及生产部门之间的协调关系 ● 研发部门与生产部门、市场部门的合作情况 ● 预算的利用情况，研发计划中需要引进新的活动，为此公司会遇到新的问题，这对公司造成的影响程度 ● 扩展和多样化研发活动的努力，研发部门拓展活动的困难程度 ● 利用相关者的参与程度，在设定研发目标时是否考虑到其他利益相关者 ● 外部因素（调节者）对研发活动的影响，在设定研发目标时在多大程度上受到外界环境（调节者）的影响
输出	目标实现	实现研发目标的难度（计划和预算）
	投入资源利用情况	● 对购买技术的利用情况 ● 对开发技术的利用情况 ● 产品创新的成功性 ● 创新过程的成功程度 ● 相对于以前，专利、应用模型和发表的论文是否有增长 ● 研发质量是否提高
成果	效益提高	是否从研发成果的应用中得到了经济上的获益

Kim 等（1999）从五个方面考察了研发团队绩效，包括技术目标实现、资源利用效率、计划完成情况、对组织产生的价值、整体的目标完成情况等。Reagans 和 Zuckerman（2001）考察了过去三年中，研发团队在论文发表、专著出版、专利申请、项目规划及实施、报告生成、试验仪器应用等方面的情况，作为评价团队生产力的标准。Hirst 和 Mann（2004）在研究研发团队领导角色、团队沟通与团队效能之间关系时，从团队是否选择了最佳行动策略和是否成功地完成了项目预期目标两个方面来测量团队的效能。国内一些学者认为，团队效能的策略可以从

两个方面进行，包括任务绩效和周边绩效。其中，任务绩效是指任务的完成情况，包括团队目标的达成、完成任务的熟悉程度等；周边绩效是指一种有助于完成组织工作的活动，包括团队成员满意度、承诺感、责任心和人际关系等（周志成和朱月龙，2005）。

有些学者从知识创造的角度来评价团队效能。如 William 和 Johnson（2002）评价项目团队的知识创造时，从技术创新的潜在影响能力和完成的技术创新目标程度两个方面来测量。张树娟和刘政（2008）从知识创造的角度，认为团队效能包括：①项目贡献，包括项目规划、搜集资料、报告撰写等；②态度表现，包括主动负责、相互鼓励等；③知识分享，包括沟通、建议、解释、分享资料等。团队效能评价指标列举见表 5-2。

表 5-2　团队效能评价指标列举

文献作者与年份	团队效能评价指标
Jewell 和 Reitz（1981）	内在方面：凝聚力、顺从性、影响力、工作满足感； 外在方面：决策、不同团队间的互动关系、生产力、顾客满意度
Hackman（1983）	满足顾客需求、团队成员成长、团队成长
Gladstein（1984）	绩效、团队成员满意度
Campion 等（1993）	生产力、满意度、管理者评价
Cohen 和 Bailey（1997）	绩效：质量、生产力等； 态度：满意度、信任等； 行为：离职、缺勤等
Stoker 等（2001）	创新成果、效能、工作承诺、工作满意度

5.2　创新型研发团队的新形式：实践共同体

Judge 等（1997）提出，研发团队成为一个目标导向共同体（goal-directed community）的程度越高，其创新能力就会越强。这样的共同体拥有自己的独特文化，群体凝聚力高，不断地有知识输入、输出，像一个综合的社会技术系统（sociotechnical system）。而情境学习理论提出的实践共同体（communities of practice）便是这样一个群体。

情境学习理论的创始人 Lave 和 Wenger（2004）认为，学习发生在具体的社会情境中，是个人的社会存在方式；知识不是内在心理的表征，而是个人与社会或物理情境之间联系的属性及互动的产物。Brown 和 Duguid（1991）认为，组织中的学习是参与性的，组织成员的工作不等于盲目地跟随章程、操作规范和程序指令，知识蕴藏在非正式的、他人对问题解决的叙事性描述中，人与人之间的沟通和协作是获得这些知识的方法。在获得知识的同时，每个组织成员也建构了自己在组织中的社会身份。在情境化的学习中，组织成员对实践的参与是多样化的，每个组织成员从自己的组织角色出发，与在实践活动中存在或多或少联系的其他组织成员、组织外成员之间都可以进行社会性的学习。组织内的知识创新不是个体单一认知建构的结果，而是在组织成员积极参与实践、相互协商、互动和联结的过程中创造的，是一种复杂的社会性聚合。聚合的效果取决于组织成员实践的效果，实践是联结个体和组织的关键因素。

进一步，Brown 和 Duguid（2001a）认为，实践共同体是一个很适合解释组织知识创造的基本单元，将知识的发生与获得从个体转移到一个社会性群体中，强调了知识的社会建构意义。但这并没有抛弃知识的个体拥有性，而是说明脱离社会联系的个体知识是没有意义的，这就解决了从个体知识走向群体知识的问题。进一步，组织可以被视为由不同的、错综复杂的、重叠存在的实践共同体组成（Brown and Duguid，1998；2001a），实践共同体之间也存在类似于实践共同体内部成员之间的社会性互动，促进了组织知识的产生。但在实践共同体之间的知识共享及转移与实践共同体内部有所差异，实践不能完全被共享，包含显性部分和隐性部分的知识不能被完整地转移，完整的程度取决于知识转移中不同实践共同体中社会情境的相似性，情境相似程度越高，完整性越高。

为此，情境学习理论研究者认为，一个实践共同体包括了一系列个体共享的、相互明确的实践和信念以及对长时间追求共同利益的理解。实践共同体中的成员有着共同的关注点、同样的问题或者对同一个话题的热情，通过在不断发展的基础上互相影响，加深在这一领域的知识和专业技术（Wenger et al.，2002）。从人类学师徒制的案例研究，到管理学内嵌于组织中的非正式群体研究，实践共同体这个概念实际上描述了一个群体中的社会互动方式，互动的核心内容包括以下两方面。

（1）意义的建构：意义的建构来自于参与（participation）和物化（reification）两种行为过程之间不断的协商。参与是指行动者对活动的分享，如观察、讨论、参加培训、实验等；物化是指行动者将经验化成具体的物质对象，如生成文件、表格、公式、规则、程序等。两者之间的关系是互为先决条件和产生后果。

（2）身份的建构：实践共同体中个体的身份，要通过自己所拥有的、已经在实践中与他人协商过的经验来确定，即身份的建构是伴随着意义建构而进行的。个体在实践共同体中的身份变化轨迹是多样化的，不同的行动者参与实践活动的方式不同，与他人进行人际互动的松散程度不同，但都能在这或多或少的参与中获得相应的身份认同。

这两种建构伴随着实践共同体在时间和空间上的发展一直存在着，即存在于共同体成员之间的日常活动当中，并促成了共同体成员相互之间的归属感、信任、分享及互惠。而同时，这两种建构产生的结果就是知识的建构，知识在意义和身份的获取过程中得以创造、扩展和交换，个体成员的实践能力也得以发展。所以，在这个意义上，Brown 和 Duguid（1998）将实践共同体视为组织知识创造的基本单元。

但是，实践共同体是一个非正式的社会群体，是由在学习和实践活动中具有关联的个体自发形成的，不同于研发团队这个正式的组织构成单元（Wenger et al.，2002）。两者之间的区别如表 5-3 所示。

表 5-3　实践共同体与研发团队的区别

项目	目的	成员	是否明确边界	是什么让成员在一起	能持续多久
实践共同体	创造、扩展和交换知识，发展个人能力	自我选择，以专业技术或对一个主题的热情为加入理由	模糊	对社团和专业技术的热情、承诺、身份认同感	有机地进化和结束（只要主题恰当，能够保持兴趣和创造价值，就会持续存在）
研发项目团队	完成特定的研发任务	在任务进行中有直接作用的人	明确	项目的目标和里程碑	是事先确定好的（可能项目完成就结束）

而实践共同体与研发团队之间的关系，则是一种相互嵌入的状态。研发团队中可能存在着若干个自发形成的实践共同体，每个共同体关注一种感兴趣的知识，也可能研发团队的成员加入了跨越团队边界的实践共同体，将知识的关注范围扩展到团队之外（Sense，2003）。

Judge 等（1997）认为，研发团队共同体化能通过建立一种亚文化，调整团队成员间的人际关系和互动模式，从而远离传统的部门式运作方式，增强团队的灵活性和自治性。进一步，即使是规模庞大的组织，只要能实现研发团队的共同体化，便可以使得组织具有持续的创新活力。

实践共同体这种非正式的群体聚合模式对研发团队管理的具体启示是：如果研发团队中的日常活动方式能像实践共同体那样——培育出一种相互尊重和信任的人际互动氛围，将完成研发任务所需要的知识成为团队成员的共同关注，为团队成员创造共同身份感，通过想法、工具、语言、故事、文件等共享资源去提高团队成员实践的有效程度，就能积极地促进研发团队的创新效能。

Wenger（1998）提出了一套指标，用以识别一个实践共同体是否已经成立并能成熟运作，如表 5-4 所示。

Thompson（2005）认为，这些指标可以归结为两类：

（1）认知类指标：指标 1～9 项。描述共同体成员在实践中进行思考和体验的方式，包括参与、认同、学习、获取声望、感受激励等。

表 5-4 实践共同体成立的识别指标

实践共同体形成的指标
（1）不论是和谐还是带有冲突，人际关系氛围持续稳定
（2）处理事务时有共享的解决方式
（3）有关创新的信息能快速流动和传播
（4）成员之间的对话不需要客套的寒暄，可以直接进行交谈和互动
（5）遇到问题时，能迅速组织起来进行讨论
（6）成员加入了一些非正式团体，因此有多重的身份角色
（7）成员之间彼此了解对方掌握什么知识、能处理什么问题、会对共同体的发展作出什么样的贡献
（8）成员彼此清楚对方在实践活动中的角色
（9）成员都清楚什么样的行动或工作成果在共同体中是恰当的、受欢迎的
（10）有一些只有共同体成员才知道如何使用、为什么使用的人工工具或物品
（11）拥有一些只有成员才明白其中含义的本地知识、典故、会心公开的笑料
（12）在沟通时，成员会使用一些能彼此意会的行话或短语，并且不断有这样的新语言产生
（13）具有显示成员关系结构的特定方式
（14）有一些共享的言论，反映出成员都认可的思想或价值观

（2）结构类指标：指标 10～14 项。以人工制品、文档、术语、概念、故事等形式来表示实践共同体的一个边界。这种边界不是空间上的，而是认知上的、互动关系上的，是实践共同体不断发展更新的见证和成果，只有共同体的成员才能知晓并理解这些元素的作用和功能。

Thompson 指出，组织对于实践共同体的培育首先体现在对结构类指标的认可和支持上，比正规的组织干预更为有效。而对于认知类指标，要鼓励实践共同体成员能跨越边界，在不同的实践共同体之间、在更为广泛的组织环境中进行，这样产生的知识才对组织具有意义。

5.3 创新型研发团队管理

5.3.1 建立研发团队愿景

社会建构理论之一的行动者网络理论（actor-network theory, ANT）代表人物之一约翰·劳（Law and Hassard, 1999）认为，分析技术创新活动时，第一个步骤就是关注这个社会群体的目标情境（scenarios，意思是对未来一个场景的描述）是如何形成的。这个步骤的重要作用在于消除来自不同行动者对于目标理解的差异和冲突（邢怀滨，2005）。

这个目标情境落实到组织研究中，便是愿景（vision）的概念。有关愿景的定义有：

（1）愿景是一个对未来的理想中的、独特的场景想象（Kouzes and Posner, 1987）。

（2）愿景是一个运作项目、一个群体或一个组织对未来状态的心智模型（Namus，1992）。

（3）愿景是对未来的想象，是群体成员感受激励、设置目标、制订计划的基础（Thoms and Greenberger，1995）。

愿景不同于具体的行动目标。在环境复杂的情况下，组织的行动目标可以因为环境的多变而不确定，或者不断变化，而愿景则是可以超越这些未知因素，是对未来生存状态的一种感知。West 和 Unsworth（1998）这样形容愿景与使命陈述（mission statement）、目标（goal）或目的（objectives）的关系：愿景是产生价值、技能和信仰的基础，如树的根基；使命陈述是对愿景进行可见的文字化处理，如树干；目标是主要的树枝，用以产生更为细微的行动目的；而行动计划（action plan）则是让整棵树呈现颜色的树叶。

可见，愿景是一种想象，是共享的认知（shared cognition）以及对这个认知的热情。对于一个创新团队来说，团队愿景是一个有价值的成果展现，代表着一个高层次的目标，对工作具有激励的作用（Anderson and West, 1998）。团队愿景具有以下特征。

（1）清晰：在团队中被广泛澄清；

（2）引发想象：让团队成员想象会为自己带来什么价值；

（3）共享：在团队中被普遍接受；

（4）可以实现：在现实中具有实现的可能性，从而激发团队成员的努力工作。

愿景是团队成员在认知层面的共识，要达成这个共识，就需要解决团队成员之间对于工作目标、发展方向、价值体现等方面的认知差异。这些差异包括：团队目标怎样和组织目标保持一致，并体现团队的自身价值；团队能在多大的程度范围、多高的质量水平上满足消费者对产品的需求；团队能为整个社会创造什么价值；通过愿景，能在团队成员之间、团队与组织其他部门之间以及团队与外部环境之间建立什么样的关系联结；能为团队成员提供什么样的发展机遇和福利待遇等。为了消除这些差异，团队愿景的制定就需要一个由下而上、团队成员相互协商的过程。在这个协商过程中，存在着一些关键要素：如开放式的对话和解释氛围，消除不同团队角色话语之间可能造成的歧义和误解；团队成员间相互了解、信任的情感纽带；团队领导灵活的管理技巧，包括鼓励异义、促进对话、科学决策等。

愿景的建立往往被视为团队创新活动的前期工作，West 和 Unsworth（1998）曾描述过在一次全体团队成员参加的头脑风暴会议中达成团队愿景的过程。而实际上，团队愿景也是团队运作过程的内容之一，并不是一次性完成的。因为，随着环境和行动者的认知需求改变，团队成员之间可能会就愿景进行新一轮的协商。也就是说，在新产品研发中，创新并不是为了解决一个已经界定清楚的问题，或者很难说有一个清晰的终点，对目标的解释可能始终在进行之中（Lester and Piore, 2004）。

为此，有学者（Pearce and Ensley，2004）提出，在产品研发团队中，愿景和团队效能之间，在时间维度上是动态的、相互影响、互为因果的关系：前期的团队创新绩效水平会影响到当前团队愿景的共享程度，而当前团队愿景的共享程度又会影响到将来团队的创新绩效水平。并且，在这个过程中，团队愿景和团队中的利他行为、谦虚行为、社会惰性以及团队日常活动之间，都存在着一定的相互影响关系。这表明了团队愿景的发展性特征，要能动态地配合并指导团队的创新活动，并反映和促进团队成员之间社会关系的亲密程度、彼此互动的质量高低。

5.3.2 信息技术的情境化应用

社会学家吉登斯认为，一个社会系统中的资源是行动者用来处理事务的工具，能以多种不同的形式被动员起来，并通过不同的形式和程度的权力展示来操作行动和实现结果，继而发挥调节社会关系的作用。物质性工具能使行动者获得自然界的控制与支配能力，能在一个情境下从技术、技能上提高行动效率。表现形式可以是：环境的物质特征，如原材料；物质生产和再生产的手段，如生产工具、技术等；产品，是前两项结合而制造出来的人工产品。

研发团队所需的设备类资源是物质性的，如办公设备、仪器、操作工具等。这其中，信息技术（information technology），包括软件系统和硬件系统，已经成为知识型企业的重要信息处理工具。

信息技术在组织中的作用和存在方式，首先表现为是一种工具，其功能在于：可以代替人工作业，提高工作效率，迅速地处理信息，并通过提供通信手段来维持组织成员之间的人际关系。然而，信息技术的价值并不是遵循设计者的初衷来实现的，其特征展现也并不决定于自身的结构。信息技术的作用是被积极地、社会性建构出来，只有在实际情境中被应用时才能被认定（Nocera et al.，2007）。这说明信息技术作为一种物质化的人工制品，对其效用的分析应该和应用信息技术的具体社会情境密切关联。在相关研究中，有两种研究主题：一是研究信息技术在一定的应用情境中，怎样受到来自各种社会力量的影响；二是研究信息技术在设计和应用两个环节中，怎样融进所在的社会系统的结构化特征以及某一具体的信息技术在特定的群体中怎样进行应用、适配的过程（Orlikowski and Iacono，2001）。

这两种研究具有不同强度的社会建构思想观，但都认为信息技术在参与实践活动的过程中，具有这样的特性：

（1）信息技术不是自然的、中立的、普遍适用的、既定的，而是会受到设计者、投资者、应用者的利益、价值观、假设想法的影响和塑造。

（2）信息技术的意义体现，无论是外在物质表现还是内涵文化特质，总是密切联系于一定的时间、地点、对话和群体。

（3）信息技术的设计往往是模块化进行的，在应用时总需要对不同的功能模块进行连接、整合、调试。而实际上，这个过程往往并不如想象中的那样能进行无缝适配，会受到一些不确定因素的影响。

（4）信息技术不是稳定不变的，而是会随着社会、经济的整体活动不断演化，也会随着组织的发展和变革、行动者需求的改变而进行更新或升级。

这样的信息技术认知观，对于分析信息技术在知识创造活动中的作用有很好的启示。Brown 和 Duguid（1998）认为，信息技术要能支持非正式的实践活动，能随着知识的交流和扩展需求触及更为广泛、复杂的行动空间，并能促进行动者之间的互动和学习。Nonaka 等（2001）认为，信息技术应该能提供或反映组织内知识的背景和社会关系，要能体现知识创造的动态过程，而不仅仅是信息管理的静态过程。可见，信息技术应该参与到知识创造的过程中去，成为塑造知识的一种力量。

在越发复杂的生存环境中，信息技术需要具有高度的灵活性来支持组织中的研发活动，使得研发团队内外部、组织内外部之间的知识得以联结和整合（Blomqvist et al., 2004）。在研发团队内部，信息技术的应用方式应能呈现出团队成员的实践活动方式，能促进情境中的分布式知识在团队内部进行转移和分享。为此，信息技术应具有以下功能（Boland et al.，1994）。

（1）能识别行动者：个体是与信息技术进行互动的行动者，需要被识别；

（2）具有解释功能：能对行动者所在的情境做整体的、全面的解释；

（3）能面向行动：能促进行动者对自己的行动进行回顾、调整或进一步的解释。

这些功能促成了信息技术的情境化（contextualization）：对情境中所蕴含的信息进行展现，将行动所发生的背景、目的、行动者的感觉在整个沟通过程中有效地进行传播、解释、发展和再现（Majchrzak et al.，2005）。情境化的作用在实质上是尽可能地将实践中的隐性知识以适合的方式呈现出来，以促进隐性知识和显性知识在行动者之间进行转化和分享。比如，由一些社会学家、企业经理和组织学习研究者共同开发的一种信息技术系统，称为学习型历史文献，便是信息技术情境化的一个案例。学习型历史文献是一种电子文本录入系统，由当事人或受影响者或密切观察者详细记录下组织中发生过的历史事件，并由专家进行评述。后来的学习者通过对相关文献的阅读和讨论，可以获得近似经验性的知识，并能从专家的评述中发现经验背后的逻辑和动力。这样便实现了学习历史经验、反思历史经验的认知方式，将组织成员的行动和思维进行汇聚与碰撞，从而成为促进知识创造的平台（Kleiner and Roth，1997）。

对于研发团队内部与外部环境之间的知识联结，信息技术所体现的功能是作为边界物件（boundary object）而存在的。边界物件是一些被共享的或可以被共享的、跨越不同问题处理情境的物件（Carlile，2002）。不同的实践共同体，由于不共享实践，便可以通过边界物件来进行相互之间的合作、协调与协商（Brown and Duguid，1998）。也有学者将信息技术的这种边界共享功能视为一种代理（broking）（Schultze and Orlikowski，2004）。代理是一个结构性的安排，一个行动者对另外两个没有直接联系的行动者之间的交流进行协调。信息技术的代理作用可能表现为：①联络（liaison）：中立地联系两种不同实践群体的兴趣所在；②监视（gatekeeper）：帮助一个实践群体搜集另一个群体的信息并进行处理，以帮助决策；③代表（representative）：将一种实践群体的兴趣展现给另一个实践群体。在这里，兴趣表征了实践活动中的语言，包括思维倾向、行动习惯、关注点等。

可见，信息技术作为知识创造活动中的一种资源，其有效性体现在与特定情境中的实践活动相适应的过程之中。

5.3.3 研发团队新成员入职的社会化培训

对组织中的个体进行培训，其目的在于帮助他们在工作场所中进行持续的学习。对于研发团队来说，培训能使团队获得多样化的、专业化的知识、技能、经验以及所需要的个人工作态度（Cardinal，2001）。从社会建构意义来看，个体的学习实际发生在每一天的思考和行为过程中，并时刻受到周围环境的影响（Billett，2000）。并且，根据情境学习理论的分析，随着知识的社会化建构，个体也获得了自己社会身份的建构，即合法的边缘性参与使得学习者在实践群体中获得了与知识相对应的一个社会性角色，或者说是一个社会性的位置。所以，社会建构意义下的培训在最终意义上是要帮助学习者在实践群体中完成自己的社会化过程。

组织社会化（organizational socialization）是Schein于1968年提出的一个概念，描述了个体从组织外部人转变成组织内部人的一个过程：通过学习，个体逐渐获得了作为一个组织成员所需要具备的态度、行为习惯及相关知识（van Maanen and Schein，1977）。在对这个概念的讨论中，目前有两个比较成熟的研究内容。第一类探讨组织要为员工社会化采取什么样的策略（tactics），促使员工尽快成为组织所期望的角色。这其中，van Maanen和Schein（1977）的理论模型是至今发展较为完善的，成为后来学者应用的主要理论基础。van Maanen和Schein提出了六种策略，并各自表现为两个相互对立概念之间的连续体：

（1）集体的（collective）-个别的（individual）社会化策略：集体的策略如集

中式培训、课堂式教育，个体的策略如学徒制、在职培训（on-the-job training）。

（2）正式的（formal）-非正式的（informal）社会化策略：正式的策略会使个体脱离日常的工作，参加正规的培训，如进入大学或专业培训机构的课堂学习、参加实习生训练计划；非正式的策略是发生在工作现场的不断试错的学习过程，如不固定师徒身份的学徒制、临时性的参与学习。

（3）连续的（sequential）-随机的（random）社会化策略：连续的策略是针对明确目标而有计划、有步骤地进行的，如医生的专业技能培训；而随机的策略是在目标不明确的情况下随意发生的，如一般管理者的日常管理技能训练。

（4）固定的（fixed）-变动的（variable）社会化策略：固定的策略要求在固定的时间点上完成既定的任务要求，如在一定时间段内进行岗位轮换的技能培训；变动的策略仅限定几个重要的活动线索，其余的视当前情形而定，一般存在于不确定性高的商业活动培训中。

（5）伴随的（serial）-分离的（disjunctive）社会化策略：伴随的策略是资深成员对与自己类似岗位上新成员的陪伴式的、持续的指导，将自己的工作模式尽可能地原样传授给新成员；分离的策略则是没有类似岗位的资深成员，新成员的工作模式没有现成的，新成员需要从其他岗位培训中摸索出自己的工作方式。

（6）赋予的（investiture）-剥夺的（divestiture）社会化策略：赋予的策略是接受并承认新成员的个人品质和已有的知识和技能，希望他们在工作中进一步发挥；剥夺的策略则要求新成员除去某些个人特征，按照组织的要求去重新塑造自己。

Jone（1986）对这六种组织社会化策略进行了进一步的分析和整理，将这六种策略在两个维度上进行划分，如表 5-5 所示。

表 5-5　组织社会化策略类型（Jone，1986）

项目	制度化	个体化
信息背景	集体的 正式的	个别的 非正式的
信息方式	固定的 连续的	变动的 随机的
社会互动方式	伴随的 赋予的	分离的 剥夺的

（1）制度化（institutionalized）/个体化（indiviualized）倾向：制度化的策略鼓励新成员被动接受组织既定的角色，按照组织的期望进行工作，趋向于使组织维持现状；而个体化策略是鼓励新成员保留个体特征，主动诠释自己的岗位角色。

（2）情境特征：有三种类型。第一类描述组织在什么样的情境下（context）向新成员提供信息；第二类描述组织向新成员提供的信息内容（information content）；第三类描述组织在向新成员提供信息时具有什么样的社会互动方式（social aspects）。

对于这些策略与新组织成员角色定位之间的关系，Jone 认为，制度化的组织策略会使得新员工尽快接受组织中的一般规则、价值观，并会按照管理者的意愿发展；能比较顺利地理解工作岗位的内容以及从自己的岗位出发有哪些升职途径；能得到自身员工的社会性支持，知识的传递没有因为新旧员工的交替而导致断裂。而个体化的组织策略，新员工会根据自己的领悟来诠释角色，结果是多样化的；他们对岗位职责的认知过程比较模糊，信息的不确定性所带来的焦虑会促使他们自发地去求证所思所想；由于得不到资深员工的社会性支持，必须自己摸索工作方法。对比这两种倾向的策略，制度化的策略更容易导致新员工的角色固定，而个体化的策略更容易促成新员工的角色创新。同时，Jone 指出，在这些策略中，赋予/剥夺策略与伴随/分离策略在新成员角色定位、对组织环境进行适应和调节的过程中的影响最为显著。这说明社会互动因素在新成员的组织社会化活动中占据了重要的地位。

第二类社会化策略研究内容是探讨员工应该采取哪些积极的（proactive）自我社会化策略，从而在角色获得中占据主动性，相关的策略包括积极寻找绩效反馈信息、寻找来自同事和指导者的信息、和同事建立关系、参与与工作相关的活动、进行自我管理等（Griffin et al., 2007）。近来研究者提出，组织社会化应采用交互作用（interactive）的研究视角，将新员工的社会化视为组织和新员工两者交互作用的结果，但相应的实证研究成果很少。

组织社会化的研究对象是新员工，即刚刚进入组织工作环境的个体。他们在知识背景、行为习惯、文化信仰等方面，与组织氛围可能存在较大的差异，存在较大的组织社会化需求。然而，有学者提出，组织社会化研究不能仅仅针对新员工，而是要扩展到任何工作岗位有变动或者因组织变革而引起工作内容变化的原有员工，如晋升、外派、进入一个新的项目团队等。这样，组织社会化就应该伴随着员工的整体职业发展而进行（Chao et al.,1994；王明辉和凌文铨，2006）。这个观点是符合情境学习需求的，因为学习总是存在于实践过程中。但是这种扩展会将研究的主题转化为对实践整体过程中个体与组织环境不断相互匹配的问题，从而弱化了组织社会化这个概念。正如 van Maanen 和 Schein（1977）所言，虽然社会化发生在个体组织生涯的全部过程中，但毋庸置疑的是，个体在进入一个边界通道（boundary passage）的前后一段时间内，对社会化的需求是最强烈的。

大多数组织社会化研究是针对组织层面的新员工入职社会化过程，仅有少数进入到了团队层面（Kozlowski and Bell，2003）。近年来，一些学者认为知识型团队中的新成员社会化研究尤其必要，因为知识型团队知识更新迅速，团队成员的交替变更频繁，如成立新的项目团队、临时团队，新成员的社会化成效直接影响其角色绩效，新成员越早熟悉团队中的实践情境，越能贡献于团队整体高绩效的获得（Chen and Klimoski，2003；Chen，2005）。团队层面的组织社会化研究进一步说明，对于实践的关注需要置于一个更为微观的社会性群体中来进行。

组织社会化这个概念虽然不是针对培训而提出的，但在本质上揭示了新成员在实践群体中为自己的角色塑造所需要的学习过程，并描述了新成员所能感觉到的、对自己适应角色有影响的一系列活动，这些活动共同构建出了一个新成员的学习环境，是新成员对团队实践活动进行合法的边缘性参与的起点。其中，促进新成员社会化的组织策略实质是一种由组织提供的、以提升新成员实践能力为目的的、全面的培训方式。通过团队成员在入职时所经历的社会化过程，可以反映出团队在人力资源支配上的一贯态度和行为。

5.3.4　研发团队的正规化制度约束

在组织创新管理研究中，正规化（formalization）是被用来描述组织对创新活动进行的结构性的或官僚性的控制方式之一（Damanpour，1991）。正规化描述了组织在多大程度上依靠规则、程序来引导和控制员工的行为，使用的规章制度或条例越多，就越正规化。具体到团队层面，正规化是指通过正式的规则（rules）和程序（procedures）来控制团队成员处理问题的方式，从而在团队中建立了一套结构性的行为准则（Cardinal，2001；Persaud，2002）。正规化的作用在于降低个体的一些实验性行为的发生概率，促使他们采取预期的、标准的行动方法。

对于正规化在组织创新活动中所呈现出的作用，在不同的研究中有不同的结论。有些研究认为正规化程度和产品创新是正向关联的，正规化控制程度越高，越能完成已有的任务，但也有研究证实正规化会阻碍新的创意产生（Cardinal，2001）。Tata 和 Prasad（2004）证实，高正规化不适用于处于复杂的、不确定性高环境中的自我管理型团队，因为正规化会降低个体成员行为的灵活性以及彼此之间的社会互动，从而影响团队整体的创新能力。Persaud（2002）认为正规化是组织对团队知识创新活动进行协调（coordination）的方式之一，但通过对 27 家欧美、日本的跨国公司中 79 个研发机构的调研，发现正规化对研发创新绩效的作用不明显。Cardinal（2001）在研究 57 家制药企业的研发项目时，区分了两种类型的研发活动：一是突破式创新，表现为新药品的研发；二是渐近式创新，表现为原有药品的改进。经数据验证后发现，突破式创新比渐近式创新更需要组织对研发活动的行为控制，这其中包括正规化控制，这与一般的认为突破式创新只适于输入资源控制的观点存在差异。作者分析，原因在于制药技术本身的特征，创新所需的知识较多地隐含在研发人员个体身上，而组织需要通过恰当的行为控制促使个体之间进行知识互补，从而使个体知识转变成组织知识。Uhl-Bien 和 Graen（1998）则认为过度的正规化会带来一些官僚制效应，如只依照准则而权威不明、缺乏足够的高层支持、形成管理漏洞、阻碍变革等。

正规化与创新绩效之间的这种不确定的、具有情境依赖性的关系，实际反映出的是创新与结构之间的一种张力，即在实践中产生知识和依据程序（process）执行任务之间的张力（Brown and Duguid，2001b）。实践强调含蓄的、隐性的合作与探索，而程序代表了明确的组织层级、命令与控制，没有程序的实践是无法管理的，而没有实践的程序是会错失机遇、无法实现持续创新的。不同的实践活动具有不同的特征，比如冒险程度、模糊程度、非常规性等，所带来的创新需求也不同，所以组织的结构性控制也应不尽相同。所以，创新活动和结构控制两者之间的匹配和平衡至关重要，创新管理和程序管理需要同时进行，但不应偏重于任何一方，并要正视这对矛盾所带来的创新性摩擦（creative abrasion）。

5.3.5 研发团队管理者的角色绩效

对于研发团队成员来说，其首要的能力是一种能承担知识创造重要责任的能力，包括进行知识生产活动的主动性、不断发现新知识的创造性以及对自身活动进行自我控制和自我调节的自主性（Drucker，1999）。情境学习理论认为，个体在实践共同体中的实践能力应该是一种元能力，表现为对一个情境充分的介入、行动的速度、意识上的变通性以及直觉能力（Gherardi et al., 1998）。而通过这种元能力，个体所寻求到的是一个合法的、在实践活动中具有真实意义的社会身份以及与身份相适应的知识（Lave and Wenger，1991）。

在组织行为学理论中，角色被认为是一整套与工作相关的职责表现，是组织中其他人期望某人在工作中担当的角色的总和（黑尔里格尔等，2001）。这个定义透露出的含义是：组织中个体的角色仅仅与其正式的工作岗位有关。其导致的结果是：考察个体在组织中的角色绩效，仅仅局限于已经被外显化、编码化的岗位职责，而忽略了在实践中由于各种社会关系结构而赋予个体角色的复杂的社会性特征。也正因为如此，围绕个体角色，组织行为中出现了对角色冲突、角色模糊等现象的研究，这些都是对个体的角色绩效（role performance）产生不利影响的因素。Welbourne 等（1998）对此现象的总结是：组织管理中的角色理论应用并没有完全领悟社会心理学对角色这个概念的全面解释，仅仅基于个体的正式工作行为来考核其角色绩效，是不全面的，绩效管理应考虑个体在工作中的多重社会性角色。同时，Welbourne 等提出，在多重角色识别的基础上，组织管理者应该针对个体在实践中最为突出的角色表现进行引导，并进行相应的绩效管理。

研发团队要成为目标导向的共同体，团队领导的角色扮演在很大程度上要区别于传统的层级制领导，不能仅仅是层级制度中命令链的一环，而是要成为一个共同体的培育者或者建造者（Judge et al.，1997）。也就是说，技术创新项目的团队领导要成为一个社会性的构造者（social architect），能够理解来自组织的、来自个体行为的各种变量之间的互动关系，督促团队的运作过程，整合团队中的多任务工作，并能营造一种有利于参与、承诺和冲突解决的团队氛围（Thamhain，2004）。

Kim 等（1999）对以往的领导角色研究做了全面的总结，从中识别了五种最有代表性的团队领导角色。

（1）技术专家：能提出、识别好的建议，确定关键性的技术问题、整合技术力量。

（2）战略制定者：制定目标、安排时间进度、资源分配、任务分配、控制与评估，并能从中预见不确定性。

（3）团队建造者：建立团队精神、团队凝聚力。

（4）冠军者：具有企业家精神和能力，能有效地促进创新、提供支持、获得需要的资源、克服阻力、确保创新活动的顺利进行。

（5）守门者：对于团队内部与外部信息之间的联结、过滤、解释等。

对于这五种角色，Kim 等在韩国企业的 87 个研发团队中做了实证调研。结果显示，除了冠军者，其余四种角色对于团队绩效均有影响，而其中最显著的是技术专家的角色。Kim 等分析，技术专家这个角色之所以有代表性，一部分是因为专家的魅力更多于层级管理者的魅力，另一部分是因为许多关键性的技术问题还需要这些专家的管理和领导。而至于为什么冠军者这个角色在团队领导行动中不甚明显，Kim 等认为与被调研对象所在国的文化背景有关。相对于美国文化来说，韩国文化中的个人主义特征要弱一些，更强调集体主义精神。为此，Kim 等提出团队领导角色研究要结合具体的创新环境来区别考虑。

实际上，研发团队的创新工作与其他的功能运作型工作不同，是开放式的，会受到各种因素的影响和作用。在团队领导的行为管理中，输入（付出的努力）与输出（得到的成果）之间的关系是多变的，没有既定的规则路线，结果也不易确定。所以，研发团队领导的角色行为研究要与团队的知识创新活动过程以及具体的行为环境紧密联系在一起。能体现这一研究需求的是 McGrath（1962）提出的功能型团队领导观（functional leadership approach）。

McGrath（1962）认为，团队领导的功能是解决社会性的问题，其主要任务就是：去做或者去完成那些团队需要的，但还没有被充分处理好的事情。团队领导的工作是情境性的（situational），需要在团队目标实现过程中，根据情境的需求去确保团队运作的有效性（Zaccaro et al.，2001；Klein et al.，2004）。

McGrath 的功能型团队领导观在提出之际并没有做进一步的实践性研究，但近来被关注团队运作过程的学者逐渐用来分析复杂环境下的团队领导行为，从而成为团队领导研究的新视角。Zaccaro 等（2001）对功能型团队领导做了进一步的解释。领导的作用在于诊断潜在的团队发展阻碍，制订合适的行动计划，并促进团队在复杂的社会环境中完成任务计划。在这个过程中，团队领导是联结团队与外部环境之间的边界性角色，要对特定的问题进行恰当的判断和解决。领导的能力不是一系列被预先确定好的行为方式，而是要具有在不同的情境下处理问题的一般性的、灵活的行动方法。功能性领导意味着：只要团队运作是成功的，团队领导就是成功的，无论在这个过程中领导采用的是什么行动方式。

进一步，Zaccaro 等（2001）将团队领导与团队运行过程联结起来，认为团队领导的有效性体现在四种团队运作过程中，并以此作用于团队的整体绩效。运作过程包括以下四个方面。

（1）认知类过程：包括团队心智模型、集体化信息处理和团队元认知能力，团队领导在其中的功能为意义建构、意义赋予、需求识别、元认知能力培养等。

（2）激励类过程：包括团队任务凝聚力、集体效能，团队领导的作用在于制订计划、设定目标、协调绩效的实现策略等。

（3）情感类过程：包括冲突控制、团队情感控制准则、情绪感染、团队情绪建造，团队领导的作用在于提供反馈和控制、挑选合适的人选等。

（4）协调类过程：团队领导的作用在于进行合适的人职匹配、提供清晰的战略目标、监测环境变化等。

Zaccaro 等的理论比较全面地描述了功能型团队领导在团队动态运作过程中的作用体现，为进一步的实证研究提供了很好的理论模型基础。同时，Zaccaro 等也提出，团队领导的功能与团队绩效之间是互惠的关系，团队的各种运作过程对团队领导的行为也起到了一个塑造的作用。

在承认团队领导的行为作用与其所在的情境存在密切联系的前提下，Klein 等（2004）对基于功能型团队领导进行文献回顾，识别出五种能广泛应用的、有效的领导功能：①监督团队运行情况和环境变化以识别对团队绩效有威胁的问题；②引导和控制团队成员的行为，提高团队协调和合作成效；③教导和培训团队成员，锻炼他们的技能和知识；④激励团队成员，推动他们完成工作任务；⑤建立工作和程序以确保积极的、安全的团队氛围。Klein 等强调，这五种领导功能，可能会因为具体的团队实际情况在重要性程度上有所变化。

将团队领导角色绩效融入团队的过程研究，对于理解团队领导在实践活动中的真实功能是有帮助的。但这方面的研究多以理论模型搭建为主，实证调研不多（周莹和王二平，2005）。而这其中，Hirst 和 Mann（2004）进行了一项有代表性的实证性研究，将研发团队领导角色研究和功能型团队领导过程性研究结合起来，并在 56 个研发团队中做了调研。

在领导角色方面，Hirst 和 Mann 应用了 Yukl（2002）的理论，认为团队领导具有四个方面的角色：①跨边界管理者，进行外部关系管理，包括协调任务分配、争取资源、搜索信息和建议等；②推进者，在团队中建立公平的、安全的人际互动氛围，鼓励参与、分享和讨论；③创新者，对团队的现状进行挑战，致力于寻找新的发展机遇；④指导者，通过发布指令、设置优先奖惩、最终期限、行为标准等引导团队成员的工作。同时，Hirst 和 Mann 选取了四种团队运作过程：①跨边界类活动过程，为了获取资源、交换信息与外部环境进行沟通；②沟通类活动过程，团队成员之间的人际社会互动，包括参与式决策、权力冲突、开放式讨论等活动；③自我反省类活动过程，是对当前活动的自我调适，包括任务上的反省和行为方式上的反省；④任务沟通类活动过程，围绕任务完成所进行的活动，包括明确目标、工作反馈、信息流动、明确客户需求等。研究假设在领导角色绩效作用于团队绩效的过程中，团队运作过程是中介变量。经过一年中四个时间点上的数据收集，研究验证了团队领导角色绩效与不同类型团队运作过程之间的关系，如领导角色绩效与跨边界类活动过程彼此独立，而自我反省类活动过程在领导角色绩效与团队绩效之间的中介作用明显。同时，研究也发现了对于不同的利益相关者（团队领导、团队成员、客户）来说，分别重视不同类型的团队活动对团队绩效的创造作用。

本章小结

本章根据知识创造的基本机理，明确提出团队是一个组织中知识产生的发源地，为此，创新型团队的管理是面向组织创新的核心内容。

研发团队的创新效能不仅仅包括生产力等定量指标，还包括团队成员满意度等定性指标。基于知识创造理论，本章提出实践共同体是一种有效的、成员之间良性互动、积极交流、知识与经验相互碰撞的群体形式，很值得研发团队学习。研发团队管理若能培育出实践共同体中的社会互动关系，便能很好地促进新知识的产生。

具体地，本章从团队愿景、信息技术的情境化应用、团队新成员的入职社会化培训、团队正规化制度的约束以及团队管理者的角色绩效等方面进行了论述，说明在这些方面注重管理，能促使一般的研发团队向实践共同体的运作形式转化，从而促进创新的持续产生。

6 组织创新氛围

"整个企业的多种因素恰到好处地组合在一起，才能发挥最大效用，业绩才能好。"

"比较能干的话，单位应该给他创造一个最好的宽松的环境。"

——摘自本书访谈记录

6.1 组织创新氛围研究现状

6.1.1 组织创新氛围的概念界定

创造力的研究历史可以分为三个阶段（刘云和石金涛，2009）：第一阶段（20 世纪 50～60 年代），主要是从个体视角研究员工的创造力，主要关注人格特征与认知风格对创造力的影响，目的在于找到创造性人才所具备的超乎常人的人格特征以及一些能产生新异、有效解决问题的认知加工过程和方法；第二阶段（20 世纪 70～80 年代），主要从组织环境视角来研究创造力，研究焦点在于创新氛围；第三阶段（20 世纪 90 年代以后），主要从个人与环境交互视角来研究创造力。创新行为应该是个体和环境的函数。在此研究阶段，研究者把创新氛围感知作为环境变量。

在创造力形成及创新人才成长的影响因素中，组织环境是不可忽视的决定性因素，而员工的创造行为及创新人才的成长对组织存在着依赖，如需要理念支持、团队互动等激发创造力，需要资金、人力等资源保障创造活动开展。

组织创新氛围即是研究组织成员对环境的认知或知觉，包括组织支持、工作氛围、团队运作、学习成长等因素及其对员工创新行为的影响。下文本书总结国内外研究成果从组织创新氛围概念界定、组织创新氛围结构及测量、组织创新氛围的影响因素与创新的关系三大方面进行归纳分析，以及对课题创新型人才规律研究提供借鉴。

Litwin 和 Stringer（1968）认为，就广义的组织氛围而言，它是指在特定情境中，组织成员对环境的知觉。Scott 和 Bruce（1994）提出，创新氛围代表着一种个体接收到的信号，这种信号表达着组织对创新相关活动的期望信息，它意味着创造、创新活动可以利用的资源和手段。如果组织氛围显示组织是支持创新的，那它会激励和促进组织成员对创新的投入，进而对组织创新能力和创新绩效的提升产生作用。West 和 Unsworth（1998）认为，团队创新氛围是团队成员对影响其创新能力发挥的工作环境的认知；James 等（1993）指出，在员工个体层次，组织创新氛围是一种关于组织创新境遇的认知性解释，所以也被认为是一种“心理氛围”。Amabile（1993）提出，创新氛围是成员描述组织是否具有创新环境的主观体验，也就是组织内部成员对于组织正式系统、管理者的作风及其他重要环境因素产生主观知觉后，形成的成员本身的态度、信念、价值观和动机，进而影响其创新行为；Tesluk（1996）认为，创新的组织氛围是一种个体对组织政策、实践和流程的认知，并将创新目标具体化为新产品和服务的开发和创意、流程再造以及从整体上提升组织创新能力的环境氛围。Bharadwaj 和 Menon（2000）认为，组织创新氛围就是通过运用正确的方法、工具并提供适当的资源来鼓励组织成员勇于创新。

孙锐等（2007）界定组织创新氛围为：一种个体对组织政策、管理行为、组织流程以及其他重要环境因素产生的主观认知，并将创新目标具体化为新产品和服务的开发与创意、流程再造以及从整体上提升组织创新能力的环境氛围。

结合和借鉴国内外研究成果，可以看出，组织创新氛围为组织成员对组织创新环境的认知和主观体验，是组织成员对组织支持、领导作风、工作氛围等重要环境因素的主观认知，形成的成员本身的态度、信念、价值观和动机，进而影响其创新行为。

6.1.2　组织创新氛围结构及测量

Kanter（1984）采用下列项目来测量组织创新氛围：领导和控制方式、水平沟通状况、工具及资源的充分性、命令和支配方式、变革方式、组织文化特性、创新活动焦点、财务部门的支持等。Raudsepp（1987）认为，评价组织是否具有创新性的主要因素有以下 15 种：组织结构的变通性，组织培训与自我培训相结合，重视创新，组织开放与互动性，财力支持，对个体差异的认可，管理者支持下属的态度，人与工作的匹配性，鼓励发展特殊的创造才能，对创新的时间观念，容忍失败的氛围，创造力培训与研讨会，发挥创造力的渠道，沟通网络的畅通性，差异化管理模式。

Amabile 通过长时间的研究，对组织创新氛围的测量先后提出了工作环境量表（WEI）（Amabile and Gryskiewicz, 1987）、创新工作环境量表（WEIC）（Amabile and Gryskiewicz, 1989）、创新氛围评估表（KEYS）（Amabile, 1996）等。KEYS 量表包括组织鼓励、上级鼓励、工作团队支持、自由度、充足资源、挑战性工作、工作压力过度、组织障碍 8 个维度。

其他学者如 Ekvall（1996）、Tushman 和 Nadler（1996）等的创新氛围问卷，West 和 Unsworth（1998）的团队创新氛围量表（TCI）；Shao（2002）的组织创新氛围量表；欧洲创新研究中心的创新氛围量表等。在这些测量工具中，较为普遍出现的维度是：领导支持、资源支持、团队运作、奖酬导向、工作自由、学习成长等。组织创新氛围结构研究概览见表 6-1。

表 6-1 组织创新氛围结构研究概览

研究者及年份	名称	结构要素
Siegel 等（1978）	Siegel 创新支持量表（Siegel scale of support of innovation, SSSI）	领导行为、所有权、多样化的规范、持续发展、一致性、对创意的支持、对个人创意的支持、上层的支持力度
Amabile 等（1987）	工作环境量表（work environment inventory, WEI）	创新激励：鼓励、奖励和肯定； 创新资源配置：自由度、管理模式、充分的资源和冒险取向； 创新管理技能：组织特性、挑战性和压力
Amabile 等（1989）	创新工作环境量表（work environment inventory for creativity, WEIC）	自由、具有挑战性、认同与反馈、充裕的时间、充足的资源、适当的压力、称职的项目负责人以及积极的组织特征
Badger 等（1992）	医院创新氛围量表（hospital innovation scale）	领导行为、授权、合作、忍耐风险的能力和基础设施
Amabile（1996）	创新氛围评估表（KEYS: assessing the climate for creativity）	组织创造性：组织鼓励、上级鼓励、工作团队支持； 自由性：自由度；资源：充足； 压力：挑战性工作、工作压力过度； 组织对创造力的阻碍：组织障碍
Tushman 等（1996）	创新氛围量表	促进创造：支持冒险与变革，容忍失误； 促进执行：有效团队合作和团体功能运作，速度与紧迫感
Ekvall（1996）	创新氛围问卷（creative climate questionnaire, CCQ）	挑战性、自由度、支持创意、信任、活力、幽默感、争论、冲突、冒险精神、思考时间
West 等（1998）	团队创新氛围量表（team climate inventory, TCI）	愿景、参与安全性、任务导向、支持创新、互动频率
Tesluk（1996）	创新氛围评估表	突出目标、强调方法、支持工作、奖励导向、社会情绪支持
Prather（2000）	情境扫描量表（situational outlook questionnaire , SOQ）	资源：创意时间和创意支持、挑战性及个人成就动机； 氛围：信任和公开、轻松和幽默、无人际冲突； 探索：冒险、对问题的争论和自由度
Shao（2002）	组织创新氛围量表	资源条件、基础、合作、持续发展、工作自主性、沟通与交流、工作压力和领导行为

续表

研究者及年份	名称	结构要素
Lapierre 等（2003）	创新工作环境量表（creativity work environment scale）	工作氛围、纵向合作、自主性/自由、尊重、联盟、横向合作
欧洲创新研究中心（2005）	创新氛围量表（innovation climate questionnaire , ICQ）	承诺、自由、创意支持、积极的关系、精力、幽默、创意扩散、压力、冒险、用报酬来认可、对工作的承认

王雁飞和朱瑜（2005）指出从西方国家组织创新氛围结构研究中归纳出来的构成因素，不一定就能适用于东方国家，如强调关系、和谐、容忍和低调等因素。同时，组织创新氛围的形成要靠长期的积累，必然会受到多方面因素的影响，如组织特征（同质或异质、规模、历史等）、领导风格、绩效反馈方式（个体或团队）、组织支持、工作任务特征、以往的业绩等。国内相关学者借鉴国外相关理论和研究成果，结合中国企业实际，对中国背景下的组织创新氛围进行了研究。

孙锐等（2008）以某公司围绕研发项目的组织创新管理实践为例，研究了其促进创造、创新的组织管理及人力资源管理实践，并提出了基于企业研发活动的创新人才培养与激励模型。

孙锐等（2009）针对我国跨地区典型科技创新型企业，通过问卷调查研究，使用因子分析和结构方程模型等信度和效度分析方法，验证了中国背景下组织创新氛围由工作方式及环境支持、组织理念、领导支持、工作团队支持、资源提供、学习成长、知识技能七个一阶因素构成。

刘云和石金涛（2009）从组织层面、群体层面、工作层面来分析创新氛围的影响因素。其中组织层面因素细分为组织文化、战略、组织结构、管理实践、团体结构；群体层面因素分为领导风格、主管对员工的创新期望、团队-成员关系（TMX）、领导-成员关系（LMX）；工作层面因素分为工作压力、资源提供、工作特征。

结合和借鉴国内外研究成果，本书将从工作氛围、团队运作、组织支持、领导支持、学习成长和企业文化这六个维度对组织创新氛围进行研究，下节将就这些维度与创新的关系对相关成果进行归纳分析。

6.2　组织创新氛围的影响因素

6.2.1　工作氛围

从国内外相关资料了解到，研究者主要从工作特征、工作方式、工作安排以及工作环境方面来分析工作氛围对创新行为形成的关系。

Abbey 和 Dickson（1983）发现，在半导体行业，研发人员通常认为工作氛围和创新过程紧密联系，和谐的工作氛围有利于激发创造性的思考，而思考是创新的重要步骤。

Kanter（1988）和 Amabile 等（1996）指出工作中的自主性、责任感、挑战性等能引起员工对工作的强烈兴趣，找到成就感，因此能对创新氛围产生积极的影响。Amabile（1996）发现工作压力与创新氛围的关系不是很明显，太多的压力将破坏身体的均衡状态，使人产生疲乏感，不再有改变的动力。

Amabile（1988）发现，创新氛围浓厚的组织通常是创造和创新导向的，支持部门人员独立追求新的思想观念，对员工多样化宽容，有充足的资源供给（如设备、工具和时间）等。West 和 Wallace（1991）认为，工作氛围对创新过程的积极作用在于人们的积极参与，自治过程也是组织创新氛围的不断培育过程。

俞晓军（2004）认为，尊重创新人才的自主性，增加工作自由度，提高其相对组织地位才能激发创新员工的工作热情。

6.2.2 团队运作

团队运作方面，国内外研究者主要从团队成员互动、团队异质性、团队成员支持、团队工作设计等方面来分析团队运作对创新行为形成的关系。

Scott 和 Bruce（1994）认为氛围感知产生于群体成员之间的交互作用，工作群体提供的社会信息对个体的环境意义阐释产生较大的影响。团队成员关系质量与个体的创新支持感有强烈的关系，不过两者之间的关系受到任务依赖性的调节。Anderson 和 West（1998）指出，在一个团队中，团队成员的互动和共享经历是形成创新氛围最重要的前提条件。同时，指出高质量的团队成员交换会增强成员间的信赖、团结和协作，并提高团队的凝聚力。团队成员之间的协作努力对创意的产生和实施至关重要，团队的内聚性则决定了员工相信他们提出的创意可以避免遭受他人谴责。Amabile 等（2004）指出，高水平的团队互动行为将促进创新，如工作团队中成员间对新想法的开放程度、对新观念提出的建设性挑战以及对项目任务共同的承诺等都会对团队创新过程产生正面影响。

van der Vegt（2005）指出团队异质性与创新氛围之间的关系取决于不同的情境：在低权力距离的国家，团队异质性与创新氛围之间呈正相关；相反，在高权力距离的国家，团队异质性与创新氛围呈负相关。

Madiar 对工作创造力影响的研究指出，在工作场所中领导和工作伙伴表示的支援性态度和行为能够增强员工创造力，这种来自同事间的互动行为包括有益的反馈建议、帮助和支持等（Zhou, 2003）。

江卫东（2002）认为，团队型工作设计，符合创新任务的特性和创新员工工作要求，将有利于推动创新活动。Zhou（2003）从社会认知理论观点出发，提出了观察式学习现象，即通过对工作伙伴创新表现的观察可以引导其他成员涉入创造力活动。

6.2.3 组织支持

国内外研究学者对组织支持的研究较多，形成的研究成果较丰富，下面就组织支持感的界定以及组织支持对创新的影响方面进行归纳分析。

1. 组织支持感界定的研究

1986 年，美国特拉华大学（University of Delaware）的社会心理学家 Robert Eisenberger 等首次提出组织支持理论（organizational support theory，OST）和组织支持感（perceived organizational support，POS）的概念。这一理论强调组织对员工的关心重视，对员工物质精神满足程度直接影响员工是否愿意留在组织和为组织作出贡献的程度，开始关注组织对员工的承诺。此理论一提出就得到了广泛的重视，打破了学术研究仅关心员工对组织承诺的局限性。组织支持理论认为，因为有组织对员工的支持，才能使员工感受到组织对自己贡献的重视和对自己幸福感的关注，进而产生组织支持感。Eisenberger 等（1986）将组织支持感定义为：员工对于组织重视自己的贡献和关注其幸福感的感受。企业组织重视员工的贡献，关心其幸福感，员工就会得到物质和精神上的满足，进而更加努力地工作，会促进组织目标的实现；反之，如若员工感到组织并没有重视其贡献，关心其幸福感，那么他将感受不到组织的支持，感受不到组织承诺，这会大大降低其工作的积极性，产生旷工、怠工甚至离职等行为，将会对组织目标的实现产生非常消极的影响。

Shore 和 Tetrick（1991）采用验证性分子分析的方法，对 POS 与情感和持续承诺、工作满意度间的关系进行了分析，相关矩阵的结果和拟合度指数显示 POS 与情感和持续承诺、工作满意度存在区别。后续的研究进一步证实 POS 还与领导-成员交换理论、主管支持、组织政策感知、程序公平等概念既相关又有区别。

1997 年 McMillin 对 Eisenberger 的观点进行了补充，他通过一系列的实证研究指出：Eisenberger 的组织支持感的定义仅关注了组织对员工贡献的重视和幸福感的关注，即仅有情感性支持而忽略了其他方面的支持，他认为工具性支持是员工开展工作必不可少的条件。他认为组织支持是由工具性支持和社会情感支持所组成的。工具性支持包括资讯、物质和人员等方面的功能性支持，有助于员工开展工作；社会情感支持包括亲密的、尊重的支持和网络整合支持，有助于员工满足社会和心理的需要。此后对于组织支持感结构维度越来越全面具体，组织支持感的定义也有了越来越广义的定义。

国内学者对组织支持感也有一定的研究，但在定义上却有不尽相同之处。陈志霞（2005）对组织支持感进行了结构维度的研究，并总结提出组织支持感的四种维度，如表 6-2 所示。

表 6-2 广义和狭义的组织支持感定义

组织支持感	维度	具体维度
狭义	一维	情感性支持
相对狭义	二维	情感性支持和工具性支持
相对广义	三维	情感性支持、工具性支持、上级支持和同事支持
广义	多维	情感性支持、工具性支持、发展性支持、上级支持和同事支持等

通过表 6-2，可以清晰地看出狭义、相对狭义、相对广义和广义组织支持感的区别之处：狭义的组织支持感仅注重了组织对员工的情感性支持；相对狭义的组织支持感既包括狭义组织支持感的情感性支持，同时也包括例如参加培训或者使用设备工具等方面的工具性支持；相对广义的支持又添加组织中上级和同级对员工的支持；广义的组织支持感则将组织的支持体现得更加全面，涉及组织各个方面，同时将组织支持方面具体化，从而使得测量更加精准。一般情况下仅对组织行为进行研究的话，用狭义的组织支持感维度测试就可以，如果想要更加全面地对企业的组织支持感进行研究，那么广义的测量就非常有必要了。

在国内外学者对组织支持感概念界定的基础上，结合本书的研究方向，笔者将组织支持解释为理念支持和物质支持，理念支持包括组织文化、组织政策、管理实践，物质支持包括资金支持和工作环境支持。

2. 国内外学者对组织支持促进企业员工创新的研究

Siegel 等（1978）与 Scott 和 Bruce（1994）研究发现，当员工感受到组织和上级的鼓励、尊重和奖励时，作为交换回报，员工会表现出更高的创新绩效。

Amabile 和 Gryskiewicz（1987）提出了组织环境中与创造行为相关的三大分析层面：激励创新的方式、工作领域中的资源以及创新的管理技能。1996 年，Amabile 从组织创造性、自由性、压力、组织对创造力的阻碍四个层面进一步评估组织工作环境对创造力与激励的影响，发展出 KEYS 量表。

Scott 和 Bruce（1994）认为，当员工感受到创新有价值并且能够得到组织支持和认同时，员工将会表现出更大的创新性，组织支持感能够使员工感受到员工的创新思维和行为是受到上级允许、鼓励的，员工会认为创新有潜在的有效性，故员工会努力地表现出创新性。

国内学者蒋琬和林康康（2010）将某地区 6 家科技型企业的 245 位研发人员作为研究样本，探讨了组织支持感与员工创新性的作用机制。通过数据的分析研究揭示了组织支持感与员工创新性呈正相关，企业与员工良好的交换关系，对于激发员工创新性有重大作用。

Ekvall 和 Ryhamnar（1999）检验了组织基本价值观（basic values）对创新氛围的影响。基本价值观的量表包括三个维度：结构导向（structure orientation）；人员导向（people orientation），反映人际关系原则的价值观；变革导向（change development orientation），反映以变革和创新为特征的有机组织的价值观。结果发现，变革导向的价值观与创新氛围的关系最强，人员导向的价值观与创新氛围的关系较为密切。Isaksen 等（2001）论证了组织文化对创新氛围的影响。此外，Isaksen 认为企业战略会影响到创新氛围，管理实践目的在于通过协调、沟通、控制和计划各种资源来维持组织的稳定和秩序，经理们行为如何，影响到组织中的其他人如何行动，由此影响到创新氛围。

Isaksen 认为，资源是组织经营的基本工具，包括人员、资本、机器、装备、材料、专利以及著作权等。资源和技术能够影响人们的情感和态度，关键资源的缺乏通常会阻碍创造力思考和限制主动性，拥有并有效使用资源和技术是创新氛围的刺激物。Ekvall 和 Ryhamnar（1999）也发现，资源供应与创新氛围有中等强度的相关性。

6.2.4　领导支持

研究表明，领导支持对员工创新与成长具有直接的影响。研究者们主要就上级（主管）的领导方式、领导风格、领导-成员关系（LMX）等方面分析领导支持与创新的关系。

Tierney 等（1999）指出，下属对领导行为的整体认知与员工的创新力存在正相关，领导和下属之间交流的质量也会对创新氛围的形成造成显著影响。

Amabile（1997）认为，组织的管理行为能促进组织创新氛围的形成，主管通过提供项目帮助，开发下属的专长和提升其内在工作动机等方式对员工创新施加影响。

Ekvall（1997）认为领导行为对员工的创新氛围感知产生主要的影响。Ekvall 和 Ryhamnar（1999）检验了领导风格与创新氛围的关系。领导风格包括三个维度，即变革导向的领导风格，生产或任务导向的领导风格，人员关系导向的领导风格。结果发现，变革导向的领导风格与创新氛围强相关，人际关系导向的领导风格次之，生产导向的领导风格最弱。Shin 和 Zhou（2003）通过实证方法，论证了变革型领导对员工的内部动机具有促进作用，而员工的内部动机得到促进对自主创新也将会有很大的激励作用。

Eden（1984）指出经理对下属绩效的期望是通过经理的行为传达给下属的，经理对员工的创新期望与员工的创新氛围感知呈正相关。

Kozlowski 和 Doherty（1989）认为由于主管是组织管理政策程序和实践的主

要代表，下属倾向于把对组织的感知归纳到对主管的感知上面。因此，与拥有低质量的领导-成员关系的员工相比，拥有高质量的领导-成员关系的下属会感知到组织提供了更多的自主权、决策权以及全方位的支持。

6.2.5 学习与培训

关于学习成长，国内外研究学者从基于实践的学习、训练和知识转移、培训、学习互动、知识交流、共享等方面来分析学习成长与创新行为形成的关系。

Stetzer 等（1997）指出，通过接触不同的观点、经验，组织成员会重新审视他们的心理模型，并做出适当的调整，因此组织氛围会将员工的注意力和行为向创新的方向引导。张利飞等（2004）强调了对创新人员的授权和环境激励的重要性，他表明学习培训、物质激励和职级晋升对研发人员具有显著的激励作用。Mascitelli（2000）强调了隐性知识分享和转移对技术创新的重要作用。他指出，管理层应该充分鼓励员工工作场所中的学习和任务参与，建立创新者勇于试验、承担风险的信心。Tam 等（2002）的调查表明，创新员工将伙伴间的学习看作是重要的学习渠道，对他们而言“在做中学”和在职经验是比传统学习方式如课堂培训更为重要的知识和信息获取渠道。Lohman（2002）指出，技术创新者专业技能的开发通常以工作中的问题作为学习工具，因此“基于问题的学习”和“行动学习”在专业能力开发方面，具有重要的价值。

国内企业的培训机制一般致力于员工知识、技能的提升与工作态度的转变，目的是更好地帮助员工完成工作，达成常规工作目标，胜任本职工作。普遍未上升到进行创造性思维的激发与创新素质提升的高度。在企业培训中缺少创新型人才培养体系，从而缺乏相应的培训目标、内容与计划。在企业内部管理中缺少科学有效的考核机制，忽略了员工的利益和他们的需要，严重影响内部人才，尤其是优秀的创新型人才在工作中的积极性，阻碍了创新型人才的发展潜力。

英国学者彼得·哈尼等（2004）提出培训的本质是维持成本的活动，在员工身上的所有开销是一种投资，但是企业必须给予员工获得相应培训、学习、训练的机会，而培训就是其中最重要的方法。

企业的培训都是根据自身的需求来进行，一切以提升企业的业绩为目的，企业为了提高劳动生产率，直接有效地给组织生产经营服务，采取不同的方法，对企业人员进行教育投资活动。

冉斌（2005）提出构建培训体系必须有以下几个步骤：第一，培训体系的构建必须符合企业整体的经营战略；第二，在构建培训体系之前，必须有完整的需求分析，其中包括组织、企业、个人的需求分析；第三，企业应该注重培训，要具备有效的培训管理模式和企业特有的培训方法和机制；第四，企业创立培训成果转化氛围；第五，要使用内部讲师，因为内部人员最了解企业生产规律和流程。

6.2.6　企业文化

针对企业文化激励的研究，国外学者侧重于从员工的心理或人格特质方面探究企业文化的激励作用，而国内学者则是从理论研究分析入手，更注重企业文化激励在实际管理活动中的有效运用。

随着经济的不断发展和企业规模的不断扩大，在传统的四种人性假说基础上衍生的管理方法很难对员工进行更有效的激励和管理。于是，德国著名哲学家Ernst Cassirer提出了“文化人”假说。他认为“任何人都既生活在一定的文化基础之上，被文化所影响，又是文化的创造者，通过文化创造完成价值的追求与自我的实现”。“文化人”假说强调的是在文化基础上的人的能动作用，是以人为本的文化管理思想的新发展。该假说的提出使人们更加重视企业文化的建设以及企业文化激励的有效性。现代企业通过建立满足员工心理需求的优秀企业文化来调动员工的积极性与主动性，达到激励的目的，促进员工与企业共同发展。

周文碘（2002）通过研究得出华为企业文化的四个特点：远大的追求，求实的作风；尊重个性，集体奋斗；结成利益共同体；公平竞争，合理分配。正是这种优秀的企业文化，满足了员工的归属感和认同感，激励他们为个人及企业的共同价值目标而发挥自己的特长和潜能。在对华为公司企业文化剖析的基础上，作者强调了企业文化激励是现代企业管理的重要手段，更是保持企业核心竞争力的关键因素之一。

综上所述，国内外学者对于企业文化激励研究的角度虽然不同，但都承认了其对企业发展与管理的重要意义。本书将在各个学者的研究基础之上，对我国创新型人才的企业文化激励进行分析和探讨，根据我国创新型人才的企业文化激励现状归纳出存在的问题，进而提出几点针对性的建议。

我国许多企业都已重视企业文化对员工产生的持久而深刻的激励作用，也纷纷构建本企业自身的企业文化，以期达到巨大的激励效果。然而，大多数企业在构造企业文化时，没有充分考虑企业实际情况，企业文化激励缺乏针对性，创新型人才的满意度也相对较低。

尽管我国大多数企业都认同企业文化对人才的强有力的激励，但就如何有效运用企业文化来激励人才仍处于摸索阶段。在现阶段，我国许多企业的企业文化激励制度是针对所有员工共同制定，忽视了不同类型员工的特殊性，可想而知，这样的企业文化激励效果是不会理想的。

企业的生存有赖于其赢利能力，具有商业与市场价值，能成为利润增长点的创新对企业尤为重要。创新型人才是推动企业提高自主创新能力的关键，是发展企业生产力的核心。对创新型人才进行企业文化激励，可以从最深层次上持久地调动创新型人才的工作热情和创造力，实现命运共同体的最佳关系。因此，加强对创新型人才的企业文化激励是十分重要而且必要的。

6.3 案例研究一：E集团创新人才培养与激励模式

E集团始创于1983年，主要从事材料类产品的研制、销售，致力于创新经营及科技型发展道路。集团旗下公司包括：E消防水带有限公司、E科技材料有限公司、E涂料有限公司、E橡塑有限公司等。

E消防水带有限公司是行业先锋企业，公司市场总部位于上海，生产基地位于江苏泰州，是国内成立最早、规模较大的从事消防水带及其配套产品研制、销售的合资企业。先后获得“国家重点高新技术企业”“双密企业”等称号，产品全部外销，销售网络覆盖欧、美、亚、非等50多个国家和地区，下属美国分公司，占有美国市场近2/3的市场份额。

E科技材料有限公司成立于2009年，位于上海市，原系E集团下属材料研发中心，现已发展为主营高性能改性塑料研发、生产和销售的高科技公司。E材料致力于为客户提供创新的材料解决方案。公司拥有包括高分子材料分析表征、制备和检测等的研发设备，为技术和产品研发提供了比较完善的硬件支撑。主要产品包括特殊工程塑料、弹性体和功能母粒等，广泛应用于汽车、电子电器、医疗、环保、消防等领域。

E涂料有限公司成立于2004年，位于江苏泰州。专业从事防火涂料的研制、销售及防火涂料工程施工。公司产品均通过中国国家防火建筑材料质量监督检验中心检测，并获得公安部颁发的型式认可证书，公司年生产各类防火涂料20 000t。

长期以来，集团注重与国内外高校、科研院所及标杆企业的合作。集团与浙江大学、南京工业大学、上海橡胶制品研究所、美国PCA公司等材料研究与开发单位建立了长期的技术合作关系，在阻燃材料、功能材料、特种工程材料等方向具有国际领先的技术优势。

集团始终以“立德、创新、长寿”为公司经营理念，注重“人才”发展战略，致力于让员工与公司共成长、同发展，通过专业系统培训、完善的职业规划和具有竞争力的薪酬体系激发员工的成才潜质，为每位员工搭建一个充分发挥自己能力与实现梦想的舞台。

1. 建立研发平台，促进创新团队的有效运作

公司建立了跨领域的研发运作平台，形成了以研究中心为核心的运作机制。在由不同职能和技术部门交叉形成的产品研发平台上，来自不同部门的技术人员根据特定的任务要求，组成具有异质性核心能力的创新单元——研究中心。公司高度重视研究中心上创新团队的配置、运作和保障工作。在项目运行的过程中，

研发人员彼此协调、平衡在研发过程中不同成员的工作负担及压力，通过协作达到知识技能的效用最大化。

2. 构建自主的工作环境，推动组织内部的人员沟通

在研发活动中，组织和团队赋予成员高度的自主性和决策参与权，增强研发过程中的多元化和人性化，同时，也要求研究中心的成员对团队核心流程的相关环节承担责任。研发任务的确定充分考虑技术人员的工作兴趣和个人意愿；研究中心在工作安排、工作方式上可以根据情况自行安排；组织对研发项目实行动态评估，进行灵活性的项目监控，给予研究中心最大的工作自主化。研究中心分管副总定位于研发活动的后勤支持者，他与研发人员的权力距离低，可以顺畅地进行意见交流沟通，同时也促进研究中心成员之间的频繁沟通与联系，有效协调了研发过程中的不一致性，将团队之间的冲突减少到最低化，最大化地保障研发项目的顺利完成。

公司致力于建立知识共享的企业文化，研发人员经常就新想法和创新进行讨论，定期进行信息共享。同时，各生产部门管理人员也经常举办座谈会，在公司内部座谈会上，经常有人将新的见解、创意写在墙上，在公司的板报上，可以看到“人人创新”“敢于提出新想法”的口号。公司坚持通过正式或非正式的活动，鼓励员工提出独特的建议，营造舒适的工作氛围。

3. 通过多维的人才成长计划，培养创新型人才

公司提倡树立终身学习的理念，形成了一套由培训计划与专家辅导相结合的人才培养方案。首先，组织为员工提供各项相关技能培训课程，包含产品、技术、质监、管理培训，由公司支付70%的费用。此外，公司支持员工获取各种专业认证，给予个别奖励。公司建立多所实验室，为研发人员提供了良好的研究环境。同时，公司与培训机构建立长期合作关系，不定期对员工进行技能、管理培训。

4. 扩展企业外部的知识联系

在拓宽内部知识交流渠道的同时，公司推动创新人才在更大的领域内进行知识学习，通过外部网络获取最新信息。公司设计了国家人才流动计划。通过该计划，上海分公司研发人员与欧美、非洲、俄罗斯、日本等地区或国家的工程师进行交流沟通，相互了解其技术、工艺，一方面保证了项目的有效实施；另一方面能够使研发人员跟踪国际标准，提升综合研发水平。通过该计划，提高了公司年轻研发人才的国际化眼光，在组织内形成了一种国际化沟通的企业文化，提高了创新人才的工作满意度和人才留任率。

5. 推动组织创新人才的甄选、绩效评估和职业发展

公司建立了吸引一流人才的招聘思路，在人员招聘的过程中，注重对新技术的掌握程度、实际应用能力以及价值观与公司的匹配度。对核心创新型人才则在专业技能、创新能力和团队合作能力上提出了更高的要求。对管理岗位，公司建立了有效的绩效管理体系，即设立具有挑战性的全年目标，评估员工绩效，员工职业生涯规划。在年度绩效考核中，一方面由研发人员自我报告其研究成果、创新成绩、专利申报等；另一方面由管理部门进行整体评价和考核反馈。对研发人员的考核强调贡献和成果作用性，其绩效考核将综合任务的完成率及任务难度，适当地拉开考评距离。公司的研发人员具有专业的晋升渠道，从研发助理到技术专员，再到初级技术员、中级技术员、高级技术专家。级别晋升是依据以往业绩情况确定的，包括新材料的研发，项目、专利的申报等。同时，公司还建有技术创新专家表彰制度。企业内部每年都会进行科研成果的评比和表彰，评出优秀创新人才，给予奖励。

6. 通过具有竞争力的全面报酬策略吸引、激励和留住人才

公司十分重视研发人员的工作、生活需求。公司将薪酬、福利政策视为企业整体竞争力的重要组成部分，吸引人才、激励人才，为员工提供一个自我发展、自我实现的优秀平台是公司人才保障工作的目的。公司依据员工绩效、岗位职责和个人能力，同时参照行业和人才市场确定薪酬（3P＋2M 原则），具体薪酬与技术级别、创新成果及工作绩效相联系。公司提倡全面的薪酬制度，涵盖员工岗位工资、绩效工资、保险和各种补贴福利、培训、个人发展机会等，用以吸引、激励和留住人才。对于新进的优秀应届毕业生，公司则设立留才金，1 万元 / 年，合计 3 万元。

7. 鼓励创新的组织文化建设

E 集团树立的发展愿景是通过实现可持续性的发展，使公司成为行业中的巨鳄，为员工提供广阔的职业发展空间。为此，公司在 2011 年的战略规划目标定为大大增加公司在全球市场上的占有额度，增强对业内高级人才的吸引力。“鼓励创新”和“促进全面快速发展”是当前公司的基本任务。高层管理者认为，企业的发展关键取决于研发能力的强弱，公司未来的发展思路是将研究开发的分量逐步增大。公司每年将销售额的 8%～10%作为下年度的研发投入。与此同时，公司还在不断地壮大研究中心的队伍，通过各种渠道挖掘人才并留住人才，为公司今后的快速发展奠定良好的基础。

6.4 案例研究二：吉利集团创新人才培训体系

吉利集团自创建之初，即确立并实施了人才培养战略，坚持汽车产业和职业教育事业并举，形成了“双境培养、双师共教、双证融通”的“三双”人才培养模式，建立了具有吉利特色的内生型人才培养体系，取得了明显成效。2010 年吉利被授予了“全国汽车行业示范职教集团”“全国汽车行业职业教育杰出贡献企业”两大荣誉称号。吉利汽车从一穷二白，发展至今已拥有各种专利 1600 多项，发明专利 100 多项，国际发明专利 20 多项；全球独创的爆胎监测与安全控制系统——BMBS 被列为国家强制性标准；“吉利战略转型的技术体系创新工程建设”获得企业自主创新类国家科技进步奖二等奖，吉利成为获得该类奖项的唯一一家汽车企业。

1. 创办企业大学

创建之初，吉利是民营企业，很难招到大学生，即使招聘来了也很难留得住人才。人才匮乏制约着吉利的发展。面对这种困境，集团公司决心创办属于自己的学校，培养专业素质高的优秀汽车专业人才。吉利先后创办了浙江吉利车工业大学、北京吉利大学、三亚学院、浙江汽车职业技术学院以及国内第一所培养汽车车辆工程硕士和博士的研究生院——浙江汽车工程学院。不仅如此，吉利还投资建设了人才培训中心，推行标准化职业技能培训，培养汽车制造技能人才。截至 2010 年年底，在汽车生产一线技术创新人才和业务骨干中，70%是由吉利大学培训出来的。在吉利汽车研究院的近 2000 名科研人员中，吉利院校出来的就约占 40%。这些创新人才支持着吉利集团健康稳定地发展，在整个企业战略转型中扮演着重要角色，成为企业最富朝气的生力军。吉利集团特色的办学制度是他们设立创新人才培训体系，有了大量创新人才，企业的发展就得到了根本性的保障。

2. 实施创新人才培训计划

为了满足企业发展迫切需要的创新人才，企业启动了“千名研究生人才培养计划”。此计划采取吉利开办院校导师、吉利合作院校导师和吉利内部管理者导师相结合的“三导师制”培养模式，受训人员能否毕业取决于是否通过“三导师制”培训，来解决企业日常经营或者是技术上的难题，这项创新人才培养计划非常有针对性，课程内容也比较具体实用，避免了脱离实际工作的弊端。

3. 创新人才开发培养机制

吉利始终把人力资源开发作为实现企业快速稳定发展的重要方法，通过一系列员工工作经验分享的活动，最大程度使员工之间知识互通有无，促进其成长。

这种形式的知识分享活动已经举办 100 余期，累计分享数万人次，人均课时 30 多小时，数百位集团内外讲师走上讲台与大家分享。员工通过企业组织的职业培训，可以凭自己的工作情况、能力、爱好，只要员工的工作业绩突出，就可以向企业申请培训用来提升自己的综合素质。

4. 加强职业培训基础工作

吉利积极组织教学力量编写适合于本企业的培训教材，总结提炼生产制造、经营管理、项目实施中的经典案例，先后编印了《吉利汽车维修技术手册》等 200 多册、1000 多万字的教材，组织专家编写了各岗位技能培训的教材，编写并出版了《职业技能培训基础知识》《汽车装调工培训教程》等七套系列职业技能培训指导丛书及试题库，也承担了国家相关教材的编制，参与了汽车行业有关工种国家标准的审核。吉利还建立了一支 200 余人专兼职的国家技能鉴定考评员、管理人员队伍和 60 余名技能培训师。

通过创新人才的培养和实践工作的锻炼，吉利集团已拥有 1600 余名高级技工、1200 余名中级技工。吉利集团虽然取得了很大的成就，但未来仍将面临更大的挑战。吉利只有发挥自己独特的企业大学的优势，继续实施创新人才培养战略，大力加强职业培训，才能在严峻的汽车行业的竞争中取得胜利。

本章小结

本章从组织创新氛围的角度，具体阐述了组织管理可以从哪些方面来加强对于创新行为的激发。其中包括了围绕岗位任务的工作氛围、团队运作、组织支持、领导支持、学习与培训以及组织文化等方面。这些内容构建了一个创新型人才进入组织后，在工作中密切联系的、切身感受的微观社会环境。为此，关注创新型人才的发展，不仅仅是关注其本人的个性和能力，更需要关注他所处的组织环境。只有将这些方面都落实到先进的管理理念，创新氛围才能逐步建立，并影响到每一位有创新能力和创新动机的个体。

7 事业单位组织氛围研究：组织信任、组织政治知觉与工作满意度

7.1 概念界定

7.1.1 组织信任

自20世纪90年代中后期起，信任在沟通、协调、领导、目标管理、绩效评估、员工关系管理、自我管理团队的实施等管理领域引起了广泛的关注。目前国内外对组织信任定义大概有三类：一是人际信任，认为组织信任是在以工作团队为基础的工作环境下共事成员之间的一种人际信任。二是系统内部信任，认为组织信任是指员工对组织的信心和组织对员工的支持。三是组织间信任，研究中主要表现为不同组织之间的信任。本书引用第二种定义，讨论组织内信任，从组织行为学的角度将其定义为在一个特定的组织中，一个员工对整体组织的可信赖程度的认知与经验。

组织信任作为一种重要的社会资源，对员工行为和组织有着重要的影响，代表着员工对组织的一种正面评价。Jones（1986）认为，组织承诺可以降低员工的离职倾向。于海波等（2004）通过实证研究证明，组织信任对员工工作满意度具有显著的正向预测效果。赵慧军和王君（2008）在研究中发现，员工对组织信任能够降低由于组织缺乏分配公平、信息公平而产生的组织背叛和离职倾向。

7.1.2 组织政治知觉

自 Burns（1961）提出“微观政治”的概念以来，学者们就提出了通过政治来探究组织，并从不同角度对组织政治进行了界定。但组织政治研究在很长一段时间内发展缓慢，一个重要原因就是概念界定不清，无法区分组织内的政治行为和非政治行为。尽管有许多学者提供了组织政治的概念，但是，直到目前，还没有一个为学术界普遍认可的概念。Mayes 和 Allen（1977）认为组织政治是指员工为达到组织不允许的目标，或者运用组织不许可的手段达到组织许可的目标而进行的影响管理。Farrell 和 Petersen（1982）认为，组织政治存在于非正式结构之中，不受组织准则和目标约束，其目的是为了自己或相关团体利益而影响组织内的利益分配。马超等（2006）提出的中国式组织政治认为，在潜在动机支配下，

为获得和保护个人及相关团体的利益，而对他人或团体施加影响。这些观点一致认为，组织政治是一种利己主义的行为，通过不公开潜在目的、暗箱操作和影响他人来保证取得预期效果。

1989 年，Ferris 等开辟了一个透析组织的新视角——组织政治知觉，极大地推动了该领域的研究，特别是 Kacmar 和 Ferris（1991）编制出普遍被接受的组织政治知觉量表（perceptions of organizational politics，POPS）后，更使得学术界对组织政治知觉的研究进一步升温。随着组织政治认识的研究深化，对组织政治知觉所触发的现象也引起了学者们的关注。实证结果表明：组织政治知觉对员工的工作态度、工作绩效有明显的影响。Ferris 和他的同事在研究中发现组织政治认知将造成组织成员的工作不满意、工作焦虑和离职的行为。Cropanzano 等（1997）的研究也表明，组织政治知觉与工作投入、组织承诺呈负相关，而与离职倾向呈正相关。员工感知到的组织政治行为程度越高，其工作满意度、组织信任就越低，工作压力、离职倾向就越高。国内的一些学者也就组织政治知觉对员工工作行为的影响展开了实证研究。卢永彪（2007）的研究表明，组织政治知觉与教师工作满意度呈显著负相关。秦晓蕾和孔繁斌（2008）在研究中发现，组织政治知觉直接影响事业单位员工工作绩效成绩。胡三嫚和佐斌（2007）的研究则表明，组织政治认知对感情承诺和规范承诺都有显著负向预测作用。

知觉是一个心理学上的概念，是指人对所感觉到的信息进行选择、组织和解释的过程。美国著名心理学家 Lewin（1946）认为，人们根据自己对现实的知觉（而不是现实本身）作出反应。对同一现实，不同的人有不同的知觉。Lewin 认为，个体作出反应的基础是对现实的认知，而不是现实本身。认知有可能是对现实的正确反应，也可能是对现实的歪曲，而人们对现实的认知（即使是对现实的错误认知）是指导其行动的基础。相同的行为，有的观察者可能认为是组织政治行为，有的观察者可能认为是非组织政治行为，这完全依赖于观察者个人和参考群体的特征。由于组织成员对事实的认知会影响其行为，所以用主观的经验来诠释组织政治行为比客观的描述更为合适。Vigoda（2000）认为组织政治认知研究的中心不像组织政治行为的研究那样，试图了解实际的组织政治行为的实质，而是借助于对事实的主观感受来探讨组织政治，所以更容易定义、解释及测量。

综合各家观点，组织政治知觉可以理解为个人对于组织内的其他成员运用政治行为的主观知觉，它代表了组织成员视其工作环境的政治化程度，包括组织成员对于上级以权谋私的行为、同事之间尔虞我诈的行为、分配及升迁政策与实际不符的行为和不规范的行政管理行为等的知觉。事实上，真正影响组织成员行为的是这种对他人行为的知觉，而非他人行为本身。因此，用组织政治知觉而不是组织政治行为本身作为指标去考察组织当中的政治行为带给员工的影响更敏锐，也更为合适。

7.1.3 工作满意度

工作满意度研究在人力资源管理和组织行为学中有不短的历史，工作满意度的研究始于20世纪30年代的霍桑试验，而最早提出满意度概念的学者是Hoppock（1935），他运用瑟斯通态度量表测量员工满意度，发表了《工作满意度》一书。他认为工作满意度是员工对工作环境的主观反应。虽然此后工作满意度成为诸多学者竞相讨论的课题，由于研究的视角不同，其内涵的界定存在差异。Vroom（1964）认为工作满意度是指个体对其职位的满意状态，是对其目前工作角色的价值取向。1972年，Price进一步将工作满意度界定为一个工作体系中，成员对其在此体系中的角色所具有的感情取向，具有正的感情取向者，即为感到满意的员工；反之则为不满意的员工。Locke（1969）认为工作满意度是人们因为感觉到工作本身可以满足或者有助于满足自己的工作价值观需要而产生的一种愉悦的感觉，是员工对其工作的感受及情绪反应，是一个人评估其工作或工作经验而产生的愉快或正向的情感反应，这一定义反映了员工满意度由价值观、重要性和感知三个方面构成。Kalleberg（1977）认为工作满意度是单一概念，工作者能将不同构面满意与不满意予以平衡，而对整个工作形成整体的满意。此外，Wexley和Yukl（1984）从整体上将工作满意度界定为工作者对于工作的一种感受，是一种在工作各层面上加以评价后所产生的广泛性态度。1968年，Porter和Lawler认为满意的程度视一个人实得的报酬与他所认为应得的报酬间的差距而定，也就是说，在工作情景中，一个人的实得与应得报酬间的差距越小，其满意程度越高。后来这一观点在Greenberg和Baron（1997）的研究中得到了支持。罗宾斯（2005）把工作满意度看作是个体对他所从事的工作的总的一般性态度，即员工认为工作中应得的报酬和实际报酬间的差距。如果一个人拥有较高水平的工作满意度，说明他对工作持积极的态度；而对工作不满的人，则对工作持消极态度。纵观以上定义，不同的方面主要在于工作满意度的来源、对象及是如何形成的。有学者将工作满意度的定义归纳为三类，基本概括了学术界对工作满意度的观点。

（1）综合性定义。也称整体型概念。该类定义认为员工满意度是一种单一的概念，并不涉及工作满意度的各个方面和工作满意度形成的原因和过程。这实际上是把工作满意度的概念作一般性的解释，重点在于工作者对其工作及有关环境所保持的一种一般态度。持此观点的如前所述的学者除Hoppock、Price外，还有Blum和Naylor（1968）、Kalleberg（1977）。

（2）差距性定义。此定义是将员工满足的程度视员工在特定的工作环境中所实际获得的报酬与其预期应获得的报酬间的差距而定。比较忽略工作本身带给员工的满意程度，强调工作者的满意，是以认为应得到与知觉实际得到两者间的差距而定。若差距越大则表示满意度越低，但是期望与实际的差距难以衡量。持此观点的主要学者为 Campbell 等（1968）、Dunn 等（1973）等。

（3）参考架构。参考架构是指员工对其工作构成的各个方面的认知评价和情感反应，因此也被称为工作要素定义（job facet satisfaction）。此定义从多维度角度出发，强调员工对于其工作特性层面的情感反应，通过员工工作层面、个人因素、工作本身和组织承诺等许多因素来对工作特性加以解释和比较。

7.2　研究方法

7.2.1　研究模型

关于组织政治知觉的研究，出现在 20 世纪 70 年代末 80 年代初，早期的研究以 Porter 和他的研究团队为主，他们认为：不同层次的管理者对成功的组织政治行为有不同的认知；组织政治行为对个体和组织的目标既有正面作用，又有负面影响。近年来，组织政治知觉逐渐演变为一个独立的研究分支。Gandz 和 Murray（1980）提出，政治应该被视为主观的评价，而非客观的现实。研究个体的组织政治知觉是研究组织政治最准确的方式；个体的工作职责、组织特征、个人特征等要素相互影响，影响个体对工作场所政治的感知。Ferris 等（1989）提出了一个多层模型，把影响组织政治知觉的因素归结为三方面：组织层面的、工作环境和个体层面的，并发现组织政治知觉直接影响个体的工作满意度、工作投入和退出组织的行为，如离职和缺勤等。

在国外对组织政治知觉的研究中，已经有一些学者从员工的角度，对组织政治知觉与工作满意度、离职倾向以及组织信任对员工工作态度的影响进行了研究。但是，关于组织政治知觉、组织信任与工作满意度三者联系起来的研究为数不多，本书希望可以弥补这方面的研究缺陷。基于以上文献的回顾，我们提出本书研究的概念模型，包括组织政治知觉、组织信任和工作满意度，如图 7-1 所示。

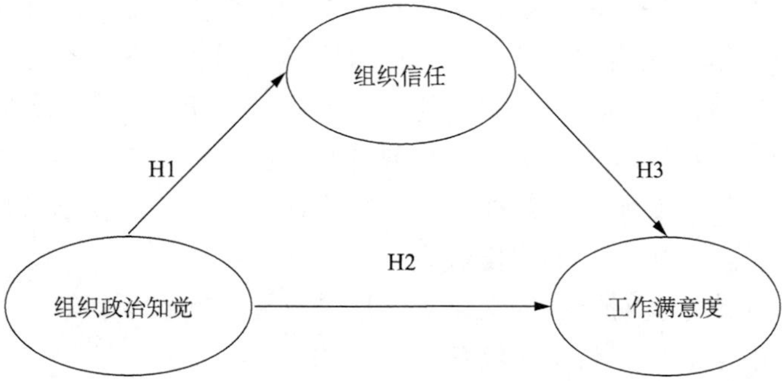

图 7-1　组织政治知觉、组织信任和工作满意度的概念模型

7.2.2 研究假设

根据本书的研究概念模型，提出以下 4 个假设。

第一，关于组织政治知觉与组织信任关系的分析。

组织信任是指在一个特定的组织里，员工对组织整体的信任程度。目前，针对组织政治知觉与组织信任结合的研究不多，但是研究内容涉及此方面的学者均认为，组织政治行为和组织政治知觉对组织发展是不利的，而组织信任则被看作是减少组织内部摩擦的“润滑剂”，是提高企业凝聚力的“胶合剂”，有助于从根本上提高组织和员工的工作绩效和团队凝聚力，是组织取得竞争优势的一个基本要素，也是组织取得成功的重要因素。员工对组织的信任程度越高，其工作态度和工作行为就越有利于组织。而员工的组织政治知觉越高，越会觉得组织有失公平，对组织的信任度和认可度就会随之降低，因此，可以推论出组织政治知觉与组织信任应呈负相关。Ferris 等（1989）在研究中发现，当组织成员感知到组织政治程度高时，其对组织和同事的信任程度会降低。Poon（2003）的研究也证明了组织政治知觉与信任呈显著负相关。由此可推知，组织政治知觉对组织信任存在显著负面影响效应，即员工对组织政治知觉的程度越高，其对组织信任的程度就越低。基于以上分析，本书提出假设 1。

H1: 组织政治知觉对员工的组织信任具有显著的负面影响。

第二，关于组织政治知觉与工作满意度关系的分析。

工作满意度被看作是员工对工作本身以及从心理与生理方面对工作环境、工作构成的各个方面的一种态度、认知评价或情绪反应，而组织政治知觉被认为是组织成员根据自己的组织政治经验，对工作环境中的行为和事件的认知与评价。因此，工作满意度与组织政治知觉的联系是非常紧密的。实证结果表明，组织政治知觉与工作满意度之间存在显著的负相关。Ferris 和他的同事在研究中证明员工的工作满意度将随他们的组织政治知觉的增加而减少。其原因在于，当员工知觉到组织政治的氛围较高时，就会对组织公平、升职和加薪机会等持怀疑态度，认为其工作环境存在不利，因而其工作满意度降低。秦晓蕾和孔繁斌（2008）的研究也表明当员工组织政治知觉程度较高时，会间接降低身边组织成员的团队感情和人际关系，提升组织成员的摩擦系数，进而导致员工工作满意度和工作绩效的下滑。基于以上分析，本书提出假设 2。

H2: 组织政治知觉对员工的工作满意度具有显著的负面影响。

第三，关于组织信任与工作满意度关系的分析。

组织信任就是员工对组织整体的信任程度，代表着员工对组织的一种正面评价和感情流露，而工作满意度则是工作者的满足感受，即工作者对工作情境的一种主观反应，也可以说是员工对组织的一种正面评价。由此，我们可以推论出，组织信任与工作满意度应呈正相关。Driscoll（1976）在研究大学教职员工的信任与满意度的关系时发现，组织信任对整体满意度有很好的预测力。McCauley 和 Kuhnert（1992）发现，对组织有较高信任感的员工，会有较高的工作满意感。总之，实证结果表明，组织信任与工作满意度存在显著正相关。可以认为，员工对组织信任的程度越高，其工作满意度就越高。而工作满意度和组织信任呈双向影响关系，员工组织信任度的降低直接导致工作满意度降低，员工工作满意度下降的同时进一步降低员工的组织信任感和组织承诺度，二者会恶性循环下去，结果就是引发员工的离职等行为。反之，则会强化组织凝聚力与绩效成绩。基于以上的分析，本书提出假设 3。

H3：组织信任对员工工作满意度具有显著的正面影响。

第四，关于组织信任在组织政治知觉和工作满意度之间关系的中介效应分析。

虽然这三对关系已有学者分别进行了不同程度的研究，不过学者们往往只注意它们之间的两两关系，并没有揭示组织政治知觉对员工工作满意度的作用机制。组织信任被看作是员工对组织的一种正面的情感反应，是有利于组织的主观心理。作为对组织的肯定态度，组织信任处于各种组织关系的中心地位。

在论证 H1、H2、H3 的基础上，可以进一步论证，组织政治知觉通过影响员工的组织信任，从而影响工作满意度。在方法上，选用中介效应来进行诠释，中介变量是自变量，通过影响它来影响因变量，代表着一种机制。按照 Baron 和 Kenny（1986）的理论，根据现有的组织信任的实证研究成果，我们认为组织信任适合作为组织政治知觉与工作满意度的中介变量。基于以上分析，本书提出假设 4。

H4：组织信任对组织政治知觉和工作满意度之间的关系存在着中介效应。

7.2.3 问卷设计与研究样本

本研究采用了问卷调查的方式。问卷的设计（附录 3）分为三个部分：①组织政治知觉的问卷。翻译来自 Kacmar 和 Ferris（1991）所编制的问卷，用来测量员工对特定组织政治氛围的感知、评价；并结合中国的实际国情，删除了 1 项偏离国情与重复的题目，保留了 15 个条目。根据 Ferris 的设计，问卷所得累计分数越高，被测者组织政治知觉越高；累计分数越低，被测者组织政治知觉越低。在本研究中，其量表的组织政治知觉信度是 0.780。结果如表 7-1 所示。②组织信任的问卷。测量员工对组织的整体信任程度，使用的是 Robinson（1996）开发的组织信任量表，共有 7 个条目。结果如表 7-1 所示。③工作满意度的问卷。工作满意度的测量量表来自 Agho 等（1993）开发的整体工作满意度量表的 6 个条目，我们将其修改为 4 个条目的量表。结果如表 7-1 所示。

本研究选取了南京市气象局、人社局及中国玻璃纤维研究院全体在职员工作为调查的对象。之所以在两家事业单位做调查，是考虑到事业单位由于本身的组织特征和福利待遇，所营造的组织氛围不同，从而导致不同员工产生不同程度的组织政治知觉，而员工的组织政治知觉的程度对所在单位的组织信任和自身的工作满意度也会有不用程度的影响。三家单位共 150 名在职员工参与了本次调查，问卷回收 150 份，回收率为 100%。其中，有效问卷 117 份，回收有效率 78%。

7.2.4 数据检验

1. 量表的信效度检验

在检验模型之前，首先要检验样本的信度，本研究主要采用 SPSS 来检验结构变量的信度。经测验，各变量测量量表值均大于 Nunnally（1978）建议的 0.7 的水平，表明本研究的样本具有较好的信度。在研究中，采用 SPSS 16.0 软件进行信度检验分析和相关度分析，对测试数据中信度和相关度较低的条目删除之后相关值趋于理想。经过上述初步研究工作，笔者对问卷进行了一定的修正：①把原来 15 个条目的组织政治知觉量表删除 8 条，形成 7 个条目的量表；②把 t 检验中职位阶层等级由原来的 3 项缩减为 2 项，分为具有管理职能的员工和不具有管理职能的员工。

在量表的信度检验（表 7-1）中，Cronbach's α 系数是一个判别统计量。按照 Nunnally（1978）的标准，α 系数大于 0.9 为信度非常好，0.7～0.9 为高信度，0.35～0.7 为中等信度，小于 0.35 为低信度。在效度检验中，KMO 统计量检验量表项目之间的相关性。根据 Kasier 和 Rice（1974）给出的常用的 KMO 度量标准：大于 0.9 表示非常适合，0.8 表示适合，0.7 表示一般，0.6 表示不太适合，0.5 以下表示极不适合。本研究中组织政治知觉量表的信度是 0.780，效度检验 KMO 值是 0.816；组织信任量表的信度是 0.913，效度检验 KMO 值是 0.877；工作满意度量表的信度是 0.841，效度检验 KMO 值是 0.726。

表 7-1　组织政治知觉、组织信任、工作满意度问卷信度效度检验

	题项数量	Cronbach's α	KMO	总解释方差
组织政治知觉	7	0.780	0.816	58.04%
组织信任	7	0.913	0.877	65.85%
工作满意度	4	0.841	0.726	67.93%

2. 独立样本的差异性检验

本数据抽取了被调查者的三类信息，分别为性别、年龄和职位，用于 t 检验。样本特征为男性 73 人，占 62.4%，女性 44 人，占 37.6%（20～30 岁，占 25.6%；31～40 岁，占 39.3%；41 岁以上，占 35.1%）；8.5%的被调查者为具有管理职能

的高层管理人员，11.1%的被调查者为具有管理职能的中层或基层管理人员，80.4%的被调查者为无管理职能的基层员工。

t 检验的 3 个测试条目中，年龄、性别均与组织政治知觉、组织信任及工作满意度关系不大，唯独职位层级一项与组织信任呈显著相关，通过表 7-2 可以看出职位层级高的员工的组织信任系数为 4.38±0.69，普通员工为 3.97±0.90。

表 7-2 组织信任 *t* 检验结果

	职位层级（基层与中层管理职能）（N=23）	职位层级（一般员工，无管理职能）（N=94）	t	p
组织信任	4.38±0.69	3.97±0.90	-2.045^{*}	0.043

* $p<0.05$。

3. 相关检验

由表 7-3 可以看出员工组织政治知觉与组织信任相关系数为–0.316，呈显著负相关，并接受论点 H1。而与工作满意度的相关度不够明显，论点 H2 有待进一步分析。员工组织信任与工作满意度呈高度正相关，相关系数为 0.663，并接受论点 H3。

表 7-3 组织政治知觉、组织信任及工作满意度之间的相关关系

	组织政治知觉	组织信任	工作满意度
组织政治知觉	1.000	–0.316	–0.113
组织信任	-0.316^{**}	1.000	0.663
工作满意度	–0.113	0.663^{**}	1.000

** $p<0.01$。

4. 回归检验

本书的重点是研究组织信任在组织政治知觉对员工工作满意度影响中的中介作用，而要判断一个变量的中介作用，根据 Baron 和 Kenny（1986）的研究，要进行两个一元方程线性回归：①自变量（本书中为组织政治知觉）与中介变量（本书为组织信任）之间显著相关；②中介变量（组织信任）与因变量（本书中为工作满意度）之间存在显著相关性。当中介变量引入回归方程后，自变量与因变量的相关或回归系数显著降低。由此再来判断是完全中介还是部分中介：当自变量的回归系数减小到不显著水平时，说明中介变量起到完全中介作用；当自变量的回归系数减小，但仍然达到显著水平时，中介变量只起到部分中介作用。

Kenny 等（1998）还认为，如果第一、第二个条件成立，因变量做回归时，将中介变量引入回归方程后，因变量和自变量的相关度取决于中介变量。所以在检验组织信任的中介作用时，可以不检验自变量与因变量的相关关系。

此外，Preacher 和 Hayes（2004）还提出了 Sobel 检验，可用来进一步检验组织信任的中介作用。这个统计值测量了自变量通过中介变量对因变量的间接影响。根据双尾假设检验下的单位正态分布（united normal distribution）得到 p 值，如果 p 是显著的，就证明有中介作用。根据前文假设及中介标准，进行回归方程研究。两个样本所有变量的均值、标准差、相关系数及回归系数见表 7-4。从表 7-4、表 7-5 可知，组织信任与员工工作满意度显著相关，员工组织政治知觉与组织信任显著相关。

表 7-4　组织政治知觉（自变量）对组织信任（中介变量）的影响

项目	结果
常数项	20.468***
组织政治知觉系数	–0.316**
R^2	0.1
调整后 R^2	0.092
F	12.797**
DW	1.185

** $p<0.01$；*** $p<0.001$。

表 7-5　组织信任（中介变量）对工作满意度（因变量）的影响

项目	结果
常数项	5.982***
组织信任系数	0.663**
R^2	0.44
调整后 R^2	0.435
F	90.313***
DW	1.694

** $p<0.01$；*** $p<0.001$。

7.3　研究结论与讨论

7.3.1　组织信任对事业单位员工的工作满意度具有显著影响作用

组织信任被看作是员工对组织的一种正面的情感反应，是有利于组织的主观心理。作为对组织的肯定态度，组织信任处于各种组织关系的中心地位。本书先前提出的 4 个假设包括：①员工组织政治知觉能够显著影响组织信任；②员工组织政治知觉能够显著影响工作满意度；③员工组织信任能够显著影响工作满意度；④组织信任对组织政治知觉和工作满意度之间的关系存在着部分中介效应。通过相关度检验表明，组织政治知觉与工作满意度相关系数为–0.113，相关度不明显，表明事业单位员工组织政治知觉对工作满意度的影响不显著。这样我们就否定了之前的假设 2：组织政治知觉对员工的工作满意度具有显著的负面影响。此时，员工组织政治知觉和工作满意度的关系就得靠组织信任来建立相关关系（表 7-6）。

表 7-6 组织政治知觉、组织信任与工作满意度研究假设验证结果

序号	假设	结论
1	员工组织政治知觉能够显著影响组织信任	成立
2	员工组织政治知觉能够显著影响工作满意度	不成立
3	员工组织信任能够显著影响工作满意度	成立
4	组织信任对组织政治知觉和工作满意度之间的关系存在着部分中介效应	不成立

依据路径分析中的效应分解的术语，中介效应属于间接效应（indirect effect），但间接效应不一定是中介效应。实际上，这两个概念是有区别的。首先，当中介变量不止一个时，中介效应要明确是哪个中介变量的中介效应，而间接效应既可以指经过某个特定中介变量的间接效应（即中介效应），也可以指部分或所有中介效应的和。其次，在只有一个中介变量的情形时，虽然中介效应等于间接效应，但两者还是不等同。中介效应的大前提是自变量与因变量相关显著，否则不会考虑中介变量。但即使自变量与因变量相关系数是零，仍然可能有间接效应（温忠麟等，2004）。因此在组织政治知觉和工作满意度相关度不大的条件下，我们将假设 4“组织信任对组织政治知觉和工作满意度之间的关系存在着中介效应”改为组织信任对组织政治知觉和工作满意度之间的关系存在着间接效应。员工组织政治知觉通过组织信任来对工作满意度产生影响。将模型改为以下形式（图 7-2）。

图 7-2 调整后的组织政治知觉、组织信任和工作满意度的概念模型

7.3.2 事业单位员工的组织政治知觉不直接影响工作满意度

组织中有价值的资源总是稀缺的，实际上任何组织都或多或少有些资源限制，如岗位轮换、晋升、加薪等，事业单位同样也不例外。员工为了在有限的资源供给内争取、保护其利益或资源分配而产生竞争，于是，组织政治行为便应运而生，政治行为成为组织生活中普遍存在的现象。

丹麦社会保障学家安德森曾说，中国是个“人情化高于法制化”的国家，在中国特殊的组织模式和人情氛围中，事业单位员工的组织政治知觉也具有先天的特殊性，事业单位拥有较高的工作稳定系数和普遍的社会认可，加之丰厚的薪资待遇，使得工作在事业单位的员工价值取向发生一定的变化，即便员工的组织政治知觉再高，组织信任再低，在公务员“铁饭碗”这种社会模式的条件下，也不会有太低的工作满意度和较高的离职倾向。

在事业单位中，当晋升资源有限时，员工通常将无法获得晋升的原因归于自身未运作组织政治的结果。因此，单位必须充分发挥激励机制，实行公开招聘，竞争上岗，实现能上能下，能进能出，强化各类人才的竞争意识和危机意识，形成有利于优秀人才脱颖而出、充满生机和活力的岗位竞争机制以提升员工的组织信任感和工作满意度。在组织战略规划的指导下，事业单位应该建立自上而下、闭环反馈、过程控制的考核体系模式。绩效管理的手段要实现四个量化（指标量化、行为量化、责任量化和时限量化），绩效管理的程序尽量做到明确、简单，并在单位最高管理者的支持下组织实施，考核结果作为职务晋升、薪资评定的科学依据，以降低员工组织政治知觉的负面影响。

7.3.3 事业单位员工的职位越高，组织信任感越强

组织信任作为一种重要的社会资源，对员工行为和组织有着重要的影响，代表着员工对组织的一种正面评价和感情承诺，而事业单位员工职位的高低层次来源于他们的工作绩效水平和对组织贡献成果，是组织给予员工的内部回报，对员工的正面评价。Jones（1986）认为，员工的职位越高，对组织的信任程度就越高。因此，可以认为员工组织信任与职位层级是一种正相关关系。之前的 t 检验结果显示职位层级高的员工的组织信任系数为 4.38 ± 0.69，普通员工为 3.97 ± 0.90，进一步证明事业单位员工职位层次与组织信任呈显著正相关。

7.3.4 事业单位中员工工作满意度构成原因分析

在管理学和组织行为学中，工作满意度一直是重点研究的问题，但大量的工作满意度研究和评估都是针对企业员工进行的。事业单位员工是政府组织的主体，他们的工作态度影响着政府绩效和政府形象。探讨公务员的工作满意状况及其影

响因素，对于改进公务员管理、提升公务员工作能力、完善政府部门的服务都具有重要意义。

影响事业单位员工的工作满意度主要来源于组织公平与社会认可，组织公平感早期的研究是建立在 Adams（1965）提出的公平理论基础上的分配公平，鉴于分配公平忽略了分配程序，Thibaut 和 Walker（1975）提出了程序公平的概念。分配公平和程序公平成为组织公平研究的两个最基本的维度。Greenberg（1993）将组织公平分解成两个部分：人际公平和信息公平。人际公平反映的是员工被那些与执行程序和决定结果有关的当权者以礼相待和尊重的程度；信息公平是指向员工传递有关信息，解释为什么采取某种分配程序和为什么是这样的分配结果的程度。公平度高的组织能够改善员工的心理与行为，增强员工的利组织行为，最终提高组织绩效。组织公平感高的员工将更可能感到满意，并认真履行职务说明中指定的职责。

孟祥菊（2008）的研究结果表明，社会认可是影响事业单位员工工作满意度的决定性因素。这与事业单位员工工作具有安全性有关，因为事业单位员工如果不主动离职，一般会在该单位服务一生，因此，在漫长的工作时间内，获得上级领导和同事的认可，是至关重要的，这才能为下一步的晋升打下良好的基础。同时，同事关系、上级监管和工作本身同样不容忽视，也对工作满意度具有较强的影响，事业单位员工间的人际关系很重要，因为事业单位目前的晋升制度的要求之一是要进行民主测评，搞好人际关系，对通过民主测评有极大影响。

在中国文化背景下，情感性成分更大，个人与组织的交换是为了满足长久而稳定的社会关系和归属感等方面的需求。良好的组织公平感和高度的社会认可使事业单位员工与组织的关系从经济交换变为社会交换。在社会交换关系中，当员工对组织感到满意时，他们更可能产生一些正式角色要求之外的自发行为作为回报。

事业单位作为优秀人才的聚集地，在人才管理体制改革进程中应更加重视和爱护人才。党的十七大提出了加强事业单位改革的总体战略规划，这为人才管理体制改革提供了战略支撑。然而，事业单位目前人力资源的错位配置和流失现象仍然相当严重，组织政治行为现象更加压制了优秀人才的职业发展空间。长期以来，事业单位不能做到政事分开、管办分开，行政化现象严重。目前我们的事业单位还有行政级别，这使得事业的重要性与效能无关，而是与其行政级别紧密挂钩。组织管理体制的不确定性成为滋生组织政治知觉的诱因，员工对组织内部其他员工的自利行为的主观感觉影响了组织信任与工作满意度，具体表现为员工工作投入减少、缺乏奉献精神，单位内部不能建立一种和谐的组织文化，不得不面对纪律问题、沟通障碍、需求冲突等问题，并进而影响单位组织效能的提高。面对当下的这些问题，单位应及时采取一系列人性化科学管理措施，提升组织政治知觉管理理念，使得政事分离，减少行政化现象，随之减少组织政治行为，以提升员工的组织信任和工作满意度。

本章小结

本章从组织政治知觉、组织信任和工作满意度的角度来考察了事业单位的组织氛围。在以往的研究成果中，员工的组织政治知觉越高，其工作满意度越低，从而进一步影响其努力工作、积极创新的行为。也就是说，组织政治知觉对创新行为是具有负面影响的。但是，根据本章的实证研究数据分析表明，事业单位中，员工的组织政治知觉再低，也并不影响其工作满意度。这个结果与以往的企业调研研究结果是不同的。一般意义上，事业单位员工的组织政治知觉是高于企业的，但是其消极作用并没有直接体现到员工的工作满意度上，而是通过组织信任这个中介变量来发挥作用。究其原因，一方面是因为事业单位的员工工作稳定性高，带来了极大的满足感，足以屏蔽掉组织政治知觉带来的负面效应；另一方面，正是由于事业单位中普遍的浓郁政治氛围，个体已经熟悉这样的组织环境。

从本章的研究结论可以得出两点讨论：一是过度的职业稳定性带来的影响利大还是弊大；二是事业单位的组织管理需要加强员工的组织信任感，要尽力摒弃职位高低的影响，做到管理政策的通畅、公平、公开，提高员工的组织信任感，从而提高员工的工作满意度，促进创新行为的产生。

8 “官本位”对创新人才成长的制约

“在中国，我们叫‘官本位’，很多人还是想去当官的，因为比较容易拿到项目。”

“我觉得学校出不了人才……任何奖项、任何科研项目都跟职务有关，都跟官职有关，这是个具有统计规律的事情……说好听一点，我们国家最优秀的人才都为官了，说得不好听一点，除了官别的没有前途的。”

“国内有不太好的体制，一是‘官本位’，当官才能掌握资源；二是对年轻人支持很少。”

“我觉得首先啊，就是应该有一个认识，谁是科研主体，在我们国家，我说绝不是那些官，绝不是跟职务有关的，而是广大的在学术上平凡地工作在教学第一线上、在课堂上上课的这些老师，他们才是科研的主体，也要把机会留给他们。美国就有这样的做法：如果你是某个企业的代言人，或者你是官方的代言人，很明显你去申请项目你是拿不到项目的，他要给自由研究人，就是说他的观点更要贴近民众的意见，而不是歪曲扭曲的东西，因为这种扭曲的本质它长不了，过一段时间终究会土崩瓦解，而这方面的投入将全部是白费。”

——摘自本书访谈记录

8.1 “官本位”的含义

为什么我国总是面对重大科技创新与核心技术短板的窘境？为什么当今世界上重大科技发明很少出自中国？其中有一条重要的原因是：我们国家缺乏高端科技人才成长发展的最佳社会风气与环境。高端科技人才不但政治经济待遇不高，而且在社会公众心目中的地位也相对较低。据有关部门对部分青少年开展的“长大干什么？”的问卷调查，60%的人回答是“当县处级以上的大官”；在对受尊崇的职业排序调查中，把当歌星、影星，当官、当企业家排在前边，把当科学家排在工人、农民之前，位列倒数第三。有相当多的青少年把当官、当影视明星当成人生最高奋斗目标。

之所以出现这种情况，与“官本位”思想在社会上的巨大影响有着重要的联系。官本位是封建官僚政治制度的基本特征。高度集权、等级森严、官贵民贱、上尊下卑、不容僭越的官本位，在我国有着悠久的历史传统。翻阅二十五史，《本纪》《列传》中除了皇帝就是高官，而科技人才一般是上不了《列传》的。官本位至今仍然盛行，以官为本、以官为贵、以官为尊，视当官为百业之首。“学而优则仕”古今同热。人们以官阶级别衡量人的社会地位和人生价值，形成了敬官、畏官的社会心理。因此破除“官本位”思想对创新型人才的影响势在必行。

“官本位”思想存在于中国已几千年，它已深深地根植于社会之中。所谓官本位是指以官为本、以官为贵、唯官是从的社会群体心理，也是一种一切为了谋求官位，一切以官员利益为中心和行动准则的价值观，它以对官职的无限崇拜和对上级的唯命是从为主要特征（韦桂美，2007）。

“官本位”一词最早出现于20世纪80年代，相对于经济学专用名词——“金本位”而被广泛应用。“金本位”指的是以黄金为本位货币的一种货币制度，即是以黄金为单一价值尺度去衡量其他商品价值（沈小平，2009）。

官本位的形成原因是多方面的，其主要原因是公共权力异化的结果。纵观历史和现实，“官本位”这一在特定历史语境下形成的术语，其现实内涵远比字面意思丰富。从根源和本质上看，官员手中的权力是公共的，公共性是权力最根本的属性，权力的来源决定了官员的公仆性质，实现公民权利、保障和维护公民利益是权力的本质。而剩余的产品的出现，尤其是在此基础上的私有财产的出现是公共权力异化的开始。在中国历史上，这种异化的标志是世袭制取代禅让制，私有制取代公有制，公共权力成为以皇权为代表的统治阶级压迫被统治阶级的工具。当官员把权力变成自己牟取私利的工具时，权力就蜕变为一种危害社会和公共利益的异己的力量，这就是权力的异化。权力异化的结果，就是权与官纠结在一起，官成为权的主人，权成为官的特权。因而，官位、官阶的背后是权力，“官本位”的本质就是对权力的追逐，是权力中心、权力至上，是权本位。

“官本位”在中国存在了几千年，至今仍然有很深的影响，其主要表现是多方面的。一是社会普遍充斥着“当官”期待、“做官光荣”、“升官发财”和敬官、畏官的社会心理。二是制度设计把“官”的升迁，也为了安慰“官”的情绪，大量增加“领导职数”，致使班子成员“一正多副”现象严重。同时出现了“副厅级县委书记”“副厅级处长”这样匪夷所思的现象。还有，企业中的“经营层”控股，公车改革中的高额“车补”，各种形形色色的远低于市场价格的特权别墅、特权住宅等。三是等级森严的上下级关系。下级对上级唯马首是瞻，上级对下级有绝对的权力。谁的官大谁就有发言权，谁的官大真理就在谁手中。下级稍有不同意见，即为“不保持一致”，轻则批评教育，重则打击报复。四是以官职大小、官职高低来确定人的各种待遇，如工资待遇、医疗待遇、用车待遇、开会待遇，甚至官大伙食费也高，似乎官大肚子也大。五是生时待遇按官职（骨灰盒也要按级别存放），如此等等（朱岚，2005）。

8.2 “官本位”对创新型人才成长的影响

8.2.1 职业价值导向扭曲

在现代人力资源管理理论中，崇尚人尽其能、在工作中获得自我成就感的职业价值观，但是，“官本位”的存在对此造成一定的障碍。

在自然界有一种现象，某种植物生长得特别旺盛，吸收了过多的阳光和养分，形成一种“势”，就会对其他植物的生长形成制约。“官本位”与人才成长的关系与其颇为相似。若是“官本位”炙手可热，人才成长的土壤必然贫瘠，当然也就谈不上形成良好的人才“生态”。“官本位”就是人们在社会生活中，把官职高低当作一把尺子，人的价值和社会地位都用这把尺子来衡量，以官为贵，以官为尊，职位低的对职位高的马首是瞻，权力通吃。所以就形成了中国人把读书看作是升官发财之道的现象。“洞房花烛夜，金榜题名时”“学而优则仕”，这样的传统文化一直延续至今。

例如，在大学里做教授，在研究所搞科研，搞出真正的学术成果，按理说也是自身价值的实现，可一旦与官员带来的荣耀和利益一比较，有的人心里的天平就不平衡了。不少人这样认为，一个人干得再好，业务能力再高，若不加官晋爵，就不够成功，只有官帽子戴在头上才算实至名归。在高校，教授博导争当处长早已是平常事。由此可见，“官本位”导致人们崇尚行政权力，轻视能力，从而削弱了高校的“学科本位”“育人本位”功能。

据曾经的报道，见义勇为积极分子被任命为副镇长，9 名奥运冠军一次全部晋升副处级领导干部。这两件事，都是把官帽当成“奖品”。由此可看出，“官本位”意识已渗透进人们的骨髓。一个人成了才或作出一些贡献，对他最大的奖赏便是加官封爵，即使不给实职，也要挂虚衔。否则，就觉得对其有所亏待。姑且不论这个人是否适合当官，就是从导向上说，也为“官本位”添了把柴火。如今，一旦成为某行业的人才，头上少有没有官衔的（姚晋平，2010）。

从以上所说可以看出，“官本位”扭曲了人性、人格，首先是人生观、价值观被扭曲，而创新的人才需要有创新的人格。科技的进步与繁荣需要大批创新型人才，这种人才一般具有创新意识、创新思维、创新热情、创新能力及独立张扬的个性，他们追求科学中的真、善、美，这种创新型的人格显然与“官本位”的价值观是不相容的（刘慧君，2007）。

8.2.2　人职匹配程度降低

从个人发展的角度看，有的人适宜做官，有的人可能更适宜从事科学研究或做其他事情。不管是否适合都争着去做官，可能会造成人才浪费，既不利于个人的发展，也不利于社会的发展，更不利于科学和其他事业的发展。就拿上文曾举过的例子讲，见义勇为的人就被任命为副镇长，奥运冠军被任命为副处级领导干部，且撇开不论这样的做法对不对，单从这些人的能力和特点来讲，他们是否就真的都适合做领导呢？干部竞聘、面向社会招聘是一个进步，但在操作中存在“官本位”。如竞聘厅局级职位必须已任副厅局级职务若干年（依次类推），这就把包括各类专业技术人员在内的平民百姓排除在外。

在高校中，某一学科就像某一行会，它的发展是由这个学科的知名教授们决定的，教授们之间没有上下级关系，相互之间也没有过多约束。为了保证知识的准确和正确，学者的活动必须只服从真理的标准，而不受任何外界压力。而在中国大学，普遍存在学术的自主性缺失的现象。学术管理的权力主要集中在学校层次，并且主要由大学行政人员主导大学内部学术管理。行政人员过多干预学术创新或行政人员进入学术组织，影响学术研究。

在一些企业，专业技术人员希望往管理岗位的仕途发展，使个人能力得到社会的认可，导致技术人员争抢进入管理通道，但管理岗位有限，大部分技术人员会失去发展机会。而进入管理岗位的，并不一定都适合从事所在岗位的工作。

“要让兔子跑得快，而不是让猪唱歌。因为猪再怎么发展，它也发挥不了唱歌的潜力。”这是某大学领导在一次该校职业生涯规划大赛上说过的一句话。每个人都有自己独特的能力模式和人格特性，而某些特定职业需要具有特定能力模式及人格特性的人来任职。根据工作的特点及人的特性，把合适的人安置到合适的职位上，达到这个目标就完成了人职匹配。这样，人力资源才能得到充分开发，也可以让自己的未来走得更高更远（陈文蕾，2010）。

8.2.3　人才选拔机制单一

人力资源管理理论强调人尽其才、才尽其用，而“官本位”的存在对此造成了一定的阻碍。

存有“官本位”意识的干部，看中的是能够给自己带来种种好处的权力，牵挂的是高高在上的职位，他们不愿意因为改革创新使他们受益的体制和权力动摇，总是想方设法阻挠改革创新的进行。由于用人观念上的偏差，选人手段单一，工作方法陈旧，一些地区和单位在选用人才上存在着视野狭小、范围不宽的问题，一些优秀人才不能进入相应部门，受论资排辈等条条框框限制，一些优秀人才得不到任用和重用。此外，在干部的提拔任用上某些领导凌驾于组织之上，利用手中的权力，这些领导在选拔人才时，首先考虑的不是其能力，而是以个人好恶任用干部，这不仅在群众中造成极坏的影响，也导致一些优秀人才不能及时进入相应部门，给企业和行政机关带来了很大损失，造成大量人才流失。

8.2.4 难以创新激励

组织文化是被组织成员广泛认同、普遍接受的价值观念、思维方式、行为准则等群体意识的总称。组织通过培养、塑造这种文化，来影响成员的工作态度和引导工作中的行为方式，从而实现组织目标（周三多等，2005）。而“官本位”思想的存在，使得组织文化向恶性方向发展。组织文化在一个企业中所具有的动力功能、导向功能、凝聚功能、融合功能、约束功能都没有被很好地挖掘出来，没有被作为经济发展本身的一种科学规律加以总结和应用，职工的责任感成了一句空话。职工个人的价值取向与企业的管理理念、发展战略不易形成一致。这种情况下，必然使企业的奋斗目标和经营理念难以达成全员共识。企业精神缺乏鲜明特色，凝聚力明显不足。同时，职工与职工之间的竞争也变成了恶性竞争。为了达到目的，职工对领导溜须拍马，阿谀奉承，不顾他人感受，不择手段，这样的组织文化严重影响了组织的健康发展（Barney, 1986）。

例如，在一些高校出现了“学术腐败”现象。“学术腐败”是学术行为的生态适应和诱导所引发的更为严重的后发问题。比如一些学院作出规定，某些学科的学生想要获得硕士学位，就必须在读硕士的两年时间内，在国际科学权威杂志上发表文章。这意味着，第一年就要有成果，第二年就得投稿和发表。这几乎是不可能的，这样就容易导致造假。教师晋升过程中，也不是仅凭靠有质量的科研成果，而是论文的数量，数量不够，也只能靠一稿多发、剽窃、造假来凑数了。2004 年北京大学英语系某副教授所有发表著作均有明显剽窃问题，其中有严重剽窃情节的文章达 20 篇；中国政法大学商学院某教授博士生导师于 2006 年 6 月发表了一部 18 万字的学术专著，其中 10 万字被指和东北师范大学某博士论文雷同；2008 年查处的中国工程院某院士研究组在 2006 年以后发表的 13 篇论文被发现存在一稿多投、剽窃、捏造数据等问题，其中 4 篇论文的作者因此被开除；2009 年上海大学某教师主持完成的国家社科基金项目两阶段性成果，也涉嫌严重抄袭。这些如不加以治理，会给我国大学的发展造成许多负面影响，并且最终会阻碍我国学术的创新（杨蕊，2009）。

8.3 改善“官本位”思想负面影响的建议与对策

8.3.1 人才选拔：实行多通道晋升机制

为适应市场经济的要求，在全社会范围内创造人才的涌现机制和环境，让每个人都有机会脱颖而出，显示才干，推动人才在竞争中接受选拔。不唯学历、经历，重在能力、业绩。坚定不移地贯彻公开、平等、竞争、择优的原则，进一步完善公开招考、招聘、竞争上岗等机制，打破以往静态管理的选人用人制度，建立起能上能下、动态竞争的长效用人机制，为优秀人才脱颖而出开辟“快车道”。同时，在人员晋升过程中建立多种职业发展通道。

职业发展通道一般可分为管理类和技术类两大通道，但现在越来越多的企业考虑到员工职业定位的不同，在管理通道、技术通道双重发展通道的基础上增加了技能通道、行政通道等多通道，为员工的发展提供了多样的可能性。具体到专业技术人员而言，一些技术骨干会向管理岗位发展，实现从技术走向管理的转变，因而很多企业设计了介于技术和管理之间的第三条通道——技术管理通道，让专业技术人员可以在管理和技术之间根据自己的兴趣、能力进行灵活的转换。职业发展的多通道模式，是双重职业发展通道模式的延伸尝试。

举个相对简单的例子，一个普通的车间技术人员经过一定的培训可能成为一个普通的行政管理人员或其他普通的管理人员。但是要注意，各职类员工职业路径划分为Ⅰ～Ⅴ五个等级（任职资格等级即为员工职业发展的“阶梯”），每个等级分别对应不同的知识、技能、经验及行为能力标准，具体以任职资格标准形式体现。因此，从一种职类转换到另一种职类，所对应的职业路径等级越高，转换难度越大。总的来说，企业应尽量提供给员工学习、实践和工作轮换的机会，这样才可能造就“一专多能型”的人才。

现在的员工工作的动机不仅仅是谋生，他们更希望获得价值的体现和工作的快乐。多通道晋升机制的实施，从一定程度上改善了“官本位”思想下一些管理者仅凭个人喜好选拔人才的现象，从而给予员工更多实现自身价值的机会，激发了员工的主动性和积极性。

8.3.2 人才测评：利用评价中心技术

在人力资源管理专业中有一种人员测评方法叫做评价中心法，它由几种选拔测试方法组合而成，利用现场测试或演练，由评估人员观察候选人的具体行为，并给予评分。评价中心综合应用了各种人员测评方法，但这些方法并不是评价中心的主要组成部分。评价中心的一个重要特征就是在情景性的测验中对应聘者的行为进行观察和评价。

评价中心常用的测试方法有文件框处理、无领导小组讨论、角色扮演、案例分析、模拟面谈等（安鸿章，2003），详见表 8-1。

评价中心可以及早发现管理人才，避免错误的晋升，另外它能够全面地考核应聘者的各项素质。当然评价中心一般只适合管理人员的选拔，所以说人员的挑选不能只靠单一的方式和方法来进行，多数需要正确地进行科学组合才能选出合格的应聘者。这样才能避免“官本位”思想下人才选拔机制单一的问题。

表 8-1 评价中心技术常用方法应用说明

测试方法	施测方式	评价重点	适用招聘岗位
文件框测试	情景模拟，假设应聘者接替一相关人员的工作	收集、分析和处理各种信息以及在此基础上作出决策的能力	管理人员
无领导小组讨论	一组应聘人员就某一主题展开自由讨论，并在规定的时间内得出一致性结论	个人在讨论过程中的行为表现及其作用	管理人员
角色扮演	情景模拟，假设应聘者为某一角色，并处理相关问题	处理人际沟通、人际冲突或矛盾问题的能力	营销、管理、服务等需要较强人际关系敏感度的工作岗位
案例分析	模拟情景，应聘者对相关材料提出问题、分析问题以及解决问题	考察应聘者发现和提出问题能力、综合分析问题能力、解决问题能力、逻辑推理能力、决策能力以及与职位相关的技能等	管理人员
管理游戏	应聘者扮演相关的管理角色去解决模拟工作情境中的实际问题	考察应聘者的综合管理能力	管理人员

8.3.3 员工激励：建立全面的绩效考核制度

激励是人力资源管理的一个重要职责，它能够持续激发人们的工作动机，调动人们的工作积极性、主动性和创新性。被激发的动机越强烈，激发的水平越高，人们取得的成效就越大。而管理学家、心理学家从不同的角度研究怎样激励人的问题，提出了许多成功的激励理论，比如说亚当斯的公平理论（Mumford，2000）。

在众多院校中，工作、工资、晋升等都是调动教职工工作积极性的重要因素，薪酬公平感直接影响着工作满意度和工作业绩。岗位绩效工资制度的实行，改变了工资同个人身份相挂钩的做法，将薪酬待遇与所在岗位及个人贡献相联系，而不是看谁的官职大小。从个人的能力和贡献出发，较好地体现各类人员的工作特点和多劳多得的分配原则，就会让教职工产生“公平感”，而这种公平感能激发教职工的工作潜能，使他们产生工作满足感，有利于激发其工作的积极性和创造性。

企业中的每一个员工都是一个不同于他人的独立个体，他们的需要、态度、个性等都有不同之处，必须具体了解每个员工的需要，具体需要具体对待，做到有的放矢。根据马斯洛的需求层次理论，在满足他们物质激励的同时，还要满足他们的心理、精神的更深层次的需求，所以多种激励方法结合，才能最大限度调动员工的积极性。

从上述的内容可以看出，员工激励与员工的绩效密切相关。建立全面的绩效考核制度有利于员工激励工作的顺利进行。那么如何建立全面的绩效考核体系，大概可以分为以下几个步骤。

第一，绩效计划：绩效计划作为绩效管理的一种有力工具，它体现了上下级之间承诺的绩效指标的严肃性，使决策层能够把精力集中在对公司价值最关键的经营决策上，确保公司总体战略的逐步实施和年度工作目标的实现，有利于在公司内部创造一种突出绩效的企业文化。

绩效计划是绩效管理体系的第一个关键步骤，也是实施绩效管理系统的主要平台和关键手段，通过它可以在公司内建立起一种科学合理的管理机制，能有机地将股东的利益和员工的个人利益整合在一起，其价值已经被国内外众多公司所认同和接受。

第二，监督控制：是指以提高绩效为目的，在有效开展绩效工资合规性监督的基础上，按照绩效管理的要求，运用科学的监督标准和分析方法，对绩效管理过程及其结果进行客观、公正的评价与监督的活动。

第三，绩效评价：组织依照预先确定的标准和一定的评价程序，运用科学的评价方法，按照评价的内容和标准对评价对象的工作能力、工作业绩进行定期和不定期的考核和评价。绩效评价所提供的信息有助于企业判断应当做出何种晋升或工资方面的决策，并为企业管理者及其下属人员提供了一个机会，使大家能够对下属人员的工作行为进行一番审查。

第四，绩效反馈：就是将绩效评价的结果反馈给被评估对象，并对被评估对象的行为产生影响。

这四步中，绩效评价可以说是核心步骤。绩效评价包含多种方法，比如“杜邦财务分析体系”“平衡记分卡”和“经济增加值”（EVA）等。但是每种方法都有其不足之处，所以应结合我国企业目前的状况及特点，采用多因素全面评价原则和定量分析与定性评议相结合的原则，建立多维的基于绩效预算管理的动态的企业绩效评价体系。这样才能真正地保证绩效考核的公正、公平，从而推动激励工作的进行，避免“官本位”思想带来的不利影响。

8.3.4　薪酬管理：建立“宽带薪酬设计”管理模式

所谓“宽带薪酬设计”，就是企业将原本十几个、二十几个或更多的薪酬等级压缩成几个级别，但同时将每个薪酬级别所对应的薪酬浮动范围拉大，从而形成一种新的薪酬管理系统及操作流程的过程。宽带薪酬与传统薪酬管理模式区别的比较见表 8-2。

表 8-2 传统薪资结构与宽带型薪资结构的综合比较

比较内容	传统薪资结构	宽带型薪酬结构
薪资战略与企业发展战略	难配套	易配套
与劳动力市场的关系	市场是第二位的	以市场为导向
直线经理的参与	几乎没有	更多地参与
薪资调整的方向	纵向	横向及纵向
组织结构的特点	层级多	扁平
与员工工作表现的关系	不紧密	紧密
薪资等级	多	少
级差	小	大
薪资变动范围	窄	宽

可以看出，宽带薪酬相比于传统薪酬模式更具市场竞争力。宽带薪酬打破了传统薪酬结构所维护和强化的等级观念，减少了工作之间的等级差别，有利于企业提高效率以及创造学习型的企业文化，有助于企业保持自身组织结构的灵活性以及更有效地适应外部环境。在传统等级薪酬结构下，员工的薪酬增长往往取决于个人职务的提升而不是能力的提高，因为即使能力达到了较高水平，如果企业中没有岗位的空缺，员工仍然无法晋升到更高岗位同时获得更高的薪酬。而宽带薪酬打破了原来只有岗位晋升才能大幅加薪的办法，给予员工较大的薪酬空间，有利于员工技能的不断成长。同时宽带薪酬制度淡化了等级的观念，有利于组织成员之间开展团队合作，提高企业效率，适应了现代企业扁平化发展趋势的需要。

宽带薪酬体系的一个潜在假设是：一个出色的专业技术人员可能比一个刚上任的研究院院长对企业的价值更高；一个技术非常熟练的个人对企业的贡献并不亚于一个车间主任；一个顶级销售人员可能比一个销售部长对企业的作用更大。由此可以看出，宽带薪酬体系的一个宗旨就是薪酬的多少不是由个人的职位和社会地位的高低决定的，而是由个人给予企业的贡献程度决定的（王薇，2003）。这样的宗旨与“官本位”思想背道而驰，在一定程度上能够削弱“官本位”思想对人们的影响。

8.3.5 良性竞争：建立创新型组织文化

我国著名的经济学家吴敬琏指出：“竞争性现代市场经济体制是创新活动的必备制度基础设施，在这种制度设施提供的激励下，以追求利润、积累财富为目的的企业才会成为推动技术创新和产品创新的主体，新技术才能顺利导入生产过程和市场。”可见，竞争的环境是创新的外在动力，但技术创新是一个复杂的活动，它不是单一主体的行为，而是表现为多个主体间合作、交流的互动过程。在企业内部及外部，竞争与合作都应保持辩证统一的关系，竞争形成激励机制可以加快创新的产生，合作能确保创新实现，正确处理好竞争与合作的关系，能促进创新活动的顺利进行。企业要鼓励员工之间及企业之间进行竞争，充分发挥个体与团体的潜力和创造力。同时，企业还要倡导组织内的合作，将对手视为伙伴，增进彼此合作的机会。在企业内部与外部形成新型的竞争合作关系，营造良性竞争的环境，能够充分发挥竞争激励的功能，同时又可以体现合作的重要作用，达到共赢的效果。通过这种关系的建立，可以不断地整合各创新主体，在创新活动中使成员间彼此信任，团结协作，促进组织快速发展。另外，良性竞争的建立需要健全的监督制度，需要大家坚持公平正义原则、民主与自由原则、整体性和系统性原则。表 8-3 列出了创新性组织文化与“官本位”下的组织文化的差异。

表 8-3　“官本位”下的组织文化与创新性组织文化的差异

对比内容	“官本位”导向下的组织文化	创新导向下的组织文化
控制程度	高	低
开放程度	低	高
个人-集体意识	集体意识	个人意识
结果-过程意识	注重结果	注重过程
风险容忍程度	低	高
冲突宽容程度	低	高
人本程度	低	高
公平程度	低	高
奖励导向	作用不明显	作用较明显
管理关系导向	效果较小	效果较明显

从表 8-3 可以看出，创新导向下的组织文化相对于“官本位”导向下的组织文化更具市场竞争力。创新导向下的组织文化更注重个人的发展对企业带来的影响，企业更加看重的是个人的能力而非职位的高低。这样的组织文化下，员工才更能激发自己的潜能，充分发挥自己的能力。

本章小结

本章讨论了“官本位”在组织中对创新型人才成长的阻碍作用。不同于一般的“官文化”讨论，本章更多地从人力资源管理的各个环节进行论述，包括人才选拔、岗位设置、人才测评、绩效考核和薪酬管理等方面。

基于这些讨论，可以看出，“官文化”作为一种组织文化、组织氛围，其改善之道不在于精神层面上的、社会文化上的呼吁，而是要切实从各级组织中的人力资源管理措施上入手。组织中的个体行为在很大程度上会受到组织制度的制约和引导。为此，设计面向创新的、人本主义的人力资源管理制度，能有效地减少“官文化”行为，逐步改变或扭转组织氛围中乃至国家社会上的“官文化”。

9 创新创业环境影响作用分析——以无锡市为例

"如果有一天我们也要像美国那样，把所有的劳动密集型产业外包，需要自己创造新的行业，新的领域，新的就业危机感，那我们的创造力也会喷薄而出的。"

——摘自本书访谈记录

9.1 创新创业环境分析框架 GEM

GEM（global entrepreneurship monitor，全球创业观察）是由英国伦敦商学院和美国百森学院共同发起成立的研究项目，旨在研究全球创业活动态势和变化，发掘国家创业活动的驱动力、创业与经济增长之间的作用机制和评估国家创业政策提出一个全新的国家经济增长模式。在这个模式中，促进经济增长的条件分成一般环境条件和创业环境条件，前者是现有大发展的基础和环境。在 GEM 的概念模型中，创业环境条件被用于反映对创业部门产生显著影响的主要经济和社会特性，由 9 个方面组成，分别是：金融支持、政府政策、政府项目、教育和培训、研究开发转移、商业环境和专业基础设施、国内市场开放程度、实体基础设施的可得性、文化及社会规范（姜彦福，2003）。

（1）金融支持：指的是新成立和成长型企业获得金融支持和资源的程度，这一维度也考察金融支持的质量和可利用程度以及政府财政部门对创业的理解。

（2）政府的创业政策：是指激励私人创业的政策法规，包括对创业活动的规定、企业组织形式的规定、就业的规定、税收方面的规定等。

（3）政府项目：指的是各级政府对于新创企业和成长型企业可以提供的直接项目，是政府政策的具体化，包括由政府提供资金和政策支持的项目以及政府为创业提供服务、支持和帮助的组织两部分。

（4）教育与培训：作为创业活动得以开展的必要条件，也是创业者将潜在商机变为现实的基础。

（5）研究与开发转移：指的是城市研究和开发在多大程度上能创造新的商机

以及研发是否可以成为新创立的小型企业和成长中企业的助推器。

（6）商业和专业有形基础设施建设：指商业、会计和其他法律服务和机构对于允许和促进新创企业、小型企业或者成长中的企业的影响。

（7）市场开放程度：首先体现在市场的变化，正是在市场的变化中孕育着创业的机会，大的市场变化往往潜藏着大的创业机会；其次是面对市场机会，创业企业在进入市场时是否存在行业进入壁垒，是否存在成熟公司设置的不公平壁垒妨碍了新创业的进入，归根到底就是是否存在一个公平竞争的环境。

（8）有形基础设施状况：是创业企业必需的硬件，是创业活动的载体，有形基础设施的完善程度和获得的成本高低，会直接影响到创业企业的效率。

（9）文化与规范：是存在于人们潜意识中的规则，社会文化对个人创业的态度潜在影响着人们的创业选择。

9.2 无锡市经济发展与创新型人才引进情况

无锡是江苏省南部的大市，位于长江三角洲平原腹地，北面靠长江，南面临太湖，东面是苏州，西面与常州交界，京杭大运河从中穿过。无锡是我国著名的鱼米之乡，也是一座现代工业化城市，我国民族工业的发源地之一，一直有“小上海”的称号。无锡地处太湖之滨，风景秀丽，历史悠久，是江南蒙蒙烟雨中孕育的一颗璀璨的太湖明珠；无锡以丰富而优越的自然风光和历史文化，成为全国十大旅游观光城市之一。无锡是江南经济重镇，全国 15 个经济中心城市和 10 个重点旅游城市、中国优秀旅游城市之一，福布斯中国大陆最佳商业城市。

2017 年，无锡市实现地区生产总值 10 511.80 亿元，跻身“万亿俱乐部”，按可比价格计算，比上年增长 7.4%。按常住人口计算，人均生产总值达到 16.07 万元，按现在汇率折算达 25 530 美元。全市一般公共预算收入 930.00 亿元，比上年增长 6.3%。财政支出结构继续调整，一般公共预算支出 989.35 亿元，比上年增长 14.1%；全年固定资产投资完成 4967.51 亿元，比上年增长 4.7%；全年实现社会消费品零售总额 3458.04 亿元，比上年增长 10.9%；全年实现对外贸易进出口总额 812.53 亿美元，比上年增长 16.4%；全年民营经济实现增加值 6895.74 亿元，比上年增长 7.3%，占经济总量的比重为 65.6%，比上年下降 0.1 个百分点；城镇常住居民人均可支配收入 52 659 元，比上年增长 8.3%；农村常住居民人均可支配收入 28 358 元，比上年增长 8.4%。全年城镇新增就业 15.37 万人，其中：各类城镇下岗失业人员实现就业再就业 5.93 万人，援助就业困难人员再就业 2.67 万人。全市城镇登记失业率为 1.82%。全年市区居民消费价格指数（CPI）为 101.9，比上年下降 0.4 个百分点。其中服务项目价格指数为 102.6，消费品价格指数为 101.5，商品零售价格指数为 102.0。全年批准外资项目 408 个，协议注册外资 68.03

亿美元，增长 38.0%。到位注册外资 36.75 亿美元，增长 7.7%。制造业利用外资占到位注册外资比重达到 65.6%，全年完成协议注册外资超 3000 万美元的重大外资项目 55 个。至 2017 年底，全球财富 500 强企业中有 100 家在无锡市投资兴办了 192 家外资企业。①

9.3　无锡创业环境的 GEM 分析

9.3.1　经济基础（金融支持）

创业企业的资本来源一般有 3 种途径：一是私人权益资本，包括自身的资金、私人的借贷资金和引入私人股权筹备资金等；二是创业资本融资；三是上市融资。从创业者和大多数企业家的调查结果表明，通过 IPO 获得融资并未成为初创企业资金的主要来源（周丽，2006）。无锡市政府在金融支持方面给予了极大的优惠政策，例如鼓励引进各类金融机构总部和地区总部，加快城市金融集聚区建设，推动总部经济的发展。提高金融机构的地位，强化金融机构的作用，营造金融机构良好的社会发展环境。为金融机构各项业务发展提供优惠和便利。简化抵押登记和财产评估手续，降低融资成本。同时无锡市各金融机构近年来也认真大力执行货币政策，不断推进金融创新，改善金融服务，为区域经济协调持续健康发展营造良好的金融环境。

2017 年，无锡市完成到位注册外资 36.75 亿美元，总量位居江苏省第 3 位，同比增长 7.7%，同比增幅高于苏南地区平均增幅 6.3 个百分点，高于全省平均增幅 5 个百分点；新增协议注册外资同比增长 38%；累计新设和增资项目 408 个，其中新设项目 273 个，同比增加 43 个。全市外贸进出口、出口、进口均呈两位数增长，规模实现历史性突破，增速创下 6 年来新高。全市外贸累计进出口、出口、进口 812.5 亿美元、495.2 亿美元和 317.3 亿美元，同比增长 16.4%、15.4%和 18%。全市服务外包业务合同总额同比增长 18.5%；执行金额同比增长 17.4%；离岸外包合同金额同比增长 17.1%；离岸外包执行金额同比增长 15.2%。全市新增服务外包企业近 70 家，新增服务外包从业人员近 5000 人，新增“十三项国际认证资质”数量 25 个。全市到位外资同比增长 23.4%，占全市比重 92.8%；全市 6 家国家级开发区到位外资同比增长 26.9%。同期，全市列入统计的 23 家特色产业园（PARK 园区）实现业务总收入 7884.6 亿元，同比增长 38.3%，其中主导产业销售收入占比达 88.3%。②

① http://www.wuxi.gov.cn/doc/2018/02/12/1743934.shtml.

② http://mofcom.wuxi.gov.cn/doc/2018/02/01/1733410.shtml.

9.3.2　政府政策

政府项目作为政府政策的具体化，是作为支持创业环境条件的独立要素。政府项目不仅限于提供资金和政策支持的项目，还包括政府为创业企业提供的服务、支持和帮助。

无锡地区积极鼓励创业，促进产学研的联合开发，加强技术创新，发展高科技，加快科技成果转化，引导和推动地方创业活动的展开。

无锡市委市政府一直重视品牌经济的建设和保护，1993 年无锡市开始实施名牌战略，出台了《无锡市名牌产品工程管理办法》，将创建名牌这一工作列入全市经济与社会的发展计划和全市质量工作目标考核体系。《无锡市质量振兴实施意见》围绕电子信息、生物医药、新材料、光机电一体、新型环保与节能等产业，明确提出了“十五”期间全市培育发展名牌产品的主要目标以及相关的政策措施。2003 年又出台了《关于进一步推进企业品牌建设的实施意见》，对获得中国名牌产品、国家免检产品和省名牌产品的企业给予重奖，进一步加快了全市名牌工程的建设步伐。正因为无锡有市委市政府的大力支持，无锡市品牌经济得到大力发展。截至 2015 年 6 月，无锡市拥有“小天鹅”“红豆”“双良”“雪豹”“华西村”等驰名商标 69 个。[①]品牌经济正逐渐成为无锡市经济发展的一个重要支撑。

9.3.3　政府项目

无锡科技企业孵化器作为科技企业创业发展的摇篮，通过为初创型企业提供孵化单元，提供优惠政策支撑，提供创业服务支撑，营造一流的创业创新环境，将科技资源迅速有效地转化为社会生产力，培育科技型中小企业成功创业和迅速成长，孵化培育出一批拥有自主知识产权的高新技术产品和企业。科技企业孵化器自创办以来，吸引了一批具有自主知识产权的高新技术企业和产品在此研发生产，营造了一个科技创新创业平台，已经成为高科技企业和人才聚集的热土。

自 1993 年无锡国家高新技术开发区创办第一家科技企业孵化器以来。2007 年，无锡市先后有无锡市科技创业服务中心、无锡新区集成电路设计企业孵化器、无锡矽太高新技术创业中心、无锡同方创业园等 10 家科技企业孵化器被认定为省级科技创业服务中心。无锡于 2012 年 3 月成立了科技企业孵化器协会，至此，无锡市已建成市级以上科技企业孵化器达 40 家，其中国家级 14 家。科技企业孵化器的孵化面积已经达到 200 多万平方米，在孵企业达 2800 多家，集聚了硕士以上高层次人才 6000 多名。科技企业孵化器协会为各种科技资源的科技创新创业搭建了

① http://ggfw.wuxi.gov.cn/wx_portal/index/B1/preview.jsp?serviceId=220&catalogId=64&serviceType=1&requestType=0&swfurl=/swf/20150616132759132 37477.swf.

一个聚集平台，吸引高科技企业和人才在此聚集。接下来的一个阶段，无锡市科技企业孵化器协会将建立起全市科技企业孵化器网络，加强各企业孵化器同科研机构、中介服务机构、风险投资机构等的联系，举办各种培训，提供网络信息服务等，增强无锡市各企业孵化器的孵化能力，促进科研成果转化。①

"科技企业孵化器作为全市科技企业创业发展的摇篮，已孵化培育出一批拥有自主知识产权的高新技术产品和企业，成为高科技企业和人才集聚的热土，成为我市科技创新、转型发展的有效载体。"无锡市科技局有关负责人介绍，该市的科技企业孵化器已能够为创业企业提供系统的创业场所、科技成果对接、研发平台支持、导师辅导等服务，今后无锡市还将加强对科技企业孵化器的内涵建设，不断向技术创新的源头延伸、向"毕业"企业的成长后端扩展，从而促进高新技术成果转化和产业化，为提高科技创业企业的成功率提供有力支持。

9.3.4 教育与培训

柯林·博尔提出未来人应获得三本"教育护照"。第一本是学术性（基础文化知识）的，第二本应该是职业性的，第三本是证明个人事业心与开拓技能的。围绕创业教育，联合国教科文职教国际项目 UNEVOC 将小企业创业技能（ESSB）课程开发作为面向 21 世纪的三个重点项目之一。我国在教育上更注重基础知识的掌握，对创业教育明显不足。但政府已经充分看到这一点，随着"通过创业带动就业"政策的深入，各级再就业培训体系的建立已经取得了一定的成效。

无锡市委市政府认真贯彻国家和省部署要求，积极落实法定责任，大力促进教育公平，深入推进义务教育优质均衡发展，取得了显著成效。2009 年，无锡成为"全国推进义务教育均衡发展工作先进地区"；2010 年，入选国家"推进义务教育优质均衡发展试点城市"；2012 年，被国务院表彰为"全国'两基'工作先进地区"；2013 年，所有市（县）区全部通过"义务教育发展基本均衡县（市、区）"国家认定。②截至 2017 年 11 月底，全市累计有 110 所学校实施了校园校舍建设，累计开工、竣工校舍建筑面积 86.07 万平方米，室外运动场地面积 44.25 万平方米；累计有 293 所学校进行了设施设备购置。③

2010 年，无锡市《教育规划纲要》作出推进普通高中优质特色发展的部署，2012 年 12 月无锡市制定出台《关于推进全市普通高中优质特色发展的意见》，据统计，目前全市 39 所公办普通高中均已跻身省三星级以上优质高中行列，其中三星级高中 10 所、四星级高中 29 所，四星级高中占公办高中总数的比例近 75%。

---

① http://www.cnfuhuaqi.com/institute/show-728-introduce.aspx.

② http://www.wxjy.com.cn/Item/92570.aspx.

③ http://jy.wuxi.gov.cn/doc/2017/12/27/1700864.shtml.

全市在三星级以上普通高中就读学生的比例高达96%以上，较好满足了学生接受良好高中教育的需求。贯彻江苏省教育厅的要求，无锡将坚持以人为本，围绕尊重人、培养人、发展人，积极探索推进高品质高中建设的实施路径，提出到2020年，全面实现高中教育现代化，60%左右的高中基本形成鲜明的办学特色，涌现一批在省内外有较大影响的高品质高中，高中教育发展水平确保位居全省、全国前列。①

9.3.5 研究开发转移

2017 年是实施“十三五”规划的重要一年，是供给侧结构性改革的深化之年。无锡市科技系统按照市委、市政府的决策部署，坚定不移地实施创新驱动核心战略，不断增强科技创新对经济社会发展的支撑和引领作用，为推动全市地区生产总值成功突破万亿元、加快建设“强富美高”新无锡贡献了科技力量。

2017 年，无锡市科技进步综合评价排名上升到全省第二位；全社会研发费用占地区生产总值比重达到 2.86%、全市科技进步贡献率达到 63.5%，保持全省领先水平；获 2017 年国家科技奖励 10 项、第十九届中国专利奖 8 项，位居国内同类城市第一方阵；万人发明专利拥有量达到 35.1 件；“神威·太湖之光”实现全球超级计算机 500 强榜单四连冠，其应用成果蝉联“戈登·贝尔”奖。

无锡市推动出台《关于进一步加快实施创新驱动发展战略的若干政策措施》《关于加快知识产权强市建设的若干政策措施》以及配合出台《关于深化“太湖人才计划”的若干意见》相关实施办法等一系列政策文件，最大限度激发和调动全市创新创业活力。特别是紧扣无锡市科技创新发展中的薄弱环节和瓶颈制约，出台的创新政策“30 条”，力度大、亮点多、含金量高，为推动科技创新与制度创新“两个轮子”一起转、协同发挥作用奠定了坚实基础。

无锡市对规划的 28 个特色园区，按照“一区一战略产业”的定位扎实推进，已发展成为新兴产业重要策源地。共争取苏南国家自主创新示范区高新区奖励补助资金 6780 万元。2017 年组织申报高新技术企业 736 家，全市有效期内高新技术企业达 1669 家，300 家企业进入省高新技术企业培育库。获认定省民营科技企业 459 家、省高新技术产品 1165 项，17 家企业列入 2017 省科技企业上市培育计划后备库，12 家企业入选“2017 江苏省创新型企业 100 强”。全市实现高新技术产业产值 6716.35 亿元，同比增长 17.29%，占规模以上工业产值的比重为 42.34%。全市累计建成科技载体 559.91 万平方米，在孵企业达到 7649 家，全年实现营业额 804 亿元，完成税收 30.4 亿元。销售收入超过亿元和超千万元的企业分别为 29 家和 192 家。无锡市落实全面从严治党主体责任，将纪律和规矩挺在前面，坚定

① http://www.ec.js.edu.cn/art/2016/12/16/art_4342_202834.html.

不移地推进党风廉政建设。教育广大党员干部守纪律、讲规矩，知边界、明底线。全年先后组织开展各类现场教学 18 次，为全市科技发展与进步保驾护航。[①]

9.3.6　商务环境和专业基础设施建设

创业环境作为创业者与创业地的中介，其优劣程度对区域创业活动具有直接的决定作用（郭元源等，2007）。优良的创业环境能够有效地减少和降低风险，增大创业成功率，增加创业机会，吸引和培育创业型人才（唐根丽等，2008）。2006 年《城市竞争力蓝皮书：中国城市竞争力报告 No.4》显示，商务环境竞争力前 20 位的城市分别是：香港、广州、高雄、上海、无锡、台北、珠海、苏州、厦门、深圳、台中、宁波、青岛、成都、威海、绍兴、台南、大连、杭州、扬州。无锡的竞争力排第五，位居前茅。

随着无锡商业经济的快速发展，商业地产市场发展迅猛，逐渐形成以一条或几条商业街为中心的经济圈。中心区有以中山路和人民路为中心的 CBD 商圈，副中心有火车站商圈、欧风街商圈等，东区有锡东新城商业圈、锡沪路商业街、新区商业圈等，西区有河埒口商圈、梁青路商业街、湖滨路商业街，南区有中桥商圈、中南路商业街、苏锡路商业街。无锡规划建设特大城市以来，无锡的商业建设更是日新月异，大小商场、商铺如雨后春笋般缤纷登场，典型的有商业大厦、八佰伴、崇安寺和保利广场。

2017 年，无锡市强化城乡建设管理，促进城乡区域协调发展。制定实施城市现代化和城乡发展一体化规划，常住人口城镇化率由 72.2%提高到 75.8%，建成区面积由 289 平方千米增加到 332 平方千米。着力推进太湖新城、锡东新城、惠山新城、马山国际旅游岛、古运河风光带等重点区域建设，一批重点项目建成投运。推进中心城区更新改造，实施棚户区（危旧房、城中村）改造 127 万平方米，整治提升旧住宅区 1104 万平方米。市区拆除违法违章建筑 130 万平方米，完成 115 条主要道路包装出新和 478 个背街小巷综合治理。城市给排水设施不断完善，全市污水管网由 7904.79 千米增加到 8724.25 千米，主城区生活污水集中处理率达 95%以上，供水设施覆盖率达 100%，城市再生水利用率由 32%提高到 33%。积极推进市域重大交通基础设施建设，京沪高铁、宁杭高铁无锡段、新锡澄路惠山段、望虞河大桥建成，完成锡澄运河江阴及惠山段航道整治，无锡（江阴）港跻身亿吨大港，苏锡常南部高速公路建设启动。完善公共交通体系，地铁 1 号、2 号线建成投运，1 号线工程获国家优质工程“金奖”，3 号线一期、1 号线南延线工程开工建设，市区公交分担率达 28.2%，镇村公交覆盖率保持在 100%，成为全国首批“绿色交通城市”。城市防洪排涝能力不断提高，走马塘工程建成通水。深

① http://www.wxstc.js.cn/uploadfiles/201802/13/2018021315263853145070.pdf.

入推进美丽乡村建设，“三星级康居乡村”和“江苏最美乡村”数量居全省前列。丁蜀镇入选第一批“中国特色小镇”。智慧城市建设持续推进，成为全国首个高标准全光网城市，在全国智慧城市发展水平评选中连续四年名列前茅。①

9.3.7 市场开放程度

创业环境对区域创业活动具有重要影响。例如，东部地区的创业活动比中部和西部地区明显活跃（陈文府，2007）。

党的十七大报告提出“拓展对外开放广度和深度，提高开放型经济水平”的目标，无锡市第十六届人民代表大会第一次会议指出无锡市坚持扩大开放不停步，优化开放型经济发展格局。全面对接上海等自贸区试验政策，复制推广 48 项改革创新事项。实施外贸稳增长系列政策意见，在国际经济环境复杂严峻的形势下，保持进出口总额稳定在 700 亿美元左右。服务外包业务执行金额由 36.5 亿美元增加到 102.9 亿美元。加大利用外资力度，累计到位注册外资 171 亿美元，其中制造业外资占比达 60%，引进超亿美元项目 131 个，中芯长电半导体、三星 SDI 偏光板、药明康德生命科技园等一批重大外资产业项目成功落户。支持企业“走出去”，累计对外投资 74.2 亿美元。柬埔寨西港特区首期建设基本完成，进驻各类企业 107 家。加强口岸功能建设，无锡航空口岸扩大对外籍飞机开放，进境食用水生动物、进口肉类指定口岸获国家批准，苏南硕放国际机场二期工程建成投用，国内国际客货航线由 29 条增加到 68 条。推进开发区转型升级，宜兴经济技术开发区升级为国家级开发区，无锡高新区出口加工区、江阴保税物流中心升级为国家级综合保税区。加强国际交流合作，国际友好城市由 38 个增加到 48 个，荣获国际友城“特别贡献奖”和“交流合作奖”。成功举办第四届世界佛教论坛和两届全球锡商大会，组建全球锡商联盟。

9.3.8 有形基础设施建设

无锡市功能性基础设施建设的总体思路是按照适度超前的原则，坚持区域共建共享，建设保障有力、配套完善的现代化基础设施体系，重点推进三港（空港、水港、信息港）、三网（城市快速道路网、干线公路网、干线航道网）、三线（高速公路线、城市轨道交通线、城际铁路线）等功能性基础设施建设，充分发挥综合交通基础性、先导性和保障性作用，适应和促进经济社会的快速发展、满足人民生活水平日益提高的要求。

无锡市功能性基础设施建设的主要目标是：建立与无锡城市化和机动化进程相适应的、高效一体化的城市综合交通体系，实现不同交通方式的有机衔接，提

① http://wuxi.people.com.cn/n1/2017/0220/c131315-29092294.html.

高整个交通运输系统的效率；强化空港、水运、公路和铁路建设，提高设施等级，提高配套水平，建立高度发达快捷方便的对外交通体系；建立结构合理、功能完善的城市道路网体系；启动轨道交通建设，优化常规公交网络，提高公交服务水平，建立以城市轨道交通为骨干的城市快速客运体系；建立功能完善覆盖全市的信息网络体系。

9.3.9 文化及社会规范

我们主要关注两个方面：一是社会对个人创业的态度；二是妇女创业活动。

无锡的创业文化，既不鼓励个人持积极创业态度，也不提倡自立、自治和个人原创以及创业冒险。这同无锡优越的自然条件有相当大的关系，无锡人从不为生存担忧，长期以来养成了无锡人从容闲适的生活习惯，不太乐于承担失败的风险。

当前妇女创业环境下，人们乐于接受妇女创业的事实，并鼓励妇女闯出自己的一片天空。无锡市的妇女创业在社会中的确是得到了极大的鼓励和支持，同时政府也积极采取了一定的措施辅助妇女创业。

9.4 无锡市创业环境建设中存在的问题

9.4.1 新创企业融资困难

在当今时代，允许的创始资金是任何一个新创企业在创业初始时所必须要具备的，但是由于中小企业自身的特点，它们在如今的金融环境中很难获得金融机构或非金融机构的足够支持，是否拥有足够的资金已经成为无锡新创企业发展的最严峻问题之一。

企业的融资方式主要可以分为两种：一种是直接融资，主要就是接受各种直接投资和发行股票、债券；另一种是间接投资，主要是向各种金融机构或非金融机构贷款。

对于创业者而言，进行债券、股票的融资无疑是天方夜谭，只有争取接受各种直接投资才能支持企业的创立，一般来说，就是指创业投资。在外国创业投资非常普遍，创业投资家的管理参与和分阶段投资的性质形成了对于新创企业的严格激励机制。但在无锡，由于缺乏创业投资的退出机制和民间资本的介入，而市面上现有的创业投资公司的管理和运作也很不成熟，因而根本无法满足广大创业者的需求。向银行和各种金融机构贷款的情况也不令人乐观，由于向创业者或是新建立的中小企业贷款具有显著的高风险特点，而无锡市银行近年来不良贷款率持续上升，利息收益率不断下降，贷款的风险也随之日益增大。随着各银行风险意识的增强，其管理日益规范，因此在选择贷款对象时非常慎重，导致最需要资金的创业者因为风险比较高等原因而得不到贷款，而那些发展成熟的企业因为信誉高，相对来说容易得到贷款。

9.4.2　政府政策对新创企业支持不足

目前，无锡市政府对新创企业的管理并不十分全面合理，对创业者的引导也不够，在政策制定上，缺乏针对本地区特殊情况的条款，创业者从政府政策中得到的支持还不是很足够。具体表现在以下几个方面。

（1）无锡市政府没有设置专门服务于新创企业管理及服务的机构，目前仅经贸委中小企业局执行些许对新创企业的管理，因此导致政府政策的制定出台缺乏专业性。

（2）无锡目前产业结构中第二产业依然占有相当大的比重，大企业、大集团对无锡经济的发展起着不可估量的作用，因此政府的主要精力和工作重点都放到了对大集团和大企业的扶持与管理上，相对的对新创企业和中小企业关注稍显不足，表现在具体政策的制定上，多为有关大企业和大集团的政策，较少与新创企业有关。

（3）在现有的政策条款中，基本都是在国家大的政策中复制过来的，很少或者没有从无锡本地创业实际情况出发，因地制宜制定适合本地新创企业的具体地方性政策，以致广大创业者认为政府政策内容空洞，而且政府政策又缺乏具体鼓励创业的优惠政策，从而心灰意冷，情绪不满。

（4）新创企业的管理涉及多个政府部门，目前缺乏一个牵头的部门从中协调沟通，因而政府政策在实际执行过程中往往流于形式，大部分条款只停留在表面，可操作性不强，创业者实际得到的政府政策鼓励和优惠都非常有限。

9.4.3　研究开发转移

好的商机，特别是新产业的出现是研究开发成功转移的结果，只有把创新从实验室搬到生产线上，才能产生效益。在创新政策上，政府需要鼓励新技术从发源地向市场转移，实现商业化。针对无锡市在研究开发转移条件上的薄弱，政府政策还特别应该引导企业提高承受风险能力并加强政府对新技术转化的帮助。

在知识产权保护方面，一方面需要通过教育形成对知识产权的尊重，同时，在知识产权法律体系的建设和执法上需要进一步强化。

9.5 无锡市创业环境建设的发展动向

9.5.1 给予创业者良好的金融支持

没有足够资本的支持，再好的项目也只是空想，寸步难行。葛宝山和李虹霖（2006）从区域角度对地区创业环境的要素构成进行分析，并对我国主要地区进行了实证研究。验证得出金融支持是最为关键的，但这却是目前摆在无锡创业者面前的最大问题，想要创办新企业，自己的资金又不足；要采用贷款的渠道来筹措资金，一方面自己没有东西可以抵押来获得银行的贷款；另一方面银行担心贷出去的资金无法顺利收回，形成坏账，因而许多项目迟迟无法上马。可以通过以下措施给予创业者金融支持。

1）创新金融产品，改善金融服务

我国银行等金融机构可根据中小企业的特点和实际需求对金融产品进行创新。如开创小额抵押贷款、个私小型技改贷款、法人按揭贷款、贸易融资、存单质押贷款、商业承兑汇票保贴、商业承兑汇票保证等多种信贷业务，扩大中小企业贷款的选择方式，解决它们贷款难的实际问题。

2）拓宽创业者或中小型企业融资渠道

针对创业者和中小企业发展的实际情况，无锡市在拓宽中小企业融资渠道方面可采取或借鉴如下措施：大力吸收民间资本，建立区域性的民营中小银行和非银行的金融机构，使民间融资从地下转到地上，从而合法化；改造信用社为股份信用组织，完全由民间资本自由组成，政府要制定法律、法规，保护多种形式的金融组织，规范操作，使中小企业融资能够顺畅进行；建立技术创新基金，并通过贷款贴息、无偿资助、资本投入等方式来扶持科技型中小企业快速发展。

9.5.2 完善中小企业贷款的担保机制

（1）完善担保机构的市场定位。担保公司一般都喜欢将业务定位于大企业或公司的大额担保业务，这样风险小、成本低、利润高；还有一部分担保公司定位于为个人贷款，因为此类贷款稳定，风险分散，收益较高。因而恰恰忽略了中小企业这一市场，所以政府要指引担保公司的定位，更多地倾向于新创企业或中小公司。

（2）积极防范担保机构的风险厌恶。目前的担保机构基金来源较少，没有足够的基金供应，而且尚未形成较为完善的风险补偿机制，并且贷款倍数较高；政府对担保机构又缺乏统一有效的业务监管，因此防范风险的任务相当艰巨。所以应完善政府对担保机构的有效监管，尽可能地降低担保机构的风险。

（3）有效整合基金与银行运作方面存在的巨大分歧，促进担保基金业务的发展，稳定中小企业的资金来源。

（4）无锡市有关部门可尝试成立一些专门为中小企业担保的政策性公司，或给予中小企业担保公司一定补贴，以此来鼓励它们为中小企业担保的行为，同时出台更加具体的相关政策和法规来鼓励担保机构的发展。

9.5.3 完善政府对新建企业在项目上的支持

无锡市目前正处在高速发展的阶段，应该说对于新建企业是有许多的机会。政府应该多给这些企业一些信任，少一些担心，用项目来支撑这些企业的起步，这才是这些企业最期盼的，远比制定一些高高在上，也许很难落实的政策来得更实际，更实惠。

对以后的政府工作，提出如下一些意见：

（1）无锡市经贸委中小企业局应该将对新创企业的引导与管理作为一项重要的工作任务，加强对创业实践的调研力度，为政府出台相关政策提供数据支持；并且要协调政府各部门之间的联系，及时、快速做好对创业者的服务工作。

（2）无锡市政府应立足于本地区实际的创业活动情况，在国家已有的鼓励创业活动的政策基础上，出台切实可行、易于操作的相关政策，特别是创业者急需的金融支持、税收优惠、教育与培训。

（3）加大对政策执行的监督检查力度，确保政策的落实到位，对各地区和各部门的执行情况应建立常规的检查制度，同时注意收集创业者对政策的反馈意见，以便作为今后政策修改的重要参考。

本章小结

本章以无锡市为例，讨论了一个地区在人才引进时，需要在 GEM 九个方面进行哪些工作。无锡市是近年来创新型人才引进工作做得较突出的一个城市，其城市的整体创新发展亦得益于此。为此，从无锡市的创新创业环境建设中，可以总结归纳出一些值得其他地区和城市学习和借鉴的地方。

总体来说，金融支持、担保机制和具体的项目支持是无锡市进一步做好创新型人才引进工作的方向。

10 创新型人才成长规律的定量研究

10.1 合作网络特征分析——基于 CNKI 数据实证研究

国家自然科学基金有力地推动了我国自然科学基础研究的发展，在促进基础学科建设以及发现、培养优秀科技人才等方面取得了巨大成绩；科学基金有利于保持学科方向的前沿性和稳定性。随着科技发展的全球化，合作成为科学研究的主流方式，科研中的合作关系是提高成果产出能力的重要因素之一，发表论文是科学研究成果展示的重要途径，论文数量也是衡量产出的指标（刘则渊等，2005）。对大气科学类自然科学基金论文作者合作进行定量评价，有助于揭示该领域研究学者合作现状与发展趋势。

本书采用社会网络分析方法进行科研合作模式可视化分析，以发文信息中的作者合作关系为研究对象，建立作者合作网络，分析整个网络节点的连接结构及影响力，以直观地判别出该研究领域核心成员，并对其作用进行评价，给相关科技管理部门制定学科发展规划提供参考。

10.1.1 国内外研究现状

国内外学者都非常关注对不同学科的科研合作网络特征比较。通常的研究方法是以某期刊、某学科领域或者某数据库的文章作为研究对象，构建网络进行实证研究（欧阳霞，2006）。开创性成果首推 2001 年 Newman 在 *Physica Review E* 上发表的两篇文章，他对生物学、物理学以及计算机科学合作网展开研究，在网络静态属性统计及网络结构特征分析方面奠定了基础（Newman，2000, 2001a, 2001b）。此后陆续有学者对其他学科进行探索，如自然科学领域的神经科学、纳米科学、高能物理等（Braun and Kimball, 2001；Barabási et al., 2002；Schummer, 2004；Mele et al., 2006）；社会科学领域的经济学、图书馆学、管理学、旅游管理学（Hollis, 2001；Goyal and Lawande, 2006，Krichel and Bakkalbasi, 2006；Liu et al., 2005；Acedo et al., 2006；Racherla and Hu, 2010）等众多学科。

国内的科学家之间的合作模式是否与国际合作相似，或者是否表现出其特有的行为特征成为我国研究者们关心的问题。近两年国内的科研合作网络实证研究增幅明显，最早是物理学领域（刘杰和陆君安，2004），其他研究较为集中的是管理学（姜春林和丁堃，2004；张利华和自明，2010）和图书情报档案学（王福生和杨洪勇，2007）。以上研究通常采用的研究模式是选定某学科，选取一定时间范围内的有代表性的期刊作为样本，构建作者合作网络揭示相应学科网络的结构、特征和类型。不足是期刊的选择具有一定的主观性，由于样本量的限制，无法保证数据来源的全面性，只能部分程度上反映科学合作的特征。

综合以上研究可以看出，国内外实证研究多数是基于文献数据库构建作者合作网络进行统计的宏观分析，仅能宽泛指出某学科内部研究人员之间的合作总体情况，同时以往的研究中很少针对网络个体特征进行观察。概括起来，现有国内外学者对科研合作网的研究在科研合作网络全局静态属性统计、网络结构特征分析以及科研合作团队/社团演化的跟踪等方面取得了一定的成果。这些研究也为本书进一步研究科研合作网络打下了坚实的基础，这些研究分析了不同领域内作者的合作情况，基本上都是从中心度、集聚情况、最短路、小世界特性、无标度特性、学科演化等方面进行的，这些结论虽然具有理论意义，但是还很少涉及合作网络中作者的不同角色。

10.1.2 数据来源与处理过程

1. 数据集来源

国家自然科学基金立项情况根据国家自然科学基金委员会官方网站（http://www.nsfc.gov.cn）地球科学部（D）大气科学（D05）学科的立项项目统计得出。国家自然科学基金大气科学学科论文从 CNKI（中国期刊全文数据库）中检索，检索范围为“理工 A-气象学”（注：大气科学在过去的文献分类中被称为气象学），检索项为“基金”，检索词为“国家自然科学基金”，时间范围限定为 2000～2009 年，共得到 6626 篇论文作为基础数据（检索时间为 2010 年 11 月 6 日）。进一步运用文献计量学和社会网络分析法，对论文高产作者合作网络进行分析，探讨我国大气科学学者科研合作的主要特征。

资料收集的准确性是决定统计结果和分析结论的关键因素。本书数据源是中国期刊全文数据库，以科技论文为研究对象，不包括著作、新闻报道、工作信息、综述和科普文章等内容；对于翻译和编译的文章，也不纳入分析的范围；同时，为了保证其真实性和完整性，对某些细节问题，还查阅原刊进行审核和校对，保证了资料的准确性和权威性。

2. 数据处理

经文献计量分析，2000～2009 年自然科学基金大气科学学科论文数共计 6626 篇，论文中共有作者 23 703 人次，篇均作者数 3.58，去重后合计作者 8298 名。每个作者的平均文章数为 0.798，说明很多文章是由多个作者合作完成的。所有这些基本属性值表明，在大气科学领域，合作发表文章是一个普遍的现象。因此，该领域的数据适合用来进行科研合作网络方面的研究。

本研究使用文献计量软件 BibExcel 统计高产作者，构建合作网络矩阵；科研工作者因在科研工作中的合作而共同发表论文所形成的论文合作关系，在科研合作网络中，用节点表示科研工作者，节点之间的边表示论文合作关系。借助社会网络分析软件 UCINET 分析科研合作网络特征，该软件包有很强的矩阵分析功能，UCINET 6 还集成了 NetDraw，用于绘制社会网络图表。

本研究分别从整体网和个体网两个部分出发，对网络特征进行描述，研究目的在于发现大气科学领域存在哪些合作团队、整个科研合作网络的紧密性如何、有哪些在构建的网络中核心的研究人员以及哪些作者在网络构建过程中发挥重要作用等问题。通过分析科研合作网络的特点，了解大气科学领域科研活动的特点和规律。

10.1.3　基金立项与发表论文文献计量学统计

1. 基金立项与论文数量统计分析

国家自然科学基金立项状况现已成为一种体现学术生产能力，衡量各地区、各部门、各单位科研实力和水平的重要标志。2000～2009 年，国家自然科学基金大气科学学科共立项 1342 项（表 10-1），平均每年立项 134.2 项。如果把这十年分为两段，即 2000～2004 年和 2005～2009 年，则前五年平均每年立项 88.8 项，后五年平均每年立项 179.6 项，增幅达 102.25%，反映了国家对大气科学研究的重视，且支持力度不断加大。同样，学科的发展情况一定程度上也可以从每年的论文发表数量中体现出来。十年间论文总量为 6626 篇，呈逐年增长趋势，前五年平均每年发表论文 350.4 篇，到了 2005 年之后上涨幅度变大，后五年平均每年发文 974.8 篇，增幅为 178.2%。不过 2009 年的论文数量少于 2008 年，估计是由数据库收录的时滞性造成的。这种文献量的线性增长呈现出历年基金立项数量变化正相关的趋势。

表 10-1　2000～2009 年大气科学国家自然科学基金立项与发表论文数量统计

年份	立项数量（个）/论文数量（篇）	年份	立项数量（个）/论文数量（篇）
2000	43/274	2005	150/680
2001	56/300	2006	165/847
2002	100/293	2007	177/1086
2003	101/368	2008	202/1155
2004	144/517	2009	204/1106

2. 高产作者发文情况统计分析

自然科学基金论文的数量可以从一个侧面反映项目的科研产出效率，同时发表论文的数量是考量科研人员贡献度的一个十分重要的指标。基于此理念，本书以 CNKI 为数据源对其收录的国家自然科学基金资助大气科学领域论文的作者情况进行探讨，以定量手段揭示科研人员的影响程度与学术水平。借助 BibExcel 软件，首先对第一作者发表论文数量加以分析。根据普赖斯定律提出的计算公式 $M = 0.749\sqrt{N_{\max}}$，M 为核心作者的论文篇数，$N_{\max}$ 为统计样本中最高产作者的发表论文数，定义发文 M 篇以上的作者为核心作者（欧阳霞，2006）。经计算得出，发文量 4 篇及以上的为核心作者（表 10-2 列出了发文 12 篇以上的主要核心作者）。我国大气科学研究队伍主要集中在中国科学院、相关高等院校、中国气象局等相关科研单位（Newman，2000）。从表 10-2 来看，核心作者的工作单位也集中于这些机构类型。核心作者构成了大气科学领域年富力强的骨干研究力量，其中张强、严华生、杜军、岳彩军和陈忠明发表论文数量排在前五位。张强在中国气象局兰州干旱气象研究所工作，他在大气边界层、大气湍流、干旱区气候和绿洲小气候、干旱区陆面过程等研究领域取得了许多研究成果。杜军在西藏自治区气候中心工作，主要从事农业气象与农业遥感研究。陈忠明主要从事中尺度天气动力学与灾害性天气预报研究，同时开展气候与生态环境变化方面的分析工作。核心作者所属单位一定程度上也可反映出近年来自然科学基金对我国西部地区资助力度加大，并取得了丰硕的科研成果。

表 10-2 核心第一作者发表论文数量列表

作者	发文数	单位	作者	发文数	单位
张强	30	中国气象局	郑彬	13	中国气象局
严华生	19	云南大学	卢爱刚	13	北京师范大学
杜军	19	西藏自治区气候中心	曹杰	13	云南大学
岳彩军	19	中国气象局	吴兑	12	中国气象局
陈忠明	18	贵州省气象局	龚道溢	12	北京师范大学
刘树华	17	北京大学	罗哲贤	12	南京信息工程大学
郑永光	15	国家气象中心	施能	12	南京信息工程大学
郄秀书	14	中科院大气物理研究所	张韧	12	解放军理工大学
任宏利	13	国家气候中心	江志红	12	南京信息工程大学

注：本书统计忽略了可能存在的作者重名现象，作者单位以最近发表论文标注为准，表中为作者所属一级单位。

论文的合作关系是指多个作者共同撰写一篇文章，他们都对文献中的内容具有某种程度的贡献力。因此对于合作论文的度量是表现作者在与其他学者交流的过程中科研的产出情况。考虑到鼓励团队合作进行科学研究，本书对大气科学自然科学基金论文的全部作者（不区分第一作者与合作者）进行了统计，限于篇幅，表 10-3 仅列出前 16 名高产作者。对比第一作者论文数可以看出，多数高产作者也是大气科学研究的核心作者。其中何金海、寿绍文、孙照渤参与合作发表的自然科学基金论文数量位居前列，三人均在南京信息工程大学工作多年，在各自学科研究领域是具有一定声望的学术带头人，长期以来形成了稳定的科研合作团队，培养了众多中青年气象学者。需要指出的是，从学科发展来看，论文数量产出并不能充分反映学科质量与科研效率，应该更注重科研论文质量与数量之间的平衡。加之本书中核心作者及高产作者的分析仅限于 CNKI 的样本数据，无法代表学科最高质量与最有影响的成果。

表 10-3　高产作者发表论文数量列表

排序	作者	论文总数	第一作者论文数	排序	作者	论文总数	第一作者论文数
1	何金海	106	6	9	牛生杰	68	6
2	寿绍文	93	2	10	沈桐立	67	2
3	孙照渤	76	1	11	张强	65	30
4	钱永甫	74	7	12	胡非	63	4
5	吕世华	72	4	13	王盘兴	56	5
6	吕达仁	72	4	14	张义军	56	9
7	吴国雄	72	10	15	罗哲贤	52	12
8	郯秀书	68	14	16	张铭	50	10

10.1.4　大气科学领域国家自然科学基金论文作者合作状况分析

本书采用了社会网络分析法对作者合著情况进行了定量分析。研究合著现象，其本质就是研究作者之间的关系，而社会网络分析方法正是以研究关系见长的一种方法。社会网络指的是社会行为者及其相互关系之间的集合。一个社会网络是由多个点（社会行为者）和各点之间的连线（行为者之间的关系）组成的集合。用点和线来表达网络，是社会网络的可视化界定，关系明确，比较直观。

1. 科研合作矩阵的构建

本书研究的社会行为者是大气科学自然科学基金论文作者，进行科研合作网络分析的主要目的是采用 NetDraw 绘制这些学者之间的合作网络图谱，进而可视化地描述出其合作状况（尹丽春等，2006）。要进行科研合作网络分析，首先需要将作者共现矩阵导入 NetDraw，绘制知识图谱（图 10-1）。可以直观地了解作者的合作情况，并且通过每个作者的连线数量，可以分析推测出论文作者的影响力与研究活力。

本书选取发表论文 10 篇以上的高产作者 417 人，采用 BibExcel 构建合作矩阵，在 UCINET 中进行分析。

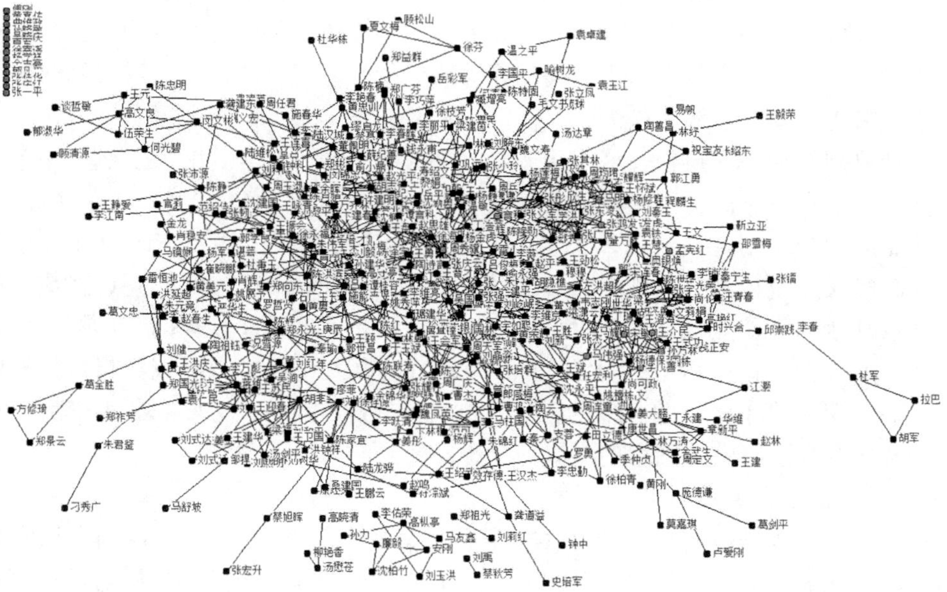

图 10-1 作者合作网络图

2. 科研合作网络考察指标

社会网络分析关注的是社会行动者及其之间关系的集合，主要回答与社会互动有关的问题。根据分析的出发点不同，社会网络分析可分为两种：个体中心网络（ego-centric network）和整体网（socio-centric network）。个体网是由一个个体和与之有关的多个个体组成的网络。个体网关注的是“自我”，需要研究的量化指标有：规模（size）、密度（density）、相似性（similarity）、异质性（heterogeneity）、同质性（homogeneity）等。整体网，是指一个群体内部所有成员之间的关系构成的网络。与个体网不同，整体网关注的是整体网络的结构特性。对整体网需要研究的量化指标有：密度（density）、子图（sub-group）、位置（position）等。

3. 科研合作整体网特征分析

1）科研合作网络基本属性分析

整个网络由 417 个节点，2074 条边组成，经 UCINET 对网络成分进行分析，发现该网络是一个非连通图，存在一个个相互独立的合作团体。整个共有 20 个成分，其中 13 个独立节点与网络中其他成员没有合作关系；最大规模成分由 387 人组成，占全部节点总数的 92.8%。另外有 5 个成分节点数量分别为 5、3、3、2、2。经密度计算后整个网络密度为 0.012，最大规模成分的网络密度为 0.0137，密度描述的是网络图中各个节点之间相互关联的紧密程度，总体上来看，网络密度较小，节点之间联系较为松散。

计算网络的平均路径长度得到 4.413，说明任意两个节点之间要经过 4.4 个人才能完成信息交流，美国密歇根大学的 Newman 对美国 MEDLINE，Los Alamos e-Print Archive、SPIRES 和 NCSTRL 等大型文献数据库在 1995～1999 年数据的平均路径长度统计结果分别为 4.6、5.9、4、9.7（Newman，2004）。这些数据集的节点都达到了 5 万以上，相对来说，本研究中构建的是小规模的合作网，平均路径长度较大。建立在距离基础之上的凝聚力指数为 0.222。该凝聚力指数与整体网络的凝聚力成正比，并且值的大小范围为[0，1]。因此，可以判断大气科学领域的合作社会网络整体网络的凝聚力较小。

2）网络聚集系数分析

大气科学领域科研合作网络存在明显的聚集性，聚集系数为 0.404，这意味着有 40.4%的可能连接是实际存在的。这个结果与其他社会网络分析的结果比较接近，例如 Newman 计算了 Los Alamos e-Print Archive、SPIRES、NCSTRL 论文合作网络的聚集系数分别为 0.43、0.726、0.496。通过观察网络结构发现，产生这种现象主要在于大气领域的合作网络中有很多小规模的科研团队，这些团队研究方向稳定，成员之间彼此熟识，很容易形成合作关系。Newman 曾得出结论：如果两个科学家都与第三个科学家合作，那么他们之间产生合作关系的概率至少为 30%。本书所得到的合作概率在 40%以上，说明我国大气科学领域科研合作的主要形式为科研团队方式。

3）子图（sub-group）特征分析

根据小团体的结构特征，本书运用 *k*-core 方法将小团体分为 4 类：零核心团体网络、单核心团体网络、双核心团体网络和多核心团体网络。第一类团体只由一个人组成，也就是在整体网络中只存在一个孤立的点，与其他节点间没有任何合作关系的产生；第二类团体网络核心成员只有一个，呈现星状拓扑结构，网络比较紧凑，是一种连通网络，如图 10-2（a）所示；第三类团体网络核心成员的度数都大于 2，这类网络的主要特征就是合作比较紧密，核心成员之间是连通的，如图 10-2（b）所示；第四类团体网络核心成员的度数大于 3，其特征是核心成员之间都相互合作过，如图 10-2（c）所示。

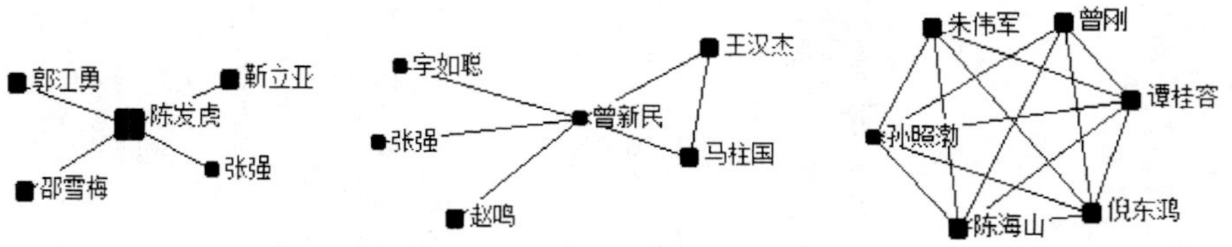

(a) 单核心网络　(b) 双核心网络　(c) 多核心网络

图 10-2　小团体分类

4）网络中心性分析

在合作网络中，基于合作关系对专家学者进行评价，也就是要分析作者在合作网络中处于什么地位，即分析作者在合作网络中的中心度（重要度）。因为一位作者的点度中心度性能够反映他在合作网络中的核心性及中心地位，度数越高的作者与其他人的合作越多，思想交流和传播知识的范围自然就广，这样的人一般是在某学术领域具有较高学术地位和较大影响力的人。本书利用 UCINET 软件统计了作者合作网络的点度中心度，见图 10-3（a），网络中节点的最大度数为 25，平均度值为 4.974，表明平均每位作者有接近 5 个合作者。

作者的中介中心度大小反映了作者在合作网络的搭建中所起到的作用，中介性越大其在网络中的作用就越大，缺少他会导致合作网络连接中断。作者合作网络的节点中介中心度如图 10-3（b）所示，中介性最大的作者为何金海教授，其值为 9830.373，这与他的学术地位和学术活跃程度有关，其对于网络中的其他成员来说，具有最强的媒介作用。经比较可以看出，具有较高中心性的学者同时也具有较高的中介性，点度中心度与中介中心度前 12 名中有 9 名重复。

	1 Degree	2 NrmDegree	3 Share
何金海	25.000	6.010	0.012
吕世华	22.000	5.288	0.011
郄秀书	20.000	4.808	0.010
吴国雄	19.000	4.567	0.009
张义军	19.000	4.567	0.009
李栋梁	18.000	4.327	0.009
胡非	17.000	4.087	0.008
吕达仁	17.000	4.087	0.008
陶诗言	16.000	3.846	0.008
张强	16.000	3.846	0.008
李建平	15.000	3.606	0.007
黄荣辉	14.000	3.365	0.007

(a) 作者点度中心度分布列表

	1 Betweenness	2 nBetweenness
何金海	9830.373	11.388
黄荣辉	5290.121	6.128
吕世华	5231.638	6.061
张强	5056.630	5.858
李栋梁	4997.504	5.790
吴国雄	4823.167	5.588
胡非	4653.138	5.391
牛生杰	4643.723	5.380
丁一汇	4522.954	5.240
江志红	4303.904	4.986
李建平	4243.478	4.916
吕达仁	4180.751	4.843

(b) 作者中介中心度分布列表

	1 Farness	2 nCloseness
何金海	1153.000	33.478
吴国雄	1209.000	31.927
李建平	1233.000	31.306
黄荣辉	1276.000	30.251
江志红	1280.000	30.156
陶诗言	1283.000	30.086
丁一汇	1286.000	30.016
徐海明	1294.000	29.830
周天军	1303.000	29.624
张强	1307.000	29.533
吕达仁	1314.000	29.376
李崇银	1315.000	29.354

(c) 作者接近中心度分布列表

图 10-3　作者网络中心性分析

可以看出，前 12 名中心度最高的作者列表中，有不少作者都同时出现，虽然他们出现的顺序不尽相同。他们多为国内大气科学领域的知名专家学者，这说明，中心度确实可以用来评价专家学者的重要程度。

对高产作者的中心度指标进一步作相关性分析，应用的是比较常用的 Spearman 相关系数。Spearman 相关系数通过计算不同指标下分值序列的相关性，来分析两个指标的相关性（表 10-4）。其中，**表示显著性在 0.01 的水平上，*表示显著性在 0.05 的水平上。C_d、C_c、C_b 分别表示作者的点度中心度、接近中心度以及中介中心度三个不同的中心度指标。

表 10-4　中心度指标相关分析

	C_d	C_c	C_b
C_d		-0.455^{**}	0.613^{**}
C_c			-0.349^{*}
C_b			

** $p<0.01$；*$p<0.05$。

从表 10-4 中可以看出，三个中心度分值序列相互之间的相关性都是显著的。而且，一个明显的特点是，C_c 和 C_d 以及 C_b 之间的相关系数都是负值。这是因为，接近性中心度的分值越小则中心度越高，分值越大则中心度越低。而点度中心度和中介中心度都是分值越大中心度越高，分值越小中心度越低。如果用倒数来表示接近中心度，那么接近性的分值越大中心度越高，分值越小中心度越低，表中的那些负值都会相应地变成其相反数，即正值。不少作者在三个中心度分值序列中出现的先后顺序是不一样的。比如江志红点度中心度的分值排在第 18 位，接近中心度和中介中心度的分值则分别排在了第 5 位和第 10 位。

点度中心度越高显示其合作者越多，可以说明一个作者越活跃，在网络中处于一个重要的地位。然而度仅仅是从作者自身来进行的分析。下文中将进一步分析反映合作关系强度的作者特征向量中心度，不仅考虑了合作关系的强度，还把相邻作者的重要度也考虑进来。用不同的中心度来评价专家学者，就可以从多个角度来反映一个作者的合作模式，更客观地进行评价。

4. 科研合作个体网络分析

1）基本指标分析

个体网络结构分析部分主要从个体网络的联结强度、网络密度和规模以及中心性这几个方面入手。对于分别收集的中心度最高的前 10 位学者的数据，使用 UCINET 工具，可以计算的个体网络指标包括个体网的规模（Size）、关系总数（Ties）、最大可能的点对数（Pairs）、密度（Densit）、平均距离（AvgDis）、直径（Diamet）、弱成分的数量（nWeakC）、在 2 步内可达的点数与个体网规模之比（2StepR）、可达的效率（ReachE），中间人（Broker）。

对于 10 名高产作者个体合作网络的网络结构分析，如图 10-4 所示。首先，网络规模对比中，何金海的规模最大，为 25，即与 25 名研究者有合作关系；其次，密度最大的为张义军（34.5），说明他与所在个体网络中的其他合作者们合作得较多，互动较为频繁。另外，何金海的标准化的中介（nEgoBe）数值为 91，相对来说最大，可以说其个体网络内部知识交流顺畅，知识的集中能力和控制能力方面较为突出。最后，由于关系总数（Ties）指的是“个体网络成员之间的关系总数，不包括各个成员与‘自我’之间的关系”，本研究中 Ties 值最高的为郄秀书（124），表明其 20 个成员之间存在着 124 次合作关系。

Density Measures

		1 Size	2 Ties	3 Pairs	4 Densit	5 AvgDis	6 Diamet	7 nWeakC	8 pWeakC	9 2StepR	10 ReachE	11 Broker	12 nBroke	13 EgoBet	14 nEgoBe
89	何金海	25.00	38.00	600.00	6.33			10.00	40.00	27.88	64.80	281.00	0.47	273.00	91.00
190	吕世华	22.00	100.00	462.00	21.65			4.00	18.18	19.23	38.83	181.00	0.39	141.13	61.10
214	郄秀书	20.00	124.00	380.00	32.63			2.00	10.00	14.18	29.95	128.00	0.34	74.33	39.12
305	吴国雄	19.00	52.00	342.00	15.20			3.00	15.79	25.24	57.07	145.00	0.42	121.00	70.76
381	张义军	19.00	118.00	342.00	34.50			2.00	10.53	10.58	25.73	112.00	0.33	62.78	36.71
131	李栋梁	18.00	30.00	306.00	9.80			8.00	44.44	16.35	56.20	138.00	0.45	133.17	87.04
94	胡非	17.00	34.00	272.00	12.50			6.00	35.29	13.70	53.77	119.00	0.44	109.83	80.76
188	吕达仁	17.00	34.00	272.00	12.50			5.00	29.41	18.99	62.20	119.00	0.44	106.00	77.94
256	陶诗言	16.00	36.00	240.00	15.00			4.00	25.00	20.19	60.87	102.00	0.43	94.92	79.10
369	张强	16.00	18.00	240.00	7.50			9.00	56.25	16.59	72.63	111.00	0.46	109.00	90.83

图 10-4　个体网基本指标列表

2）网络位置分析

以往的研究显示，占据中心位置的研究人员，通常也具有高中介中心度，倾向于作为其合作者向外连接的中介。这里我们使用诚实中间人指数（honest broker indices）进行判别，从图 10-5 中可以看出，何金海作为中介的次数是 25 次，共联络了 300 对关系，其中 281 对属于纯中介类（HBI0）关系，即在中间人所联络的任何两个人之间不存在关系，HBI1 代表弱中介，即在中间人所联络的任何两个人之间允许存在一条有向关系。HBI2 代表非中介（non-brokerage），即在中间人所联络的任何两个人之间存在双向关系。在此基础上，可以推论出作为中间人，专家在其各自的个体网中所发挥作用的重要程度。纯中介比重越大，说明节点所起到的中间人作用越大，因为如果失去这个节点，他所联系的人之间的关系均不复存在。

Honest Broker Indices

	Size	Pairs	HBI0	HBI1	HBI2	nHBI0	nHBI1	nHBI2
何金海	25.000	300.000	281.000	0.000	19.000	0.937	0.000	0.063
吕世华	22.000	231.000	181.000	0.000	50.000	0.784	0.000	0.216
郄秀书	20.000	190.000	128.000	0.000	62.000	0.674	0.000	0.326
吴国雄	19.000	171.000	145.000	0.000	26.000	0.848	0.000	0.152
张义军	19.000	171.000	112.000	0.000	59.000	0.655	0.000	0.345
李栋梁	18.000	153.000	138.000	0.000	15.000	0.902	0.000	0.098
胡非	17.000	136.000	119.000	0.000	17.000	0.875	0.000	0.125
吕达仁	17.000	136.000	119.000	0.000	17.000	0.875	0.000	0.125
陶诗言	16.000	120.000	102.000	0.000	18.000	0.850	0.000	0.150
张强	16.000	120.000	111.000	0.000	9.000	0.925	0.000	0.075

图 10-5　诚实中间人指标列表

3）关系强弱分析

在度量合作网络中合作关系强度主要用到的指标是特征向量中心度，特征向量中心度不但考虑了某个节点自身，还考虑了相邻节点的中心度，认为它们之间可以相互促进、相互增强，这弥补了点度中心度的不足。如果一个节点和一个中心度比较高的节点相连接，那么这个节点的中心度也会因此而得到提高。也就是说，和权威人士有关联的人，通常也会比较权威。反之，一个作者和很多个合作者有过合作，也就是点度中心度比较高，但是如果这些合作者都不是权威学者，该作者的特征向量中心度也不一定会比较高。

将前 10 位高产作者特征向量和点度中心度进行比较，可以看出特征向量值最高的为郄秀书（0.355），其次为张义军（0.33），胡非（0.004）最低（图 10-6）。结合数值分析和网络位置分析，图 10-7 展现出 5 个点度中心度最高的专家个体网络结构图，可以直观地看出，特征向量中心度较高的专家个体网成员之间联系更为紧密。专家之间或者存在直接的合作关系，或者经由一名中间人构建了合作联系。

另一值得注意的现象是，高发文量同时也使高合作数量的研究者之间有密切的联系。经观察可以看出，如果一个作者和某知名学者有过合作，那么通常这个作者也会比较知名。如图 10-7 所示，特征向量值最高的郄秀书和张义军构成了较为紧密的合作网络。

Bonacich Eigenvector Centralities

		1 Eigenvec	2 nEigenvec
89	何金海	0.027	3.875
190	吕世华	0.182	25.717
214	郄秀书	0.355	50.254
305	吴国雄	0.025	3.482
381	张义军	0.330	46.609
131	李栋梁	0.058	8.144
94	胡非	0.004	0.626
188	吕达仁	0.054	7.668
256	陶诗言	0.018	2.615
369	张强	0.019	2.748

图 10-6　特征向量中心度指标表

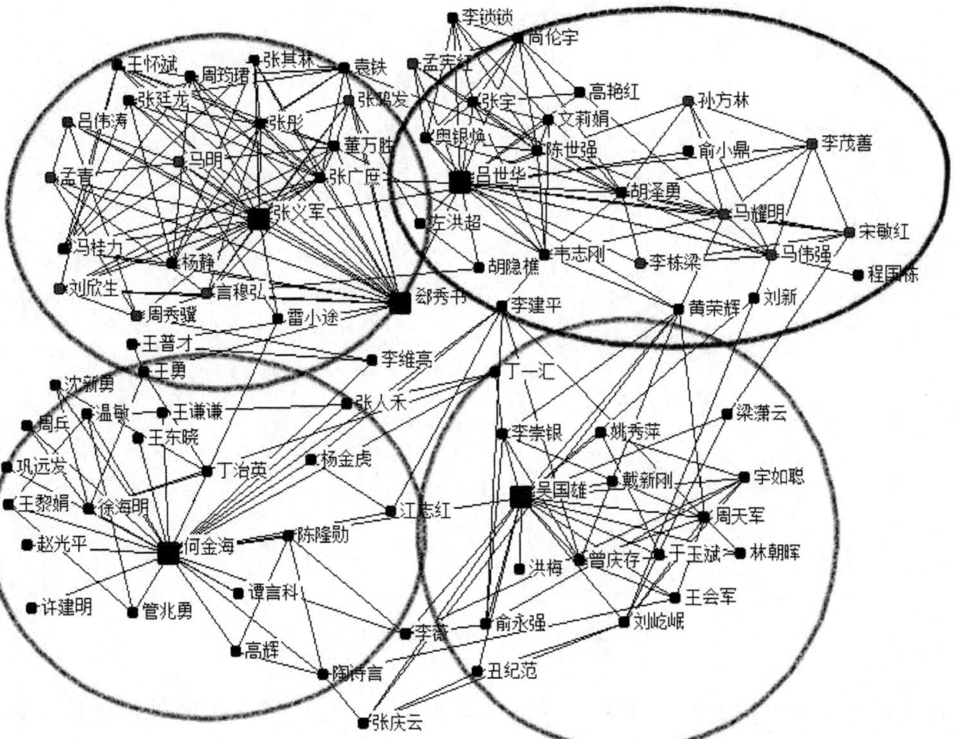

图 10-7　高产作者科研合作网络图

4）个体合作网定性分析

下面是对部分作者合著情况的分析，图 10-8 是以何金海为中心的合作网络图，图 10-9 是以吴国雄为中心的合作网络图。

何金海是南京信息工程大学教授，博士生导师，从事大气低频振荡和季风研究。从图 10-8 中看出，与其有着合作关系的学者有来自同机构的管兆勇、江志红，

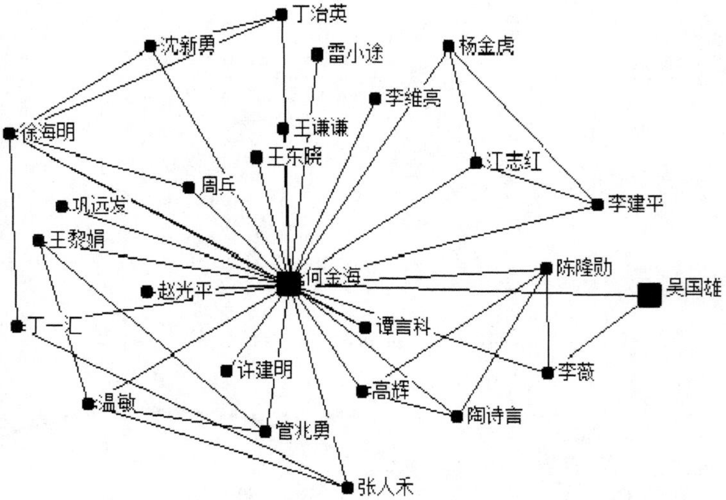

图 10-8　何金海合作网络图

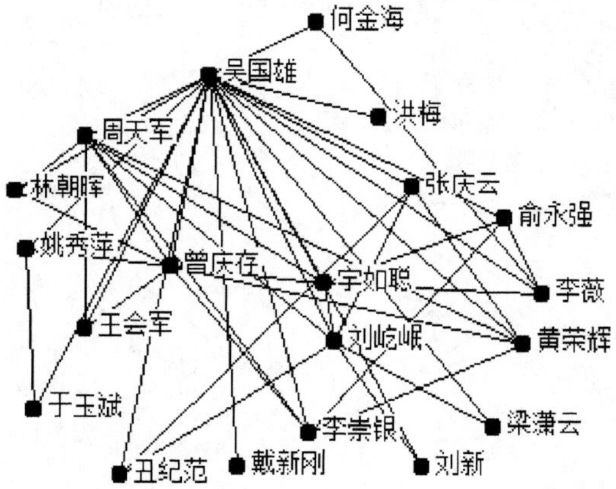

图 10-9　吴国雄合作网络图

也有来自其他机构的核心作者吴国雄、李建平、丁一汇等。主要的合著论文著作有：《亚洲季风研究的新进展》《南海夏季风建立日期的确定与季风指数》《太平洋地区多时间尺度海气相互作用和 ENSO 形成关系研究》《夏季热带东风急流的结构、变化及其与亚非季风降水的关系》等。

吴国雄在天气和气候领域的研究中取得了系统性、创造性的成果。与其有合作关系的学者有 *k*-core 较高的李崇银、丁一汇、何金海、张庆云、王会军、周天军等核心节点作者。主要的合著论文著作有：《副热带高压研究进展及展望》《水平涡度与夏季风环流变化》《长江流域水分收支以及再分析资料可用性分析》《基于 LASG/IAP 大气环流谱模式的气候系统模式》等。

5. 大气科学领域自然科学基金论文科研合作的特征

1）知名专家学者的中心效应

权威学者的一个重要特点就是他们的合作行为比较活跃。通过点度中心度方法计算出合作网络中作者的合作者的数量，可以用来度量学者合作行为的活跃程度。点度中心度排名前十的专家群成为整个网络的中心节点，它们在大气科学科研合作网络中发挥着重要作用。大气科学的学科范围都比较小，专业性质很强，国内从事大气科学研究的科研机构不多，也正是由于这个原因，由来自国家气象局、中国气象研究院、中科院大气物理研究所、南京信息工程大学的知名专家构成了网络中的核心节点。可以推断出大气科学领域研究学者之间，特别是高产作者之间合作较为广泛，这与国家自然科学基金资助鼓励合作创新有直接联系。

高度值的核心节点在网络中发挥着集聚中心的作用，随着时间的推移，一部分高产作者其核心网络节点的地位在不断巩固，就是通常所说的“富者更富”的现象；随着核心节点的度的增大，其邻接域内的节点合作的概率也随之增加；另外由于信息技术的发展，跨区域交流与合作变得更加方便，全国乃至全球范围内作者的合作增加，相对来说，知名专家学者开展大范围科研合作的概率更高。同样可以看出，和知名学者有过合作的作者一般也会比较知名。

2）合作模式相对较为单一

科研合作的形式有很多，科学家之间合作交流的方式也有一定的差异。用参与合作主体形式来划分合作的类型，其主要方式有下述 6 种。

（1）师生合作。这是最早的科研合作之一，且延续至今。一般是大学的指导教师制定研究方案并指导学生协助研究，研究成果和发表论文由师生共同署名。

（2）同行合作。这种合作基于同一学科或同一研究方向，对同一类专题项目进行共同研究，并共同发表论文。

（3）交叉学科合作。一般是为了完成交叉学科的研究项目，各个不同专业的科学家联合作战，协作研究。

（4）专家和辅助人员合作。这种合作方式最常见的是实验室，在项目中有的需要实验、辅助计算以及使用高精尖仪器，此时，研究者往往需要与实验辅助人员的积极合作。

（5）机构间的合作。如研究所与企业间的研究合作。

（6）国际合作。由本研究分析可看出，大气科学领域自然科学基金论文合作中师生合作和同行合作模式成为主体，跨学科跨机构以及国际合作较少。

3）合作效益最大化特征

论文合作的动机是基于获得合作利益的目的。Donald D. Beaver 曾经总结了产生论文合作的 18 种动机，其中大多与学术水平的提升、资源的获取、论文的发表有直接或间接关系。但是论文合作也需要花费合作成本。将论文合作成本与论文合作效益综合来考虑，任何一个作者都希望以最小的合作成本获得最高的合作效益；或者论文合作产生的效益必须达到期望值，才会有产生合作的可能。

由于本书只研究学者之间合作，因此从本书的研究结果来看，同机构内部的师生间合作是最主要的合作模式，跨机构跨学科合作的现象并不显著。对于这种现象的产生原因，从合作动机来看有如下几种可能：

（1）大部分论文发表不需要跨机构跨学科合作就可以完成；

（2）跨机构跨学科合作的成本太大，而合作效益达不到期望值，从而无法产生合作动机；

（3）与其他地区学术同行和非同行之间的交流不够，没有产生合作动机的可能性。

4）合作对象选择的倾向性特点

（1）倾向于同类作者的合作形式。在社会网络的关系背后，存在着一种普遍的特殊规律，这种特殊规律认为：如果两个人之间存在着非偶然的交互、联系，那么他们就具有比较类似的特性；这种特性有边缘效果；这两个人之间的相似性随着他们之间的距离的增加而减少。所谓边缘效果，就是当这个特性处于极端值的情况下，人们之间更容易发生交互、联系。Kretschmer（2004）将作者发表文章的数量（产量）视为这种特性，对物理学科的合作网络进行了研究。认为物理领域的合作网络具有上述的特殊结构，即发表文章数量相同或差不多的时候，这两个作者更倾向于合作发表文章（合作的相对频率较高），同样高产作者或低产作者之间的这种倾向性比中等产量作者之间的这种倾向性更强。

（2）倾向于组织机构内部的合作形式。Rodriguez 和 Pepe（2008）分析了合作网络中的子群体结构和作者自身的组织信息之间的相关性。这些信息包括作者所在的组织机构或院系部门学院。结果表明，子群体中的作者基本都属于一个系或学院。将这种结果推广以后可以得到这样的结论，即作者之间的合作主要是因为他们隶属于同一个系或学院。

10.1.5　大气科学领域科研合作团队成员特征分析

科研合作有利于信息的传播以及智力、能力和资源的共享与利用。把握科研合作网络的网络结构特点及成长过程，可以及时地掌握科研组织中科研人员的科研方向与发展趋势、促进科研人员之间科研信息的沟通、加强科研人员之间的交流与合作，从而促进科研团队的形成与发展，最终达到对科研组织进行更加合理有效的管理，提高科研团队科研创新能力的目的。

科研团队一般以承担国家重大的基础或应用基础研究项目为目的，具有标志性的、稳定的研究方向，有明确的目标，已形成稳定的学术带头人和队伍，并已取得标志性成果，即科研合作团队具有稳定的学术带头人以及稳定的组织结构是其显著的特征。然而科研团队的形成是在科研合作过程中随着科研合作的深入与科研目标的明确逐步形成的，即科研团队是科研合作网络中的特殊结构。

结合对网络中作者的背景信息进行定性分析，可以将网络成员分为四种类型，即“专长型”专家、“综合型”专家、“桥梁型”专家以及“介绍型”专家。

1）“专长型”专家

“专长型”专家一般在某一两个研究方向上深入，多数处于学术积累阶段，他们合作范围较窄，从网络节点位置来看，一般处于外围，学术影响力有待进一步提升。此外可以发现，在实际网络当中具备“专长型”特点的专家较多。

2）“综合型”专家

“综合型”专家多数为知名学者，研究方向很多，科研产出较高，并和很多个合作者进行过合作，合作对象也多数为知名学者，有着很大的学术影响力。在实际网络当中具备“综合型”特点的专家数量有限。

3）“桥梁型”专家

“桥梁型”专家的作者合作广度较大，表现为和多个子群体内的作者，或者与自己所处子群体内外部的作者都有过合作。这样的作者处于多个子群体之间“桥梁”的位置，或者处于自己所属子群体的“对外交流接口”位置上，他们可以促进不同子群体之间的信息、知识、思维模式、方法论等丰富资源的交流。这类作者可以称作“桥梁型”专家。以往的文献中将“桥”分为协调者、中介者、守门人、发言人、联络官、齐美尔连带等不同类型。

4）“介绍型”专家

“介绍型”专家一般研究方向比较少，论文产出也不高，但是他们拥有较高的合作广度，可以充当不同子群体之间的介绍人，当两个子群体之间有共同的研究方向，但是却没有在这些共同的研究方向上有过科研合作的时候，“介绍型”专家介绍不同的子群体中的作者在这些方向上进行合作研究。

10.1.6 结论与讨论

1. 科研合作网络存在的问题

总结上述分析结果，我们能够发现作者的合作网络存在一定的问题，具体如下：

1）研究机构内部合作紧密，机构与机构之间合作较少

通过对构建的合作网络进行 k-丛分析时，发现基本没有跨学科或者跨单位的合作，大多数都是研究机构内部成员之间互相合作。从便捷性上说，研究机构内部成员之间这种近距离的直接合作是很方便的。他们之间了解彼此的研究方向以

及写作习惯等，不需要太多的合作成本。但是这样的研究方式，在一定程度上限制了合作者的研究视野，不利于科研绩效的提高。另外，研究结果还表明，合作关系较为密切的科研团队主要分布在高校和一些科研机构，这从另一个侧面也反映了高校和科研机构的研究力量相对较强。

2）作者合作过程中存在“小团体”问题

对合作网络进行派系分析时，发现有些作者尽管与很多人多次发生了合作关系，但是他们的合作对象却局限于同一群人，比如有的学者仅与指导的博士生合写过很多文章。这种深度合作的结果就是，在合作过程中形成了“小团体”，合作网络在一定程度上就体现出了局部“紧密合作”的特点。网络中的“小团体”之间通过良性的竞争，有助于提高他们的整体水平、促进组织科研水平趋于多样化。但是，小团队中的成员很容易将自己局限在这个小团队当中，不与团队之外的其他人发生合作关系。这容易导致他们的合作对象单一，研究视野和研究思路不开阔。

2. 对策建议

1）推进科研合作，加快研究人员成长

科研合作机制的建立，有助于研究人员加强学术交流与合作，从而提高科学论文质量、增加论文数量；它能够促进科研人才的成长和研究人员创新能力的提高；对研究人员而言，科研合作能够加强学术交流，帮助他们开阔学术视野；在合作过程中形成的团队，更容易得到国家或者地区在物质上的支持等。总之，科研合作对研究者、科研机构、地区和国家都十分有利。在科研管理的过程中，应该发挥好科研合作的作用，从而创造更多的知识财富。需要建立合理的科研合作机制来推动科研人员之间跨单位、跨地区甚至跨国家进行合作与交流。

作者之间进行学术合作与交流，对社会而言，能够增加知识贡献和物质财富；对作者自身而言，有助于其增长知识、积累经验，也能够帮助作者有效地利用别人的经验教训，利于其在研究的过程中少走弯路。另外，建立科研合作机制，也能够避免资源的孤立，想要顺利地完成交叉学科的科研项目，就必须依靠不同学科领域人员的共同合作。

2）鼓励核心节点及核心网络的发展

网络中的核心节点和核心子网络，最能够代表该网络的主流走向及主要特点，要能够充分发挥核心节点的作用，努力完善核心网络，整个领域的学术研究也就可以顺利地进行。巩固核心节点的地位，并在此基础上扩大其所在科研团队的规模，将有助于网络的发展和该学科领域的完善。一方面，应该鼓励专家学者多进行科研合作，和不同的合作者进行合作，也就是要提高度中心度。和多个合作者进行合作，除了可以合理分工、提高效率外，还有利于广泛地接受各种信息、知识、资源，促进自身科研水平的不断提高；另一方面，仅仅多和不同的作者进行合作还不够，还应该努力提高专家学者的考虑合作关系强度的作者特征向量中心度。要做到这一点，可以主要从两个方面来激励专家学者。一是要鼓励专家学者尽量多和权威的学者合作，以提高自身的权威性；二是应该注重提高和别的合作者的合作关系强度，也就是合作的亲密程度。

3）积极构建高效的科研团队

为了提高科研工作的规模和水平，实现科技创新可持续地发展，很多科研院所都拥有一定数量的科研团队。科研团队指的是，不同学科或者不同研究方向的科学家为了一个共同的目标，自发或者有组织性地结合在一起进行学术研究的科研组织机构。为了改善合作团队内部成员之间联系不紧密的状况，应该采取措施引导成员们努力朝着科研团队的方向发展。

4）关注网络规模的变化，适当地增加网络节点

随着时间的推移和期刊数量的变化，合作网络的组成和规模也在不断发生变化。除了加强网络中节点与节点间的合作交流外，还应根据学科实际发展的需要从现有网络的外部吸纳有利于团队发展的新的成员，使得网络规模变大，及时发现网络的薄弱领域和急缺人才，吸纳相应的人员来填补结构空洞，使网络更加完善。

5）引导跨学科、跨地区和跨国合作，为科研合作提供智力支持

学术的合作与交流，不应局限于科研团队内部以及学术带头人之间，更应该促进不同学科之间的科研合作。随着时代的发展和进步，传统意义上的研究人员的个人努力已经不能满足如今科研活动的需要，科学发展需要不同学科之间的研究人员共同合作与相互沟通。

不同的学科中拥有不同的信息、知识、思维模式以及硬件资源，即使是对于同一个研究领域，也会有不同的方法论或者研究思路。因此，如果一个作者和多个领域中的作者或者自己所处领域内外部的作者都有过合作，那么，在合作研究的过程中，就可以共享这些不同的信息、知识、思维模式、方法论等丰富的资源。而对于整个合作网络来说，这种广泛的合作关系，还可以促进整个网络中不同群体间的信息、知识的交流，从而起到活跃整个网络、促进该领域发展的重要作用。

3. 研究不足

本书应用社会网络分析方法对作者合作网络从整体网和个体网两个方面进行分析，并据此分析科研合作模式和机制，但本书研究中仍然存在着不足和遗憾。

首先，本书研究对象不够全面，仅搜集了大气科学自然科学基金论文构建的作者合作，网络针对的只是高产作者，并不能很完整地反映该领域作者合作情况。其次，本书做的数理统计量很大，而实地访谈的量很少，这在一定程度上导致作者无法深入了解论文合作过程中的一些特点。最后，本书虽然采用了中心性分析方法，研究作者是否对信息流动起关键作用，但是没有讨论如何设置权重等问题，

这也可以作为今后研究的一个问题。相信对上述几点不足进行改善后，能对科研领域论文合作的规律有更详尽的了解。

10.2 合作模式与成长规律——基于 Web of Science 的实证

本研究基于 Web of Science 数据库中大气科学领域高影响因子期刊论文数据，利用社会网络分析方法对大气科学研究领域的中国作者科研合作网络进行了探讨。首先进行了统计实证研究，证明该科研合作网络是无标度网络，符合小世界特征；其次分别从整体网（socio-centric network）研究和个体中心网络（ego-centric network）两个维度，对科研合作网络的各种性质进行了分析。从整体网角度对比了网络密度、平均度、最短距离、凝聚子群、中心性等计量指标，在最大连通集团、平均度、最短距离指标上对比了该网络与其他学科的差异，说明国内外合作模式有较大差别。个体网络分析中，选择度值较高的节点对其合作网络进行定性分析，识别出重要的领域专家和研究团队。得出的结论有：国内的合作群体相对分散，倾向于同一地域、相同院校机构的合作，缺少强强联手，国内合作规模和合作程度与国际相比仍有相当差距，建议为加快我国高层次创新型学术人才的培养，必须制定相应的科技政策，鼓励科研合作，特别是跨学科、跨地域以及国际合作。

10.2.1 问题的提出

随着经济全球化和信息化，我国创新型国家的建设步伐日益加快，高层次科技人才已经成为当代国际竞争的焦点。高层次创新型学术人才是指那些在学术上尤其是基础理论领域取得重大原创性成就的学者，一个国家所拥有的高层次创新型学术人才规模、结构和质量，往往更能够体现其在国际上的学术地位以及科技发展的潜力，高层次创新型学术人才的培养直接关系到我国未来科技发展，逐渐成为国家战略规划的重点。因此有必要深入研究，全面系统地把握创新型人才的成长规律，重视培养中青年学术带头人。

当前大科学背景下，对创新的要求越来越高，难度越来越大，科技创新成为一个复杂的过程，单靠个人能力解决大科研问题的可能性越来越小。要实现某一科技创新，往往需要多个研究者的参与。是否能够很好地合作，往往可以决定一个研究团队的成败。因为只有具有团队合作精神的人通力协作，互相配合，在思想的火花相互撞击中才能迸发出创新的灵感（Adler and Kwon，2002）。因此创新型科学研究需要借助集体的智慧、团队的力量，需要不同学科、不同专业、不同层次的人相互配合、通力合作才有可能完成。

在新的形势下我国教育部提出：为了进一步发挥高等学校创新平台的投资效

益，凝聚并稳定支持一批优秀的创新群体，形成优秀人才的团队效应，提升高等学校科技队伍的创新能力和竞争实力，推动高水平大学和重点学科建设，高等学校应该支持一批优秀的创新团队（Putnam，1993）。创新团队作为一个研究群体，团队合作是十分必要的。团队中的每位成员都有自己的特长和优势，但也有各自的弱点，通过合作可以取长补短。于是，合作使群体中的个体更加优秀，由这些更加优秀的个体组成的群体当然是实力强大的优秀群体。因此创新团队对于凝聚创新思想、获取科技信息、共享研究资源、培养和造就新时期复合型人才，且在重要学科领域实现跨越式发展以及取得科学突破等方面具有十分重要的意义。

近年来，中国学者大大加强了国际学术交流与合作，有机会接触甚至能够与国际上领域内高水平团队开展课题合作研究，能够对国际前沿领域成果进行迅速与准确的跟踪，研究成果获得国际认可的程度也迅速提高，从近几年我国 SCI 论文的增长数量可见一斑。

随着气候系统概念的提出和对气候系统中五大圈层相互作用复杂性的逐渐认识，国际大气科学的发展越来越走向多学科、多部门、跨地区高度合作、高度集成和广泛交叉系统化的发展趋势，资源和资料的搜集、处理、共享程度逐渐提高，科学规划和大型科学计划更加周密，系统化、可持续发展的思路贯穿始终，如 MM 系列天气模式的发展、CCM 系列气候模式的发展等，都是集中无数优秀的科学家，持续多年，系统规范地沿着一整套战略思路发展、成熟、完善，一系列的国家科学计划或国际合作计划周密规划、组织、实施。相比较，我国大气科学研究力量仍较为分散，组织较为松散，协作缺乏力度，资源和资料的共享程度较低，低水平重复研究较多，在项目的组织上往往过多地注意项目本身，较少注意项目群乃至科学计划的制定等。因此本书选择大气科学领域作为科学合作数据分析的来源领域。

期刊论文作为科研产出的重要形式，是科研工作的结晶，对期刊论文的统计分析可以从一个侧面描述科研工作现状。由于文献数据库的普及，论文合著关系具有易获取、解释力强的特征，因此科研人员合著的期刊论文能够直接反映研究人员的科研合作关系，因而利用社会网络分析方法对合著关系进行分析成为科研合作现象研究的有力工具。本书以大气科学领域高层次科研人员之间的合作关系为研究对象，基于复杂网络理论，建立了一个科研人员合作网络，采用社会网络分析方法分析科研人员之间的合作模式。

10.2.2 数据来源与获取

1. 数据来源

学者们在分析科学家整体合著现象时，常以学科领域内重要学术期刊为分析对象。这样做的好处是基本上覆盖了领域内重要期刊，可以保证分析更全面，缺点在于数据量过大。本研究目的是获得足够的学术网络样本，研究其类别、结构特征和竞争力，而非找出大气科学领域所有有影响力的学术网络。因此，只要样本期刊能满足三个条件，便认为是有效的：①在国际气象学界有一定的影响；②期刊内容覆盖大气科学研究的主要领域；③期刊的合著率在大气科学期刊中有代表性。

本研究将数据来源限定为 Web of Science 数据库引文数据库（网址：http://isi.knowledge. com），该数据库是美国科学信息研究所（ISI）的产品，目前收录了超过 10 000 种世界权威的、高影响力的学术期刊，发表的学术论文被其收录引用的数量，被世界上许多学术机构作为评价学术水平的重要标准。作为在全球科研界最权威、最有影响力的数据库，Web of Science 收录的论文代表了科学界的较高水平。

本书依据科学性、数据可获得性和客观性原则，选取 Web of Science 数据库中大气科学（Metorology and Atmospheric Sciences）类目下影响因子排名前二十的重要期刊作为来源数据，限定文献类型为论文（articles），将国别限定为中国（People R. China）。考虑到数据库收录时滞，为保证数据完整性，将时间范围选择为 2000～2009 年。数据查询和下载的具体日期为 2010 年 10 月 10 日至 2010 年 10 月 17 日。最后获得 1857 篇期刊论文，9010 名作者，每篇论文均保留了作者工作单位、出版物、关键词等信息用于同名作者去重处理。

2. 科研合作网络的构建

Web of Science 数据最大的问题是作者重名，由于数据库中标注作者姓名过于简单，仅为作者姓及名字首字母，特别是对中国作者，极其容易出现重名现象，如 Li J.可能是 Li Juan、Li Jun、Li Jie 或是 Li Jing 等。考虑到研究领域的限定，一般来说重名的作者不会太多，本书采用手工核对作者工作单位的方式区别同名作者，以保证作者信息的准确。数据清洗去重后共得 4483 名作者。

本研究中合作关系的认定以合著论文为准，如果不同作者公开发表共同署名的学术论文，就认为他们存在合作关系。我们选择发表论文 5 篇以上的高产作者（共有 319 名）作为数据源，构建了 319×319 高产作者合作矩阵，并用 UCINET 软件对其进行分析。

在考察作者合作之前，需要把网络图转换为关系矩阵。从网络图转换出的关系矩阵有两种：二值矩阵（binary matrix）和赋值矩阵（valued matrix）。所谓二值矩阵，就是用 1 和 0 表示两个作者之间的合作关系，如果 A 与 B 有合作论文，不管合作了多少次，只要有合作关系存在，都用 1 来表示二者之间的合作关系；反之，则用 0 表示二者之间不存在引用关系。用二值矩阵来表示网络关系的优点是比较简单明了，其缺点是忽略了引用的次数，因此丢失了大量的信息，进行分析的结果可能与现实有些出入。比如，假设作者 C 与 A 合作 1 次，但是与 B 合作了 10 次，不难得出，C 和 B 之间的关系比 C 和 A 之间的关系更为紧密。但是在二值矩阵中，C 和 A、C 和 B 之间的合作关系都用 1 来表示，忽略了两者之间的差异。为了弥补二值矩阵的缺陷，也有人提出用赋值矩阵来表示引文网络。在赋值矩阵中，不再用 0 和 1 表示作者之间的合作关系，而是用合作的次数表示两者之间的合作关系。但是，由于对于赋值图的分析还没有比较完善的算法，本书采用了二值矩阵进行数据处理。

10.2.3 研究工具与方法

本书所用的分析方法主要是社会网络分析法。社会网络的概念起源于社会学中的社会结构研究传统，社会网络分析方法通过考察行为者之间的某种特定关系和关联情况，建立社会网络分析图表，分析研究行为者之间的社会关系特征，可用于描述和测量网络社群行为者之间的关系以及通过这些关系流动的各种有形或无形的东西，如信息、资源、情报、知识等。从 20 世纪 60 年代开始，社会网络理论在建构理论模型的过程中形成了两种研究视角，宏观层次的整体社会网和微观层次的个体中心社会网。整体网所关注的是一个社会体系中角色关系的综合结构，网络中位置的结构性特征是其研究的重点，所形成的分析概念有紧密性、中心性、结构对等性等，可以揭示某一网络的整体结构特征，通过网络图直观展示各个节点间的联系，找出网络核心部分，将相对独立的节点、小群落挑选出来，根据对关系的不同算法进行网络分群；个体中心社会网从个体的角度来界定社会网络，关注的问题是个体对外部社会连带所建立起来的社会网络，个体的社会连带成为研究的重点，所形成的典型分析概念有强弱关系、嵌入性、结构洞等。本书将分别从整体网和个体网两个角度进行分析。

本书研究的社会行为者主要是大气科学领域高产作者，采用网络图的方法表示网络行为者及其关系。网络图中的一个节点表示一位作者（同一个姓名作为一个节点），不同作者间只要有合作（即共同署名同一篇期刊论文），就把他们用一条直线连接起来。本研究中不标记作者合作发表论文的数量，也不区分署名顺序，同一篇论文合作关系用全连接方式表达，构建了一个无权无向的合作网络。采用社会网络分析软件 UCINET 分析合作情况，该软件具有很强的矩阵分析功能，UCINET 6 还集成了 NetDraw，用于绘制社会网络图表。

10.2.4 实用度量指标

目前使用社会网络分析方法分析科研合作网络，主要集中在以下几个方面：

（1）整个网络的密度。作者合作网络的聚集程度指的是网络中作者节点的聚集情况，也就是作者合作的紧密程度，通常用图形密度来衡量。密度测量网络中各个节点之间关系的紧密程度，是实际分布图与完备图之间的差距。

（2）网络平均度以及度分布特征。在科研合作网络中，网络的平均度就是每个作者平均与几个作者的合作发文数；度分布特征主要考察科研合作网络的度是否符合幂率分布，是否为无标度网络。

（3）网络平均路径长度及其分布特征。一般考察连通图和非连通图最大连通子图的平均路径长度，该值反映了网络中任意两点的平均距离，在科研合作网络中就是任意两个作者平均经过几个作者关联，可以用来验证合作网络是否符合小世界特性。

（4）聚类系数。网络中某个节点的聚类系数定义为它所有相邻节点之间连边的数目占可能的最大连边数目的比例，整个网络的聚类系数为所有节点的聚类系数的平均值，该值越大说明网络越符合小世界特征。

（5）中心性分析。中心性分析包括点度中心性分析、中间中心性分析和接近中心性分析。点度中心性描述了节点与其他节点的关联次数，在合作网络中即表示作者参与合著的次数；中间中心性描述了通过该节点的路径数量总和，表示了该节点对资源的控制能力；接近中心性为节点和其他节点的距离之和，该值越小表明该节点能以越短的距离到达其他节点，在网络中处于比较核心的地位。

（6）凝聚子群分析。凝聚子群分析主要包括 *k*-丛分析和凝聚子群密度。*k*-丛是指一个规模为 *N* 的子群，该子群中每个点至少与 *N–k* 个点关联，用子网络的关联特点来反映整体网络的特点；凝聚子群密度是子网络密度和整体网络密度的比值，用以反映整个网络中的小团体现象是否明显。

（7）核心–边缘结构分析。根据网络中节点之间联系的紧密程度来把网络中的节点划分为两个区域——核心节点区域和边缘节点区域，这样可以得出网络中的核心节点。

（8）小团体特征分析。小团体（或称为派系等）就是团体中的一小群人关系特别紧密，以至于结合成一个次级团体，它属于整个网络图的子图。小团体分析通常采用一些方法探讨子图问题，目的在于考察整体图本身的结构特征，以便发现该图可以分成几个自然存在的子图。计算小团体的方法有两类：一类是以节点程度来计算，一群相连的节点视为一个小团体，主要包括 *k*-plex、*k*-core 等方法；另一类以距离计算，在一定距离内可以达到的点视为一个小团体，主要包括 *n*-clique，*n*-clan 以及 *n*-club 等方法。本书在分析作者合作网络的小团体时，采用的是第一类计算方法中的 *k*-core 方法，因为该方法具有识别准确、操作简便的优点，且能够抓住图结构的许多整体性质。筛选出网络中比较重要的节点重新构建网络分析，得到一些小团体，这些小团体按其连通特性可以划分为单点型、双核型、流线型、核心型、桥梁型和网架型。作者合作网络的小团体分析的意义在于紧密团体的合作行为较多，信息交流较易，而疏远的团体不利于知识在同行间的传播，也不利于思想的交流，最终将影响团体的成果产出。

10.2.5　数据分析与结果

1. 基本统计特征

2000～2009 年，共有论文 27 386 篇文章刊载于选定的 20 种大气科学领域期刊上，其中中国作者共有 1857 篇，历年论文增长情况见图 10-10。2009 年的论文数量是 2000 年论文数量的 5.5 倍，从一个侧面反映出我国作者科研水平的快速提升。中国作者 1857 篇论文中仅有 56 篇为独立作者发文，97%为合著论文，其中 321 篇 2 名作者，346 篇 3 名作者，353 篇 4 名作者，249 篇 5 名作者，176 篇 6 名作者，124 篇 7 名作者，232 篇 8 名及以上作者，以上数据符合幂律分布。

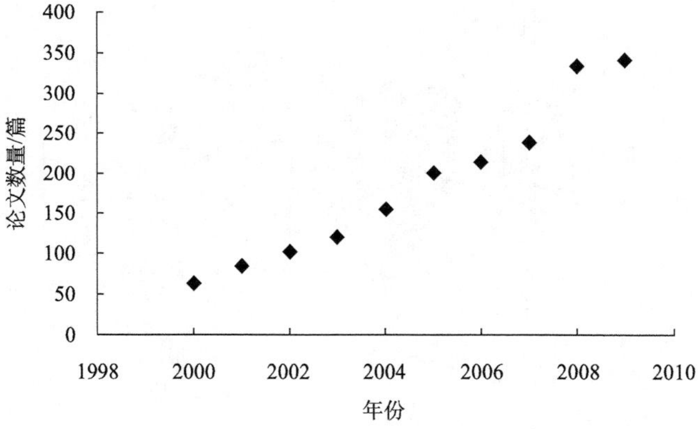

图 10-10　2000～2009 历年论文增长情况

中国气象学者 1857 篇论文的合作者包括了 115 个国家和地区的 1174 家研究机构，来自美国的研究机构最多，占据了 29.78%的比重，其他 9 个主要合作国家分别为日本、德国、加拿大、澳大利亚、英国、法国、韩国、意大利和瑞士，合计 29.64%。

经测算得出，平均每篇论文由 4.87 位作者合著。篇均文献合著作者数与学科特点有关，与国外其他学者的研究数据相比较，低于国际上某些学科，如生物学 18.1，物理学 9.7，这反映了目前我国气象领域整体的合著率不高。

2. 中国高产气象学者合作网络的整体结构和特征

为了更好地凸显出主要科研合作网络，本书在进行整体结构分析时截取的样本是发表论文数量 5 篇及以上的作者 319 人，将其定义为高产作者，通过高产作者共现矩阵完成 UCINET 网络文件并对其进行相关分析。整个合作网络由 319 个节点和 1592 条边组成，实验发现整个合作网络并非一个连通图，而是由一个包含 289 个节点的最大连通子图（占全部节点总数的 90.6%）和分别包含了 6 人、4 人、2 人、2 人、2 人的 5 个小规模成分组成，并且有 14 个孤立节点，与网络中的其他节点之间没有合作关系。这也验证了 Newman 提出的理论，一般来说，最大主成分的节点数比重在 80%～90%，同时也说明了网络中几乎每个作者总是以不同路径与其他作者产生联系。运用 UCINET 软件包的绘图软件工具 NetDraw，绘制了 319 位高产作者合作网络图谱（图 10-11）。

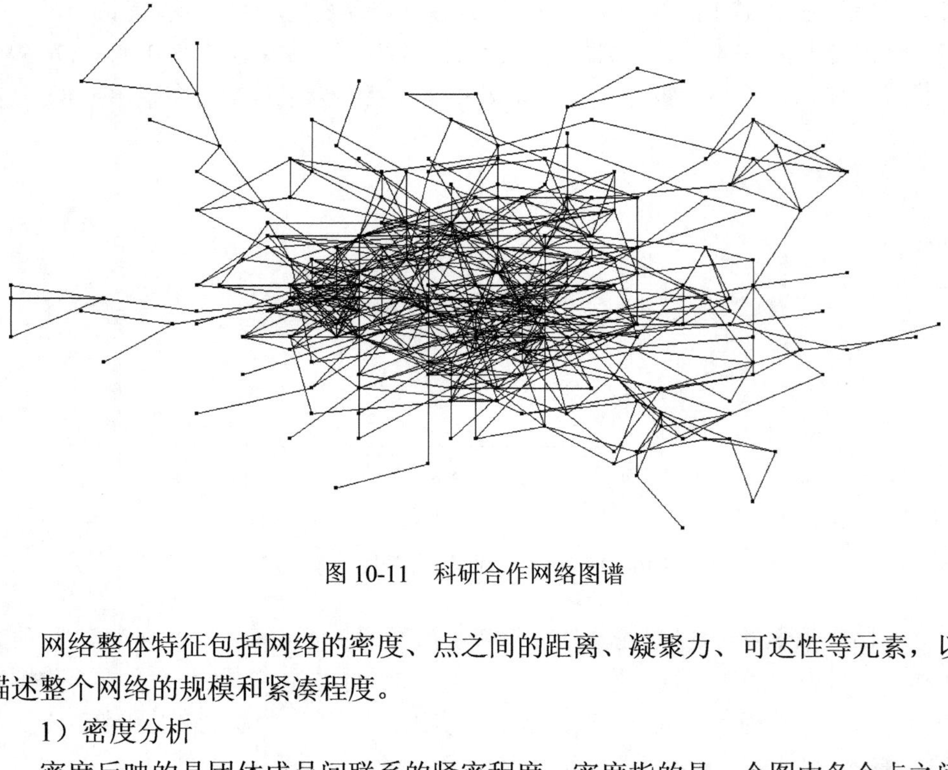

图 10-11　科研合作网络图谱

网络整体特征包括网络的密度、点之间的距离、凝聚力、可达性等元素，以描述整个网络的规模和紧凑程度。

1）密度分析

密度反映的是团体成员间联系的紧密程度。密度指的是一个图中各个点之间联络的紧密程度，为网络中实际存在的关系数目与可能存在的最多关系数之比。若密度为 1，意味着每个点都与所有其他点相连；密度为 0，意味着任何点都不相连。对于有 n 个点的图来说，若所有点之间都有线相连，即有 $n(n-1)/2$ 条线，密度为 $2L/n(n-1)$，L 为网络中实际存在的线数。密度用来测量社会网络中行动者的联系程度，密度值介于 0 和 1 之间，值越接近 1 则代表彼此间关系越紧密，越接近 0 则表示关系越疏远。使用 UCINET 计算合作网络的密度，网络中共有作者 319 名，连线数为 1592，其密度为 0.0157，这是一个比较小的数值，反映出整体网络密度小、结构松散。一般来说，密度高的团体关系紧密，合作行为较多，信息沟通相对频繁，沟通效率高，工作绩效更好；而密度低、关系疏远的团体常有信息不畅、多数个体边缘化趋势明显、工作效率低下等问题。

2）度分析

在科研合作网络中，节点的度就意味着该节点（作者）与其他节点（作者）的直接合作关系的多少，本书计算了科研合作网络中的各节点（作者）的度。节点 i 的度 k_i 为节点 i 连接的边的总数。所有节点 i 的度 k_i 的平均值称为网络的平均度，定义为 $\langle k\rangle$。网络中节点的度分布用分布函数 p（k）表示，表示一个任意选择的节点恰好有 k 条边的概率，也等于网络中度数为 k 的节点的个数占网络节点总个数的比值。本网络的度值与节点个数分布见表 10-5，在双对数坐标中，通过绘制度和节点数的关系图（图 10-12），并进行直线拟合，发现度的分布符合幂律特征：p（k）～$k-\lambda$，λ 值约为 2.133，即网络中节点度分布呈现幂律衰减模式，这表明该科研合作网络具有明显的无标度网络的特性。

表 10-5 度值与节点个数分布表

度值	1	2	3	4	5	6	7	8	9	10	11
节点/个	51	46	31	42	32	16	21	16	10	7	5
度值	12	13	14	15	16	17	18	19	20	21	22
节点/个	5	4	4	2	4	3	2	1	2	1	1

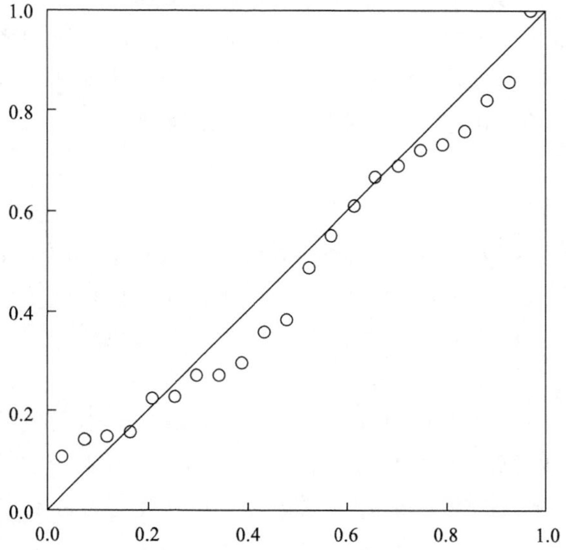

图 10-12 度值与节点分布图

3）平均距离

图论中的距离指两点之间的最短途径，先计算出任意两点之间的距离，然后对所有成员之间的距离之和取平均值，这样就可以得到整体网络成员之间的平均距离。对含有 249 个节点最大的连通子网的拓扑结构进行分析，作者之间的平均距离为 4.533，也就是说，任意两作者平均需要近五步可达。平均距离越大，它的结构也就越松散，网络中各作者间并未形成良好的合作关系，合作交流相对贫乏。同理，平均距离越小，则认为该合作网络越小，它所反映的结构越紧凑，网络中各作者间已保持经常的合作关系，合作交流相对频繁。

同时计算出来的还有建立在“距离”基础上的凝聚力指数（compactness），该指数在 0～1，数值越大表明该整体网络越具有凝聚力。本实证研究中的网络该指数为 0.215，表明是一个凝聚力偏低的网络。综合密度、平均距离和凝聚力指数等表明，该合著网是一个比较分散的网络，连通性也比较一般，其网络结构对其中的成员影响较小。

4）聚类系数（clustering coefficient）

聚类系数 C 可用来描述网络中节点的聚集情况，在合作网络中，聚类系数表示存在着这样一些团队：团队中人们彼此认识，更容易形成合作关系。设节点 v 的度为 k_i，即 v 有 k_i 个邻接点，k_i 个邻接点之间最多有 $C2k_i = k_i（k_i - 1）/2$ 条边。设这 k_i 个节点间的实际边数为 E_v，则节点 v 的聚类系数 C_i 为 $C_i = 2E_v /（k_i（k_i - 1））$。聚类系数反映了社会网络的一种特性——传递性，如果顶点 A 和 B 连接，B 和 C 连接，那么 A 和 C 连接的可能性很大。Newman 的研究曾得出过这样的结论：如果两个科学家都和第三个科学家合作，那么他们之间也合作的概率为 30%或者更高。经计算本实证网络聚类系数为 0.371，显示了比较明显的小世界特征，但与物理学 0.56 和生物学 0.6 相比，显示本网络聚类较为分散，节点之间关系较为疏离，联系并不紧密。

5）凝聚子群分析

当网络中某些行动者之间的关系特别紧密，从而结合成一个个次级团体，就把这样的团体称为凝聚子群。分析网络中存在多少个这样的子群，子群内部成员之间的关系特点、子群之间的关系特点、一个子群的成员与另一个子群成员之间的关系特点等就是凝聚子群分析。

凝聚子群分析中通常用到的一个重要指标是凝聚子群密度（E-I index），主要用来衡量一个大的网络中小团体现象是否十分严重。凝聚子群密度的取值范围为[–1，+1]。该值越向 1 靠近，意味着派系林立的程度越高；该值越接近–1，意味着派系林立的程度越低；该值越接近 0，表明关系越趋向于随机分布，看不出派系林立的情形。E-I index 可以用来研究某一学科领域学者之间的关系。如果该网络存在凝聚子群，并且凝聚子群的密度较高，说明处于这个凝聚子群内部的这部分学者之间联系紧密，在信息分享和科研合作方面交流频繁，而处于子群外部的成员则不能得到足够的信息和科研合作机会。从一定程度上来说，这种情况也是不利于该学科领域发展的。本实证中计算得出 E-I index 为–0.877，表明小团体现象不明显，这意味着我国气象学者交流和信息传递机制还需要改善，这一结论与网络密度分析的结果类似。

6）*k*-核分析

k-核分析可以用于寻找网络中的核心作者集团。*k*-核是建立在点的度数基础上的概念。一个点的度数就是对其邻点多少的测量，也就是与该点相连的线的条数。*k*-核指一个子图中的点都至少与该子图中的 *k* 个其他点邻接。通过改变 *k* 值，会得到不同子图。随着 *k* 值增加，*k*-核成员会逐渐减少，而成员之间的关系会愈加紧密。在本书的合作网络中，*k*-核最高级数为 6。也就是说，6-核中的作者是整个合作网络中连接最强、关系最紧密的核心作者集团，其中每个作者都至少和同一核中的 6 名作者有合作关系。本研究中 6-核有 34 名作者，占全部作者的 10.7%，说明该合作网络较为分散。

7）小团体（subgroup，cliques）

小团体是指网络中的一小群人关系特别紧密，以至于形成了一个次级团体。将小团体从整体网络中区分出来对于了解小团体具有重要意义。例如，如果网络中的两个小团体彼此有交集，则信息在网络中的传播速度会更快。在 UCINET 中，小团体可以由 cliques、*n*-cliques、*k*-plex、Lambda Set 等多种不同的算法产生，经过实际比较各种算法产生的小团体效果，本书采用 cliques 算法。文中限定成员大于等于 6，得到 9 个派系（表 10-6）。

表 10-6 科研合作网络中小团体分布情况表

序号	作 者
1	Cheng YF, Gnauk T, Herrmann H, Hu M, Wiedensohler A, Zeng LM, Zhang YH
2	Cheng YF, Hu M, Shao M, Sugimoto N, Wiedensohler A, Zeng LM, Zhang YH
3	Chang CC, Lai CH, Liu Y, Shao M, Wang JL, Zhang YH
4	Cao JJ, Cheng Y, Ho KF, Lee SC, Li YS, Louie PKK, Watson JG
5	Cao JJ, Ho KF, Lee SC, Li YS, Louie PKK, Zou SC
6	Chan CY, Chan LY, Lee SC, Li YS, Wang XM, Zou SC
7	Guo H, Ho KF, Lee SC, Li YS, Wang XM, Zou SC
8	Cheng YF, Gnauk T, Herrmann H, Hu M, Liu S, Wiedensohler A, Zeng LM
9	Cheng YF, Hu M, Liu S, Shao M, Wiedensohler A, Zeng LM

8）核心–边缘结构分析

核心–边缘结构分析是依据网络中节点间关系的紧密程度，把节点划分到核心区域和边缘区域这两个区域中。划分到核心区域的节点，在网络中发挥重要的作用。核心-边缘结构分析的目的是研究社会网络中处于核心位置以及边缘位置的节点分别是哪些。经计算得出 27 个作者为核心人物，其余 292 名作者属于边缘区域。

9）中心性分析

个人或组织在其社会网络中居于怎样的中心地位，相应地获取一定的“权力”，可以通过中心性进行判断。根据计算方法的不同，中心度可以分为 3 种：点度中心度、中间中心度以及接近中心度。因本网络为非连通网络，此处不统计接近中心度。

点度中心度（degree centrality）指的是在一个社会网络中，如果一个行动者与其他行动者之间存在直接联系，那么该行动者就居于中心地位，在该网络中拥有较大的“权力”。在这种思路的指导下，网络中一个点的点度中心度，就可以用网络中与该点之间有联系的点的数目来衡量。

中间中心度（betweenness centrality）的原理为：在网络中，如果一个行动者处于许多其他两点之间的路径上，可以认为该行动者居于重要地位，因为他具有控制其他两个行动者之间交往的能力。根据这种思想来刻画行动者个体中心度的指标是中间中心度，它测量的是行动者对资源控制的程度。一个行动者在网络中占据这样的位置越多，就越代表他具有很高的中间中心性，就有越多的行动者需要通过他才能发生联系。在合作网络中起着沟通和促进信息流通的枢纽作用，有利于不同学术群之间的信息和思想的交流。

一位作者的点度中心性能够反映他在合作网络中的核心性及中心地位，度数较高说明他与较多的其他人合作过，思想交流和传播知识的范围自然就广，这样的人一般是在某学术领域具有较高学术地位和较大影响力的人。本书利用 UCINET 软件统计了作者合作网络的点度中心性，网络中节点的最大度数为 29。大部分节点的度数很小，度数小于 5 的节点占 63.2%。

作者的中间中心性大小反映了作者在合作网络的搭建中所起到的作用，中间中心度（介数）越大，其在网络中的作用就越大，缺少他会导致合作网络连接中断。作者合作网络的节点点度中心度与中间中心度排名前十见表 10-7。中间中心度最高的作者为 Zhang YH 教授，其值为 10.432，这与他的学术地位和学术活跃程度有关。

点度中心度与中间中心度都很高的作者还有 Lee SC、Wang Z、Liu SC、Zhang XY。他们可以被认作是各子网络的关键节点，对整个网络中信息流动和网络连接起着至关重要的作用。把这个节点从网络中移走，会使大多数其他节点之间的最短距离增加，从而影响信息传输的速度，甚至会导致整个网络的瘫痪。由此可知，活跃个体对网络的形成和发展起着非常关键的作用，对促进、加速知识信息的大范围传播至关重要。他们在各自的研究团队中起着至关重要的信息枢纽作用。因此，关注这些作者的科研课题和研究方向，将有助于我们掌握大气科学领域的研究重点和发展方向。下面将从以上学者个人网络特征出发，探讨这些学术带头人的合作模式。

表 10-7 作者中心性指标排名

排名	作者（文章数）	作者（点度中心度）	作者（中间中心度）
1	Chan JCL（42）	Zhang YH（29）	Zhang YH（10.432）
2	Chan CK（39）	Hu M（21）	Wang Z（9.415）
3	Wang T（35）	Lee SC（20）	Zhang XY（6.789）
4	Hu M（30）	Zeng LM（20）	Liu SC（6.703）
5	Chan LY（29）	Wang Z（19）	Mu YJ（5.610）
6	Zhang YH（29）	Li YS（18）	Wang YQ（5.312）
7	Lee SC（26）	Zhang XY（18）	Chang CP（5.224）
8	Li CS（26）	Liu SC（17）	Chan LY（5.211）
9	Fang M（25）	Chan LY（17）	Chang SY（4.570）
10	Wu CC（24）	Chang CC（17）	Chang CC（4.364）

10.2.6 个体网特征及模式定性分析

为了进一步显现研究人员之间的合作特征，本研究着重于度数较高的作者个人合作网络结构，选择两名学者作为研究对象，对其形成的个体合作网络进行数量特征和结构特征分析。

这里我们仅研究与两位高产作者的 Erdos 距离等于 1 的合作者网络，因为 nE=1 的合作者与这两位作者均是直接合作关系，节点数量不是太多，对这些小数量数据运用社会学方法可以作出准确判断。本研究发现了几个比较典型的合作模式，对重要节点背景情况进行了查询，总结出这些合作关系形成的主要特征。

1. 研究团队型合作模式

“团队型”合作网络是我国大气科学领域一种重要的合作形式。这种合作网络的数量比较多，每个网络涉及几个至十几个节点，网络内部合作紧密，关注于前沿热点领域，可以实现快速突破、迅速转向。“团队型”合作网络通常出现在我国实力较强的机构院系内部的重要实验室、研究中心中。这类网络以 2～3 位研究人员为核心，专注于大气科学领域的某个特定方向进行集中突破。网络规模一般不是很大，以单位内的某个特定方向的研究人员为主，具有明显的小团体现象，内部交流紧密。也有少数“团队型”合作网络是跨单位的，常见形式是不同单位的小团体通过作为“桥”的节点来连接。这种合作网络很少进行大规模的基础理论研究，其研究方向一般是当前我国大气科学的一个或几个研究热点。各团队的学术合作大都属于学术小圈子，即同一机构内部的合作，形成了“紧密型的学术团队”，团队培养的学生毕业后流动到其他团队，进而形成论文产出的合作关系，各团队之间真正的合作还有待进一步加强，需要突破合作的地理空间限制，扩大合作方式，力争彼此取长补短，取得突破性成果。

以图 10-13 为例，张远航（Zhang YH）与胡敏（Hu M）和曾立民（Zeng LM）、邵敏（Shao M）合作最多，形成了一个合作紧密的小团体。这支团队来自北京大学环境科学与工程学院，目前关注的领域在应用层面上主要是城市和区域的空气质量的控制和改善，在大气污染形成机理层面上包括臭氧化学和气溶胶化学。研究的手段主要包括模式模拟和外场观测。通过国际交流与合作，该研究团队在区域臭氧形成机制、大气氧化性和气溶胶的光学性质方面取得了一些重要成果。团队核心成员均为同一机构的教授、博士生导师，形成了极其稳定的合作模式，在积极培养青年研究人员、推动科研后备力量成长方面发挥了巨大优势。

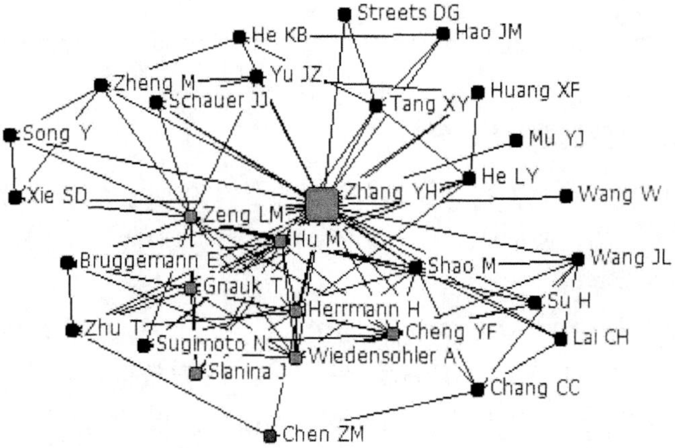

图 10-13　张远航（Zhang YH）个人合作网

2. 研究基地型合作模式

研究基地型合作网络的核心作者有多名以上，网络组成人员来自不同的科研机构和不同的地域，这样的研究团队通常发表论文数量大，作者之间合作机会多，程度高。从组成结构来看，核心作者分别来自不同的科研机构和地域，核心作者的合作带动了多个不同科研机构的合作，并促进了不同地域的知识交流，这种类型的网络结构能够充分调动作者的科研创作能力，对不同研究机构和地域的知识交流有极大的促进作用。

通过对网络结构和节点相关信息的调查，本书发现这种类型的合作网络具有如下几个特征：

（1）人员结构完备。在“基地型”合作网络中，一般有四位及以上的研究员/教授作为带头人，一批副研究员/副教授、博士、硕士等作为研究主力进行协作攻关。

（2）有明显的小团体现象。在科学合作的信息交流网络中，许多知识是“默会知识”(tacit knowledge)，需要通过学者们经常的非正式交流来传递。在科学合作网络中结成小团体可以很好地解决这个问题。此外，结成小团体还可以促进沟通网络、友谊网络的形成，对于提高沟通效率、培养学术人才有很好的效果。

（3）有强大的基金支持。大气科学的研究对象复杂，需要大量人力物力进行深入研究，因此强大的基金支持也是形成“基地型”合作网络的重要因素。国家863 计划研究项目、国家自然科学基金项目、中科院重点研究项目等多个基金项目对于合作网络的形成和创新能力的提高起到了重要的作用。

图 10-14 中来自香港理工大学的李顺诚（Lee SC）与来自同一机构的 Ho KF，以及来自中国科学院地球环境研究所黄土与第四纪地质国家重点实验室曹军骥研究员（Cao JJ）合作较多，研究领域主要涉及大气污染与气溶胶，这种跨地域、跨机构的合作优势极其明显。特别是他们合作的一篇论文 *Characteristics of carbonaceous aerosol in Pearl River Delta Region, China during 2001 winter period* 在 Web of Science 数据库中被引用次数达 150 次之高，充分说明了这一强强联手的合作模式的成功。

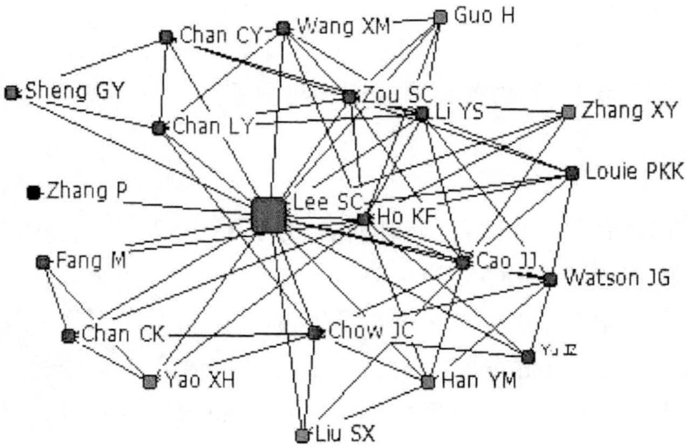

图 10-14　李顺诚（Lee SC）个人合作网

研究基地型合作模式中，同样可以看出“小团体”的形成机制，有一些正在成长中的年轻学术骨干，逐渐成为学术团队的核心成员，密切合作发表论文数量很多，团队成员快速成长。这类合作网络数量非常少，但是涉及节点数量众多，其中还包含了多个集散节点。这种网络具有很强的创新能力和人才培养能力，是我国大气科学进行基础创新研究和前沿热点研究的主力。

3. 师生紧密型合作网络

师生型合作网络（图 10-15）的主要节点是教师和学生，一般以一位研究员/教授为核心，与几位在读博士硕士进行合作，可能会有副教授、讲师等的参与，人员流动性非常强。这显示国内的导师制在科研创新上有正面强大的推动作用，但另一方面也说明国内的合作关系受限于地域、学校和师生关系，合作意识不够开放，跨学校的合作交流机会少，学术上因循守旧、近亲繁殖的危险大大增加。

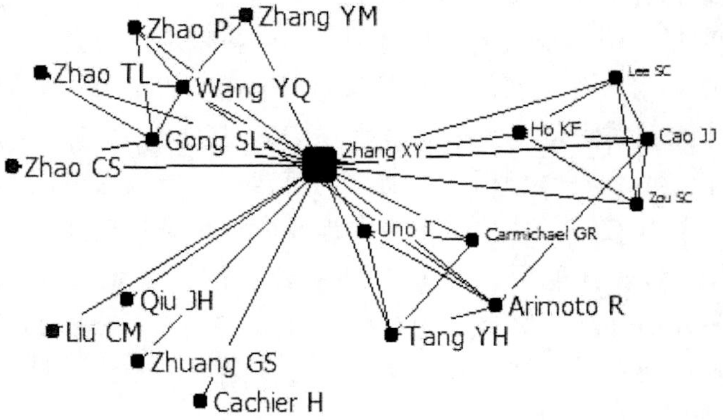

图 10-15 师生型合作网络

10.2.7 科研合作与创新型学术人才成长规律分析

1. 师承因素

通过本研究构建的高产作者合作网络，发现这些高产作者大部分来自高等院校和中国科学研究院所，其中北京大学、香港科技大学、香港城市大学以及中国科学院等都是比较活跃的研究机构，由此可见，我国大气科学论文高产机构比较集中，中国科学院和这些高校在大气科学研究方面具有十分明显的人才优势。青年学术人才在科研水平较高的老师或学术带头人的带领下，通过良好的知识传承获得研究积累，能够加快成长。

2. 国际科研合作

在当今大科学时代，科学家之间合作的优越性越来越明显。首先，科研合作能够使不同学科领域的科学家聚集在一起，实现合作者之间知识与技能的共享，形成知识、能力等方面的优势互补，从而取得科学研究的重大进展；其次，通过科研合作可以使仪器设备、信息系统、科研经费得到充分利用；再次，科研合作有利于科学人才的涌现和科研队伍数量和质量的提高。具有不同素质和专长的科研人员相互合作，能诱发出创造力，造成智力的叠加和重组，从而产生人才群落现象；同时，科研计划的统筹，科研人员的相互帮助，信息的频繁交流等又为青年科研人员的迅速成长提供了良好的环境。

衡量论文质量高低的标准主要在于论文的被引用状况。论文的被引用反映论文的影响或质量水平，是最为同行学者看重的评价论文学术价值的一个关键指标。在自然科学界，论文的引用率是相当重要的。按照引用率的观点，一篇论文的引用率越高，涉及的学科越广泛，表明这篇论文的价值和影响就越大。高效的国际合作有助于科研人员成长，纵观前文中的被引量很高的论文，几乎全部为多国合作完成。在科学研究日益复杂化的今天，创新已经不再是一个人能够单独完成的，而是需要团队的共同努力和分工协作。科技人才如果不具有良好的协调沟通能力，不善于与他人密切协作，就很难在学术上有更大的作为。

国外的科研交流频繁，合作氛围好，机会多，研究者之间的合作非常紧密和广泛，不容易受到地域和学校等因素限制，因此国外合作者之间并不像国内这样分裂成不同的社团。从社团结构分析可以清楚地看到，我国和国际上的合作程度与结构有很大的差距。近年来我国已经在大力鼓励、推动科研合作创新，如增加科技投入，支持科研人员参加国内外学术会议，推动各种学术交流活动，如全国博士研究生学术论坛、全国性暑期学校的开展，但是还远远不能满足科研合作交流的需求，离真正地推动实质性科研合作还很远。

3. 科研团队建设

创新型学术人才成长必须有科研团队的支持。因为科研人员在团队中能够充分发挥自己的潜能，团队成员之间的价值呈现趋同性，将个人的努力方向和团队的共同目标统一起来，通过建立团队竞争与合作机制，来实现这一共同目标。为此，各级政府和创新人才所在单位必须要充分关注和重点支持团队建设。

10.2.8 结论

科研合作特别是国际合作对于凝聚创新思想、获取科技信息、共享研究资源、培养和造就新时期复合型人才，在重要学科领域实现跨越式发展以及取得科学突破等方面具有十分重要的意义。在本书的研究中，我们以中国大气科学领域论文合作为研究对象，力图从客观数据出发，对科学合作活动的整体状况做定量研究。

本书构建了大气科学领域的高影响因子国际期刊中国作者合作网络，运用社会网络分析方法研究了2000～2009年气象学研究高产作者合作情况，对该网络的一些基本参数如篇均作者数、网络密度、平均度、最短距离、凝聚子群、小团体等参数进行了分析，得到如下几个结论。

（1）整体看来，目前我国气象学者的合著强度不大，科研合作网络联系比较稀疏，存在小团体现象，且呈现无标度网络特征，少数关键学者对于科研合作网络结构的形成起着重要的作用。从子网络和节点层次看，我国大气学科内部发展不均衡，不同子网络的沟通效率和进入壁垒差别非常大。

（2）有些学术带头人自己的发文数量很大，却很少与其他学术带头人一起交流合作，这种情况不利于学科内新成果、新思想的传播。学术带头人之间的合作研究越频繁，越能带动整个大气科学学科的发展，必须加强学术带头人之间的合作研究。

（3）总体来看跨学校机构和地域的合作很少。很多作者的合作关系都仅仅限于同一科研机构内部，合作范围十分有限，这不利于自身科研活动的开展和与其他团队的合作交流。只有扩大合作范围，加强与不同机构、不同地域之间的合作，才能更好地促进知识交流和开展科研工作。

（4）在我国大气科学领域，有“基地型”“团队型”和“师生型”三种合作网络。“基地型”网络是基础创新研究和尖端人才培养的主力，具有人员结构完备、内部交流紧密、基础研究实力雄厚、基金支持众多等特点；“团队型”网络是进行热点追踪研究和应用创新研究的重要力量；“师生型”合作网络较为普遍，但从科技人才成长角度来看，容易出现“近亲繁殖”的倾向。国内的科研合作网络比较分裂，没有形成全国范围内互相联系、互相合作的社团，并且倾向于同一学校或相同师承的合作，较少强强联手的合作。这种情况不利于创新思想的传播和科研创新的产生，是我国提高科研水平的一大障碍，亟待改善。应加大在科研交流方面的投入，改革科研政策，出台导向性政策，促进合作行为的发生。

（5）在我国大气科学领域，点度中心性和中介中心性较大的作者大多为在该领域具有较高知名度的学者。一个学者的竞争力大小主要取决于他和团体内部学者联系的紧密程度，即他在子网络内部、小团体内部的学术地位。本书对于识别大气科学领域的合作团体，加强不同团体之间的交流与合作，实现大气科学领域的跨越式发展等方面具有重要意义。

10.2.9 不足之处和研究展望

利用社会网络分析方法和专门的分析工具可以把大气科学领域的学术团体

以可视化的方式呈现出来，并分析整个领域学术团体合作的特点与不足。不足的是本书只是从作者论文合著的角度来研究大气科学学术团体现象，今后将从科研机构合作、基金项目合作等其他角度对科研合作现象继续做实证性的探讨。

本研究的数据采自 SCI 数据库，以 10 年 20 种高影响因子期刊数据为样本，从整体和个体角度揭示了我国大气科学科研合作网络的结构、特征和类型。由于选取样本所限，本研究所得出的结论可能与我国大气科学领域科研合作网络的整体结构、特征有所偏差，因此这些结论的信度有待进一步的研究来验证。同时这些科研合作网络的形成机理和演进过程等都有待进一步研究。这些后续研究对于探究我国大气科学领域科学共同体的特征和演进无疑具有重要意义。

在今后的研究中，还需要关注以下几个方面：首先，对于其他数据库，特别是气象类专业数据库等的数据纳入分析之中；其次，通过深入的成分分析，对个体网络的重要组成部分进行研究，以揭示更多的关系类型和结构特征；最后，由于合作模式受学科影响较大，对比不同学科的合作特征有助于推进学科发展，这是本研究的未来工作。

10.3　基于社会资本视角的创新人才成长的合作影响分析

在当前“大科学”时代背景下，个人的成功更依赖于团队合作。在社会网络理论背景下，个人不再是独立的个体，而是嵌入于由众多个体以及个体之间形成的各种关系所形成的网络中（Käser and Miles，2002）。社会资本是网络群体通过社会关系所取得的无形资产，组织成员运用社会资本，有助于获取个人利益及创新绩效，从而实现个人成长。但是，不同类型的合作网络拥有的社会资本必然存在差异，这种差异性是否对人才成长产生不同的影响效果，以往的研究中较少涉及这一方面。本书通过问卷调查的方式，从关系、结构、认知三个维度对科研人员的社会资本进行测量，同时引入知识共享作为中间变量，结合科技人才成长的综合指标，使用统计软件 SPSS 17.0 对实证模型进行分析，探讨科研合作网络中的社会资本对科技人才成长的影响。

10.3.1　国内外相关研究

1. 社会资本研究

“社会资本”这一概念源于社会学领域，社会资本又称为关系资本，是作为与经济资本相区别而提出的一个概念，是法国著名社会学家布迪厄（Pierre Bourdieu）于 20 世纪 70 年代提出来的，随着研究领域的不断扩展，它被广泛应用于各种社会现象的研究，社会资本由此被公认为一种新的资本形式（Adler and

Kwon，2002）。不同的学者从各自的研究领域和研究对象出发，对社会资本给出了不同的定义，国外学者对社会资本概念的界定以普特南、林南、格兰诺维特等的观点为代表。

简言之，普特南认为社会资本是一种组织特点，如信任、规范和网络等，社会资本是生产性的，它可以用来帮助实现那种无它就不可能实现的目的或行动（Putnam，1993）；林南把社会资本界定为在市场中期望得到回报的社会关系投资，他认为社会资本理论的模型应该包括两个过程：社会资本的投资、社会资本的获取和动员、社会资本的回报。他认为只有被动员的嵌入在社会关系中的资源才是社会资本（Lin et al.，2001）；格兰诺维特认为弱关系可以获得较好等级的社会资本（Granovetter，1973）。但总的来说，广义的社会资本是指通过个体或组织间形成的社会网络、信任与规范来获取稀缺资源并由此获益的能力的总和。20 世纪 90 年代后期，社会资本理论被引入管理领域，它可以对很多的经济现象和管理行为提出新的解释，将社会资本的理论和观点广泛运用在工作绩效、资源交流、组织创新和组织间合作等管理问题的研究。

国内主要是从社会关系网络的角度来研究社会资本的，并且大多的研究是关于地位获取与企业发展两方面的。如彭庆恩从社会关系网络的角度对包工头职业地位获取过程的研究（彭庆恩，1996）；赵延东通过对武汉市下岗职工的调查，发现下岗职工再就业时会大量使用社会网络（赵延东，2006）。罗家德研究了中国台湾一家企业与外包商之间的关系以及运作流程，他认为制度与信任关系的运用在企业经营过程中起到极大的作用，并贯穿于企业运行的始终（罗家德和叶勇助，2006）；边燕杰、丘海雄通过对广州市 188 家企业的调查，认为企业社会资本在提高企业经营能力和经济效益的过程中起很大的作用（边燕杰和丘海雄，2000）；另外，张文宏与卜长莉等也对社会资本进行了研究，张文宏通过调查发现北京市居民的社会关系结构存在很明显的群体界限，这显示出北京市居民群内联系的趋向（张文宏，2006）。卜长莉在其论文《社会资本的负面效应》中列举了社会资本的一些负面影响，并针对我国改革时期的一些问题，从社会资本的角度提出了一些有利于推动社会发展的建议（卜长莉，2006）。

2. 人才成长研究

近年来，国内外学术界关于环境对人才成长的影响作用的研究日益增多。然而，目前针对科研合作网络内人才的成长性的研究却刚刚起步，成果甚少。胡蓓、翁清雄对人才成长问题的研究进展进行了综述（胡蓓和翁清雄，2007），环境对人才成长的影响的文献主要集中于两个方面：一是人才成长对环境的需求的研究；二是环境对人才成长作用的研究。人才的良好成长需要环境的支持。程国军认为人才的成长环境包括宏观环境和微观环境。所谓宏观环境，是指人才成长的理论环境、思想环境、政策环境、舆论环境和制度环境；所谓微观环境，是指工作环境、资源环境和心理环境（程国军，1999）。齐秀生则认为社会环境与人才应当是互动关系，这种关系是互为前提、相互作用、循环往复的：社会环境造就人才，人才也创造社会环境。社会环境不像自然环境那样与生俱来，而是人类创造，人才起着关键作用（齐秀生，2005）。

罗洪铁认为环境会对人才成长、发展产生影响和作用。人才宏观环境对人才成长的重要作用表现在保证作用、约束作用、塑造作用、激励作用四个方面（罗洪铁和周琪，2003）。从文献回顾可以看出，经济环境、政策环境、文化环境、生活环境对人才成长的影响得到了学者们的一再强调。以上研究对深入探讨基于微观层面的科研合作网络内人才成长的影响具有一定的借鉴意义。但不足之处也很明显，其空白点主要表现为以下几点：第一，以上研究均认为环境对人才成长会产生影响和作用，但只是停留于主观判断，未能验证这种影响是否存在；第二，并没有区分环境的不同维度对人才成长的影响和作用的大小；第三，关于科研合作对人才成长的影响还缺乏研究。从社会网络理论来看，除了宏观环境影响科研人员成长的各种因素，微观人际环境发挥作用也不容忽视（顾平安，2000），特别是因科研合作关系形成的社会资本，目前学术界对这方面的研究还比较少。有鉴于此，本书结合社会资本理论与人才成长进行研究，针对这些空白点提出理论模型和假设，并展开实证研究。为了探讨科研合作网络对人才成长的影响，分别测量不同合作网络的社会资本，并在模型中引入知识共享这一潜变量，进一步分析社会资本对人才成长的影响。

10.3.2 理论基础及研究假设的提出

1. 社会网络

社会网络的连接，创造了群体内部成员间资源交易、交换的机会。然而彼此的连接，包括接触的频率、强度或多重关系以及网络结构的组态，且必须考虑其是否直接连接或间接连接。个体镶嵌于网络结构中，其认知、态度及其行为会受到所处的网络结构影响，无论是获取资源的机会还是被网络的整体规范限制了行为（Glaeser et al.，2002）。因此，社会网络的研究，大都针对个体所在网络结构中的位置，来分析该位置对其行为表现的影响。而在社会网络理论中，权力或影响力是重要的议题，因不同的网络结构就会产生不同的权力，而衡量个人的影响力大小，则是以中心性来检测，并借此了解网络成员控制资源可能性的结构属性。

2. 内部社会资本

Inglehart 将内部社会资本定义为一种信任和容忍的文化，其中存在自发联合的广泛网络（Inglehart, 1999）。Putnam 在他的研究中强调内部社会资本的网络、规范和社会信任等特征（Putnam, 1993）。张方华等将企业内部的社会资本概括为五个方面：各部门之间的信任和合作程度、员工的轮岗制、员工间的信任和知识共享度、企业文化的重要性以及团队学习的重要性（张方华和林仁方，2004）。本书整合以往研究，将科研合作网络的内部社会资本定义为：通过网络内部各成员之间建立在信任和规范基础上的相互联系组成的内部关系网络及依靠该网络可利用的实际或潜在的资源。社会资本有助于资源交换、发展知识分享，同时在群体内部强力地连接，可以创造出群体的凝聚力，使成员支持共同的目标。因此本书依据 Nahapiet 和 Ghoshal 提出的社会资本结构维、关系维与认知维三个维度（赵延东和罗家德，2005），构建科研合作网络社会资本测量的框架模型，如图 10-16 所示。

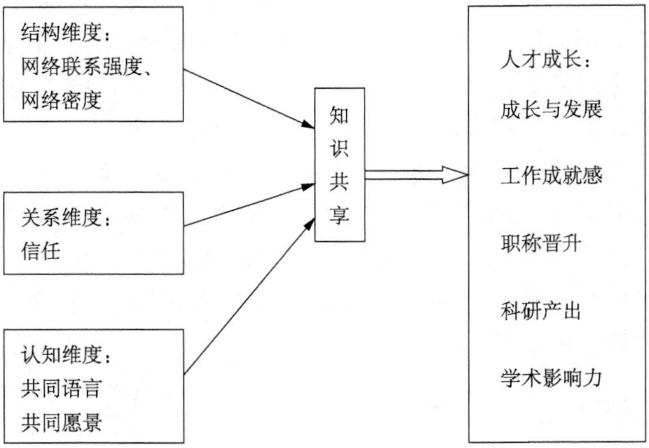

图 10-16　科研合作网络社会资本测量的框架模型

3. 结构维度

社会资本的结构维度，指行动者之间联系的整体模式。该维度强调社会网络的非人格化的一面，分析的重点在于网络联系和网络结构的特点，即网络联系的互动强度、网络密度、个体在网络中的位置特征，如中心性、中心与边缘结构、连接性等指标。其中社会网络的互动强度、网络密度与科技人员实现科研合作的机会紧密相关（孙红萍和刘向阳，2007）。紧密的网络结构有助于减少冗余信息，加快信息流动，使资源和信息的获取更加便捷，有利于网络内部创新能力的提高。个体在社会网络中的位置对其获取知识和技能的能力有着重要的影响，位于社会网络结构关键节点上的个体可以通过其在网络中的独特位置接近、占有更多网络资源，发现更多的机会和威胁，也更容易找到潜在的合作伙伴，即具有提高效率、接近资源、发现机会和消除威胁四方面的优势。同时有更多的机会接触到网络以外的新知识、新技能，从而为将来的发展做好前瞻性的准备，提高竞争力。

因此，我们提出假设：

H1a：网络联系互动强度与科研合作网络内知识共享程度正相关。

H1b：网络密度与科研合作网络内知识共享程度正相关。

4. 关系维度

许多的研究证实建立牢固的信任关系被认为是激发资源交换意愿的原动力（黎常，2009），信任也成为社会资本研究中的热门词汇。基于此，在综合众多文献的基础上，本书采用了信任作为衡量社会资本关系性维度的核心指标。

基于社会资本关系性维度下的科研合作更加注重成员之间的直接关系，成员的相互信任、互惠机制、行为规范和理解认同都可用来描述关系维度，而相比而言，信任对于科研合作更加重要，建立牢固的信任关系不仅可以让科研之间更好地进行知识、技能的转移，还能够促进新知识、新创意的产生。建立良好而稳定的信任关系能够促使科研人员在相互合作的过程中，更加注重追求共同目标，更乐意从事合作行动，在开展技术创新、产品研发时有更多的安全感和更开放的心态，从而有利于形成一种良好的创新创业氛围和环境。成员间共同认可并遵循的规范则有助于降低合作成员间的道德风险和消除信息交换的障碍。

因此，我们提出假设：

H2a：成员间信任程度与科研合作网络内知识共享程度正相关。

5. 认知维度

拥有共同语言是沟通的基础，良好的沟通有利于科研人员对彼此专业知识的了解，有利于对知识的理解与吸收，并容易建立共同的兴趣点，促进科研人员之间进行显性知识转移。对于科研人员间隐性知识的转移，除共同语言外，共同愿景就显得十分重要，没有共同的愿景，隐性知识的转移难以实现。基于此，本书把共同语言和共同愿景作为结构性维度的子维度。

科研人员经过长时间的相互合作，对共同关注的知识、技术等领域容易形成共同理解和共同的愿景，即通过相互合作形成新的共同价值取向，这种共同的愿景和价值取向，大大提高了科研人员合作的可能性，也使得他们更加愿意与其竞争者分享有价值的知识，并且愿意承担知识竞争者溢出时可能带来的风险（孙红萍和刘向阳，2007）。由于科研人员间的合作通常是以目标为导向，以任务为驱动，以解决实际问题为目的，这样通过带着问题进行工作可以促进创新，有利于共同解决问题、丰富网络知识。语言是文化的重要载体，共同的语言意味着共同的文化背景，科技人力资源间的相同文化背景有利于增进成员间的互信和交流，有利于知识、技能的转移和信息共享，同时有利于消除因文化背景差异而带来的合作障碍。

因此，我们提出假设：

H3a：成员间共同语言与科研合作网络内知识共享程度呈正相关。

H3b：成员间共同愿景与科研合作网络内知识共享程度呈正相关。

6. 知识共享的中介效应

知识共享的概念有广义和狭义之分。从目前已有的文献来看，不同的研究文献对知识分享的概念有不同的界定，本书引用的定义是：通过一定的共享制度框架，包括法律、伦理标准、行为规范、习惯等，行为者之间进行的自愿的，以知识包括经验、技能为主题的交互作用过程（Osterloh and Frey, 2000）。简单来说，本书采纳的“知识共享”定义，主要是从知识主体的共享“行为”方面着眼，是指在科研合作环境下，知识拥有主体有意识地、自愿地向所在合作网络内其他成员提供其个人私有知识的行为。

知识的创新来自于人际的互动，只有通过组织成员间的交流，才能促进创新知识的产生，进而激发个人成长。社会资本借由外界所建立的关系网络，有助于成员获得所需的信息及资源，并在组织经知识扩散后，促进资源的交换与结合，进而创新产品、创造价值。组织内部的扩散则牵涉拥有此资源的个体是否有意愿分享给其他个体，所以知识共享对社会资本与人才成长具有中介效果。因此，可以提出以下假设：

H4：知识共享与科研合作网络内人才成长正相关。

H5：知识共享在社会资本与人才成长间具有中介效应。

10.3.3 研究变量的测量与评价

1. 样本的信度与效度

本书通过下面几种方式来确保样本的信度和效度。首先，本书所使用问卷项目全部来自以往已发表的文献，很多学者都曾使用这些量表测量相关变量，并认为这些量表有可靠的信度和效度。其次，上述研究在开发问卷的过程中参考了之前的研究，本书在设计问卷时也尽可能找到了这些问卷的起源以及后续研究对这些问卷的发展。本书中所涉及的量表都是根据最早提出的量表以及该量表提出后学者的修订版完成初稿。再次，本书通过咨询相关领域专家，进行了问卷的预调查，在评估了问卷设计及用词方面的恰当性之后，再根据预试者提供的意见对问卷进行了修改。

2. 变量的测量

本研究共有 7 个概念需要进行测量，包括社会资本结构维度中的网络联系互动强度、网络密度，关系维度中的网络成员之间的信任程度，认知维度中的共同语言和共同愿景、知识共享程度以及人才成长性。

科研合作网络中成员间联系的频次反映了双方的重复交互程度，以及联系的密切程度和数量等。在借鉴前人研究的基础上，本书用成员的联系频繁程度、联系所花费的时间、密切程度三个因素对结构维度对网络联系互动强度进行测量。题项以利克特（Likert）五级量表来衡量，要求答题者根据自身社会人际关系的状况来回答：1 代表很少、很短、不亲密；5 代表很多、很长、很亲密。以“请列举与你有合作关系的科研人员数量”一个题项对结构维度对网络密度进行测量。题项以利克特（Likert）五级量表来衡量，1 代表 10 人以内；5 代表 50 人以上。关系维度主要参考韦影（2005）对企业社会资本的量表，用“网络成员间能真诚合作”“网络成员间能相互信守诺言”两个题项进行测量。认知维度通过“网络成员间因有共同语言能有效沟通”“网络成员中拥有一致的集体目标”两个题项度量。知识共享的经验研究较多，由于关注角度的差异，不同研究对知识共享的维度划分与测量各有侧重。本研究主要借鉴 Inkpen 开发的知识共享量表（Inkpen and Tsang, 2005）加以修正后作为对本研究知识共享的测量量表，包括“与团队成员共享所掌握的信息和技能的程度”等 4 个题项。衡量人才成长性的量表采用成长与发展、工作成就感、职称晋升、科研产出、学术影响力 5 个题项来测量。关系维度和认知维度调研问卷的所有题项都采用 5 级 Likert 量表。每个题项后面用数字标识 1～5 代表从“不认同”到“非常认同”5 个选项。最终，我们得到了共 17 个题项的问卷。

3. 研究数据的收集与预处理

采用了便利抽样，对某高校科研人员群体进行了调查。以发送电子邮件的形式进行邀请，调研采用受访者自填问卷的方式，共发放问卷 180 份，收回有效问卷 116 份，有效回收率为 77.3%。本研究使用统计软件 SPSS 17.0 对问卷调查所得资料进行分析，所使用的量化统计分析方法包括描述性统计分析以及相关分析、多元回归分析。

10.3.4 实证研究与数据分析

1. 描述性统计分析

本研究采用最常用的内部一致性系数（Cronbach's α 系数）来检验问卷的内

部一致性信度。一般来说，Cronbach's α 系数大于 0.6，则表明各个测量条款的内部一致性是可以接受的，如果 Cronbach's α 系数大于 0.7，则表明各个测量条款具有较好的内部一致性。结果表明，问卷各量表的 Cronbach's α 系数都超过了 0.7，其中绝大多数更超过了 0.8 的水平，可见本研究的量表整体的一致性较好，数据的可靠性较高，各量表的 Cronbach's α 值和因素分析的解释量见表 10-8。

表 10-8　各分量表的 Cronbach's α 值和因素分析的解释量

	网络联系互动强度	网络密度	信任程度	共同语言	共同愿景	知识共享	人才成长性
Cronbach's α	0. 904	0. 743	0. 912	0. 852	0. 830	0. 775	0. 891
解释量	67. 8%	70. 3%	74. 2%	58. 2%	60. 4%	59. 9%	76. 2%

本研究通过探索性因子来分析检验问卷的建构效度。我们运用主成分分析法，以特征根值大于 1 为标准来截取数据，并采用方差最大化正交旋转法（varimax）来进行因子分析。分析结果显示，KMO 值为 0.832，同时也通过了 Bartlett 球形检验（$p < 0.000$）。共有 3 个因子的特征根值大于 1，这 3 个因子的累计方差解释比例达到 71.35%。探索性因子分析结果表明，所有题项都较好地载荷到各自的因子上，且载荷系数较高。总体而言，问卷具有较理想的信度和效度水平，适合进行下一步相关与回归分析。

2. 相关分析

从表 10-9 的统计结果来看，社会资本的三个维度、知识共享以及人才成长之间均在 0.01 的显著水平上，存在显著的正相关关系。

表 10-9　各变量间的相关系数

变量	结构维度	关系维度	认知维度	知识共享	人才成长
结构维度	1				
关系维度	0.403**	1			
认知维度	0.318**	0.508**	1		
知识共享	0.490**	0.370**	0.511**	1	
人才成长	0.472**	0.530**	0.521**	0.480**	1

** 显著性水平 $p<0.01$（双尾检验）。

3. 回归分析

1）社会资本的结构维度与知识共享的关系

从表 10-10 可以看出：社会资本的结构维度中网络联系互动强度与知识共享

呈现显著正相关，H1a 得到支持；社会资本的结构维度中网络密度与知识共享相关不显著，H1b 假设不成立。

表 10-10 社会资本的结构维度与知识共享影响模型

自变量	模型 1	模型 2
常量	2.89**	5.96
知识共享	0.67**	0.8
F	2.17**	3.43
R^2	0.53	0.31

** 显著性水平 $p<0.01$（双尾检验）。

2）社会资本的关系维度、认知维度与知识共享的关系

本书将社会资本的关系维度、认知维度中的共同语言、共同愿景与知识共享进行回归得到模型 3、4、5，结果见表 10-11。社会资本的关系维度与知识共享显著正相关，H2 得到支持；社会资本的认知维度中共同语言、共同愿景与知识共享呈显著正相关，H3a、H3b 得到支持。通过表 10-9 中的分析数据可以得出以下结论：社会资本的关系维度和认知维度对知识共享均有正向促进作用。

表 10-11 社会资本的结构维度与人才成长影响模型

自变量	模型 3	模型 4	模型 5
常量	3.73**	4.45**	3.96**
知识共享	0.49**	0.67**	0.55**
F	2.79**	3.02**	2.91**
R^2	0.18	0.37	0.24

** 显著性水平 $p<0.01$（双尾检验）。

3）知识共享与人才成长的关系

本书将知识共享与人才政策进行回归得到模型 6，结果见表 10-12。可以看出，知识共享与人才成长呈显著正相关，H4 得到支持。

表 10-12 知识共享与人才成长影响模型

自变量	模型 6
常量	5.86**
知识共享	2. 77**
F	3.87**
R^2	0.72

** 显著性水平 $p<0.01$（双尾检验）。

4）知识共享在社会资本与人才成长间的中介作用

本书将科研合作网络的社会资本对人才成长进行回归，得到模型 7；并将社会资本和知识共享均作为自变量，与人才成长进行回归，得到模型 8，结果如表 10-13 所示。科研合作网络的社会资本对人才成长有显著影响，而加入知识共享变量后，社会资本对人才成长的显著性消失，这证明知识共享因素在社会资本与人才成长间起完全中介作用。因此，H5 得到验证。

表 10-13　知识共享在社会资本与人才成长影响中起完全中介作用模型

自变量	模型 7	模型 8
常量	4.93**	3.68**
社会资本	0.52*	0.11
知识共享		0.79*
F	4.83*	8.46**
R^2	0.27	0.33

* 显著性水平 $p<0.1$；** 显著性水平 $p<0.01$（双尾检验）。

10.3.5　推进科研合作网络中创新人才成长的对策建议

从模型的分析可以看出，为实现更好的科研合作，提高知识共享程度，加快人才成长，势必要增强同事和领导信任，加强社会网络的联系强度；同时为避免过分集中的小团体现象产生，应适当降低网络密度；树立科研合作目标，提高共同愿景和共同语言，因此，从提高社会资本效益的视角出发，建立信任机制和沟通机制，并以激励机制为保障，只有这些要素相互促进、协调发展才能保证科研合作的有效运行。

（1）沟通机制的建立。沟通是科研合作最重要的工作形式，通过沟通，彼此可以分享知识和技能，进一步提高知识的价值。有效的沟通对于科研合作的成功至关重要。我们可以从沟通的关系维度和任务维度出发，建立科研人员的沟通机制。关系维度为科研人员之间的长期合作与相互交流提供了平台和沟通的愿望，而任务维度指的是如何通过沟通更好地处理项目中与任务有关的内容，如项目信息、任务及成果等。

（2）信任机制的建立。信任机制是科研合作成功的核心要素，因为成员彼此之间的关系存在不稳定性，同时存在着知识产权保护等方面的顾虑，就会产生惯性的自我保护心理和行为，妨碍合作行为的进行和深入。因此，建立相互信任机制就显得非常重要。信任机制的建立在于组织要构建信任的文化和制度氛围，让科研人员之间有建立信任的土壤和环境，同时消除影响信任建立的一些因素。

科研小组内的科研人员是否相互信任、是否能够充分地进行交流与合作是科学家顺利发展，提高科研质量的重要因素。在当今社会中，科学技术发展日新月异，交叉学科层出不穷，一个人不可能精通所有专业领域内的知识，在这种情况下，进行合作研究对科学家的科研活动来说是十分必要的，因此，科学家工作的科研小组内的成员之间是否能展开充分的合作与交流是十分重要的（殷国鹏等，2006）。这需要小组成员消除彼此之间的距离感，不同职称、不同领域之间的成员经常交流、互通信息，如此才能在学术前沿问题上相互促进，迅速解决科研过程中存在的疑难问题。充分的交流与合作必须以信任为基础，没有信任就没有彼此之间充分的合作与交流，科研活动只能是缓慢地发展甚至停滞不前、完全没有活力。因此，信任、合作作为社会资本中非制度性规范的存在对提高科学研究活动的绩效具有重要作用。

（3）激励机制的建立。科研人员是一个追求自主、个性和创新精神的特殊群体，他们在保证物质激励的基础上，更加注重工作的挑战性和精神上的激励。因此，科研合作激励机制的建立，要坚持以人为本，构建物质激励与精神激励并重的激励机制，其中主要从绩效考核激励、组织文化激励、目标愿景激励与分配激励四个方面开展。

本章小结

本书将社会资本理论引入科技管理领域，首先对社会资本的基本理论及人才成长研究的相关文献进行了回顾，而后结合问卷调查数据，从关系、结构、认知三个维度考察不同社会资本与知识共享、人才成长之间的内在联系，发现组织环境因素能够对科研人员成长产生直接影响。较高的科研人员社会资本有助于提高科研人员合作效率，从而提高整体的创新绩效，加快科研人员成长。因此，在科技管理工作中应该更加注重社会资本的积累、整合和利用，从而更好地实现科研合作，为建设科技强国营造良好的人文环境。在今后进一步的研究中，我们将采用定性与定量相结合的方法开展研究，并进一步完善社会资本视角下科研人员合作机制的研究。

11 加快创新型人才成长的有关建议

本书在三个层面上对创新型人才的成长进行了讨论，包括：

（1）个体层面。相关研究证明，创新人才具有一些共同点，如创造性、创新意识、创新精神、创新能力等。为此，认识和准确把握创新人才的特征，对研究和了解创新人才来说具有非常重要的意义。在这个层面，本书探讨了父母教养方式与创造力的关系、个体在组织中的适应性绩效表现能力。

（2）组织管理层面。个体创造力的持续发展、创新成果的诞生，离不开组织创新氛围的激励和培养。为此，本书探讨了组织中创新人才成长中存在的问题及其相关原因分析以及研发团队、组织创新氛围的构建，并从企业人力资源管理的视角，从识人、留人、育人、用人等角度提出促进企业创新人才成长的对策与建议。

（3）国家与地区层面。这里主要涉及人才引进政策、地区创业创新氛围的构建，并着重剖析了无锡市的人才引进措施和创业环境建设。

在这三个层面上，本书进行相关理论探讨以及创新型人才的深度访谈，根据以上研究思路和探讨的主题，本书提炼出以下 6 方面 33 条创新型人才成长规律，以供政府及相关管理机构进行创新型人才培育政策制定时参考。

11.1 孕育创造力的原生家庭氛围

11.1.1 父母情感温暖

> “父母对我是比较放松，比较尊重我的想法。”
>
> ——摘自本书访谈记录

父母情感温暖与创造力的发展有显著的正向关系。父母在养育过程中，应该通过言语、表情让孩子感受到被爱、被关注、被尊重、被信任，允许孩子在某些方面有独到之处，能容忍孩子与他们有不同的见解。在孩子遇到失败挫折、不顺心的事时，能感到父母的鼓励和支持。在孩子做的事情取得成功时，让孩子感觉到父母为此很自豪。如果父母能参与到孩子的业余爱好活动中，带领孩子一起体验成长过程的丰富多彩，则更有意义，能激发孩子对生活的热情和创造。

11.1.2 注重父亲教养

父亲对于一个孩子的发展，特别是对于其自我认同，具有尤为重要的作用，特别是父亲的积极参与和负责任明显对孩子的一生都有益处。相比较于母亲教养，父亲教养能更多地帮助儿童得到对世界、对社会和人的信心和自信，得到对人宽容和忍耐的力量，得到适应环境的能力，帮助儿童成为心理功能完备的人。父亲的支持能给儿童带来信心、胜任感，从而有效地克服不良情绪的障碍，从而提升孩子对外界的适应能力。

11.1.3 品质教养重于能力教养

"个人的品质一个是勤奋，还有人品要好，而且要有团队精神，以一颗包容的心对待一切事情，我觉得这三个方面是最重要的。"

"我觉得性格品质受父母影响很大。他们是很积极进取的状态，比较勤奋，然后为人比较诚恳，我觉得这些对我的影响是比较大的。"

——摘自本书访谈记录

创新型人才的突出表现并非在于其智力，而是良好的个人基本品质，包括目的性、独立性、纪律性、自制力、果断性、勇敢精神和坚持性。为此，父母教养应重在培养孩子坚强的意志、适应生存的能力、承受挫折的能力、独立处理问题的能力以及健全的人格、社会公德和诚信品质。为此，父母首先需要磨炼自身的品质，改善自己的言行，从日常生活中点点滴滴的小事做起，为孩子品质成长做榜样。

11.1.4 提倡高学历父母的开放式教养

"我父母对我最大的影响是教会我怎么做人。因为学习方面基本是靠自觉，而且当时不像现在小孩压力这么大，当时除了上课，回来把作业做完，没有辅导书，也不会去看书。"

"我父母就是农民，他们对我不严，放羊式的，假如你想读书，你就读好。"

"我觉得我从小还是比较独立的，父母对我的读书还是没有太多的帮助的。我妈在生活上比较关心我，但是成绩还不错，所以没有太多督促。"

——摘自本书访谈记录

虽然父母的关爱对孩子的创造力的培养有积极意义，但是当父母的关爱程度过了头，转变为干涉、轻易否认孩子的观点、强加父母的想法，就成为消极影响因素了。根据本书的访谈与实证调研，发现高学历父母虽然文化程度高，对孩子的想象力培养有促进作用，但是易过度干涉孩子、左右孩子的自然成长，起到了负面的作用，不利于孩子创造力的综合培养。而在一些低学历父母家庭中，开放式的教养方式则对孩子的人格独立、学习能力成长起到了积极的作用。为此，我们提倡在高学历家庭中，父母关爱的同时多一份对孩子的尊重，用开放式的心态给予孩子更多的自主空间，则能较大程度上激发孩子的创造力产生。

11.2 创新型人才人格特征与独特能力

11.2.1 尊重自我职业兴趣

“首先是兴趣使然，然后在兴趣的基础上毅力这一因素是最重要的。”

“你喜欢怎样的工作，热爱怎样的工作，你就有这种去钻研、去努力、去追求的精神，这是最重要的。”

“出了成果，觉得还是有点满足感，有些兴趣了，因为钻进去以后，你发现还有很多没有解决的问题，这种欲望会驱使你去解决，就产生了兴趣。就是说一些成就积累起来，兴趣就慢慢积累起来了。”

“我做这个工作有几年了，我非常喜欢。它没有过变化，它深入到我的血液呼吸之中。”

——摘自本书访谈记录

职业兴趣是一个人对待工作的态度，对工作的适应能力，表现为有从事相关工作的愿望和兴趣，拥有职业兴趣将增加个人的工作满意度、职业稳定性和职业成就感。如果对于职业没有极大的兴趣，就很难投入其中，并把它进一步深入。愿意实验、对周围事件不断进行加工，有利于辨认潜在的新颖事物、激发创造的能力。为此，尊重自身的职业兴趣，并带着热情深入进去是创造性产生的必要条件。

11.2.2 理智的职业规划

“当适应一个新的环境后，会考虑个人的发展，就是规划个人的人生，到了 35 岁后，我应该从哪方面转型，我个人就是转向学术，没有过多追求行政，本来行政和学术就是有矛盾的。

“我觉得最大一点就是有所为，有所不为，这个东西就是要选择放弃，比如说我当时留校到出国之前，我也上课，但是有的课我会放弃，而且那时候完全凭学时拿钱，所以我拿了大概七八年每月只有50块钱的工资，后来我在职读博士，也发表一些文章，职称也上去了，所以你要有所选择，要懂得放弃一些东西，不能什么都要，我知道现在年轻人压力更大，但是要有所为，有所不为，要敢于放弃一些东西，要有一个最终的目标。”

——摘自本书访谈记录

职业规划是职业生涯乃至人生进行持续的、系统的、计划的过程，包括职业定位、目标设定、通道设计等内容。理智的职业规划是将个人发展与组织发展相结合，在对个人和内外环境因素进行分析的基础上，确定出自己的事业发展目标，并选择实现这一事业目标的职业或岗位，编制相应的工作、教育和培训行动计划，对每一步骤的时间、项目和措施作出合理的安排。

11.2.3　开放沉稳的职业心态

“我思想比较独立，从不迷信权威，我都是提出自己的想法，当然我也不是完全不考虑别人的意见，在听报告的时候，如果觉得别人说的是对的，我也会采纳。”

“首先我觉得最基本的工作是踏踏实实地去做工作，目标明确，把工作做好了，我觉得五年过后差距就不会很大了，但是这五年需要大家切实地努力。”

“我觉得要扎实，有一个好的心态，要耐得住寂寞，不能浮躁，要打好基础，在自己喜欢的领域方向根据组织需求来决定自己的发展方向。现在年轻人最大的问题就是研究分散。”

“对于学术创新，除了良好的师生关系，其他的包括：思维方式的开放性、发散性，不同领域的不同学术语言的沟通，不畏权威，不迷信权威。”

——摘自本书访谈记录

职业心态是指在职业当中，应该根据职业的需求表露出来的心理感情，是对自己职业及其职业能否成功的各种心理反应。具有创造性的人一方面充满想象和幻想，一方面又脚踏实地。要做到既超越现实又不和现实失去联系，这两个方面都很重要，因为真正的创新是植根于现实之间的。

11.2.4　持续的学习能力

> “我的灵感来自大量知识的阅读和掌握，在阅读和掌握中会发现问题，这是最重要的，第二是要联系实际，如果经济研究离开实际办学，就是空中楼阁，所以一定要联系实际，在实践中寻找问题，要在社会服务中寻找学科发展的新增长点，研究一个新的突破点，在不同学科的融合中寻找学科研究的突破点和增长点。”
>
> ——摘自本书访谈记录

对于创新型人才来说，学习是一种常态。持续学习的能力，是一种能从自己过去的经验和经历中学习和思考，能从他人的经验中学习和思考，能去不断尝试和接受新的事物或方法，能不断在实践中进步的能力。

创新型人才的学习方式不局限于把先前在某一情境中学到的一步步操作性措施和图式化的参与技能迁移过来，而是学会应用结构化的方式在不同情境中获得新知识、创造新知识，从而实现具体情境中的自我意识，提高对当前情境的分析能力，并通过对自己认知过程的监控与评估获得制定行动策略与自我调节的综合能力。只有具备持续学习的能力，才有可能不断超越自己，才有可能耐心地寻找能触发自己的积累从量变到质变的机遇，从而提高成功的概率。

11.2.5　灵活的人际交流能力

> “内向外向是个人问题，用现在流行的话题是如何处理你的情商与智商的问题。还有年轻人要注意的一个问题就是处理好与同事的关系，因为与同事既是竞争的关系又是团队的关系。”
>
> “对于刚接触一点事业的年轻人，我建议他首先学会表达自己，表达自己的情绪，表达自己的想法，有效地！因此多一点的社会接触没有什么坏处。”
>
> “参加一些国内国际的会议很重要，一是跟人家交流，知道人家在做什么；二是人际交往也是很重要的，比如申请项目，人家知道你，这样就比较容易。”
>
> ——摘自本书访谈记录

人际交往能力实际是一种社会智力，是个体了解他人及与他人相处的能力。“酒香不怕巷子深”已经不适合于当前的时代，人际交往已经成为一个知识传递、知识分享、知识创新的重要条件。一个创新的成果要得到承认，也需要研究者不时地走出书斋进行适当的自我介绍以及适度的自我表扬。高效的人际交流需要创新者具备一定的情商，包括理解自己和他人的情绪、尊重不同的观点和视角、体验他人感受、有效澄清、达成共识等。

11.2.6 良好的时间管理能力

“在夏威夷大学里面，好多研究员、教授兼着课程，也有教学任务，但是他们无论有没有课，教师自动会上班、在办公室，除非休假、出差。就是上班时间，无论有没有课，都会在那里。”

“每天至少睡 8 个小时，为了得到充分的休息。一般喜欢在晚上很晚的时候工作，因为那时更加安静，利于思索。我大多时候喜欢一个人，思索是自己的存在。我当然更需要讨论，因为真理越辩越明，有时不同的思维方式会让问题的有趣性和死角显现。”

“如果单纯从学术方面来讲的话，觉得美国和中国相比，最大区别就是美国做科研是纯粹的科研，没有其他的杂念，而且纯美国人做科研的话，只是上班时间来做，下班时间是绝对不会碰科研的。”

“该做科研的时候就搞科研，该唱歌的时候就唱歌。”

——摘自本书访谈记录

承担创新任务的研究者往往面临着繁多的、不同性质的工作，但时间有限，必须具备一定的时间管理能力。但时间管理并不是要把所有事情做完，而是更有效地运用时间。时间管理意味着需要决定哪些是最为重要的事情，哪些是次要的事情，哪些是不应该做的事情；同时，时间管理并不是为了达到完全的掌控，而是降低变动性。为此，时间管理是具有战略性的，有效的时间管理需要进行事先的规划，对自身行为进行一种提醒与指引。更进一步，时间管理实际是对人生规划的塑造和解读，根据你的价值观和目标来管理时间是一项重要的技巧，使你能控制生活、善用时间，朝自己的方向前进，而不致在忙乱中迷失方向。

11.2.7　压力调适能力

> "篮球、足球，这是我最喜欢的。"
>
> "要养成一个习惯，到现在我也会去俱乐部，定期或不定期锻炼，主要是适合这个年龄段的，羽毛球啊，健身运动啊。"
>
> "家庭的支持是很重要的。"
>
> "首先是她承担了很多家庭内部的事务，使我从家庭事务中解脱出来，不用有过多的分心；第二是她非常理解。像我开始从事一份工作，干好它，肯定要花大量时间，这个她非常理解，对工作理解是非常重要的，理解了才能支持，不理解也不可能支持。"
>
> ——摘自本书访谈记录

创新工作者不可避免会面临着职业压力，需要正视压力并调节压力到可以承受范围内。压力调试可以从两个方面来进行。一是自身调试，通过运动、兴趣爱好活动降低生理压力，通过认知习惯改善降低焦虑感、优化情绪状态；二是通过构建外界的社会支持系统来释放压力，这个社会支持系统包括亲属、朋友、伙伴等社会人以及家庭、单位、党团、工会等社团组织所产生的精神上和物质上的联系程度。善于压力调适的个体会积极利用社会支持系统，主动寻求他人的帮助，进行及时的负面情绪疏通，重拾生活、工作的信心和力量。

11.3　创新型人才激励措施

11.3.1　倡导差异化激励

创新型人才大多以脑力劳动为主，善于学习，自我学习能力很强，善于独立思考问题，对待新生事物敏感并且好奇，喜欢分析性和创造性工作，容易沉迷于未来，有理想和个人远期目标。因此，每一位创新型人才都是独立的不同于他人的个体，在不同时期，他们的需求、态度及个性各不相同。为此，满足创新型人才不同的当前需求，才能达到最大的激励效果。

企业在运用企业文化对创新型人才进行激励时，可以通过全面的调查分析来了解创新型人才的不同需求，从而根据这些不同的需求制定相应的企业文化激励措施。比如说，部分创新型人才当前的最大需求是得到自我能力提升，那么就可以通过组织培训来达到激励的目的；部分创新型人才当前的最大需求是自我目标实现，那么就可以通过授权管理来实现激励。

进一步，创新型人才对激励的需求是将企业愿景和个人愿景相结合，容易被企业文化精神理念所感染，管理者应注意将企业愿景激活，帮助其扩大视野，将眼光放远一点；尽量为其安排创造性和挑战性工作，在鼓励创新的前提下允许他们犯非原则性错误，并告知其工作难度较大，并非一般人能完成；管理者要为此类员工尽可能提供学习机会。

11.3.2　注重内部动机激励

内部动机的主要特征为对职业活动本身的注意和兴趣，具体表现为：期望在对新事物的学习、探索和理解中获得快乐和满足，期望在超越自我、创造或完成一些事情时获得快乐和满足；期望体验参与活动时的刺激性情绪。

相对于外部动机激励，内部动机激励更有利于个体创造力的发挥。在组织中，个体的内部动机主要激发来源包括：具有挑战性的工作、工作中的自主性、充足的时间和资金资源、团结互助的团队精神、管理者的鼓励、组织在价值承认上的支持。进一步，内部动机激励可以促进知识的创造和转移，尤其对于知识型员工来说，内部动机可以鼓励其去完成多任务性质的工作，如一些未在劳动契约合同中完整描述的工作，从而充分调动组织中的无形资源，创造和转移隐性知识。

激发个体内部动机的管理措施可以包括：促进个体在工作中积极参与各种活动、推行工作中的自我管理原则，让员工自己考虑基于自身追求的社会准则在哪里，以促进不同利益间的竞争性协调；对于绩效奖励采用不确定的方法，鼓励自我目标设定，避免挫伤员工的工作热情；建设良好的人际关系，培育团队精神，并要给予团队合作行为以充分的社会性承认。

11.3.3　注重职业生涯规划

各种组织都需要对创新型人才进行积极的职业生涯规划，因为职业生涯规划不仅仅是个人的事，还与企业组织的发展战略息息相关。

管理者需要通过积极沟通，了解创新型人才的职业兴趣和愿望，让创新型人才认识到自己的长处、短处和潜能以及组织的发展目标和需求，然后结合个体和组织的需求，制定切实可行的个人职业发展的计划、目标和远景，实现个体的职业目标和企业发展目标的统一。

科学的职业生涯规划有利于创新型人才发掘自我潜能，增强个人实力，评估个人目标与现实之间的差距，从而可以采取可行的措施，不断地增强职业竞争力，实现职业目标，从而对企业实现目标有很大帮助。职业生涯规划是有计划、有目的的，制定职业生涯规划可以增强个体发展的目的性与计划性，提升成功的机会，提升应对竞争的能力。

注重创新型人才的职业生涯规划，可以达到组织人力资源需求与个人职业生涯需求之间的平衡，创造一个高效率的工作环境和引人、育人、留人的企业氛围，切实提高员工工作的积极性与主动性。

11.4　创新型团队管理

11.4.1　团队愿景重于团队目标

“我从来不清楚那些指标是怎么计算的。”

——摘自本书访谈记录

愿景不同于目标。目标是由管理者设定，然后分解成子目标落实到组织的各个层面，是一种由上级给下级规定目标的单向过程。下级只是被动地接受目标，缺乏沟通。而愿景是团队成员在认知层面的共识，是在团队中被广泛澄清、普遍接受并在现实中具有实现的可能性。对于一个创新团队来说，团队愿景就是一个有价值的成果展现，代表着一个高层次的目标，每个团队成员也清楚地预知愿景实现会为自己带来什么价值。

要形成创新团队的愿景，就需要解决团队成员之间对于工作目标、发展方向、价值体现等方面的认知差异，就需要在团队中建立开放式的对话和解释氛围，消除不同团队角色话语之间可能造成的歧义和误解，团队成员间应该相互了解，建立信任的情感纽带。而团队管理者需要灵活的管理技巧，包括鼓励异义、促进对话、科学决策等。

进一步需要明确的是，创新团队的愿景并不是为了解决一个已经界定清楚的问题，或者很难说有一个清晰的终点，而是对愿景的解释可能始终在进行之中，因为创新是在变化的外界环境中不断变化的。

11.4.2　注重团队成员之间的社会性互动

“创新团队是我们的弱项，团队不可能是靠行政命令形成的，应该是在长期从事科研活动的过程中形成的。”

“高校教师是最没有团队精神的。”

——摘自本书访谈记录

创新型的团队是一种实践共同体，即团队成员应该有着共同的关注点、同样的问题或者对同一个话题的热情，并通过不断的行为和语言互动互相影响，从而加深在这一领域的知识和专业技术。为此，创新团队管理需不断鼓励员工的合作性意识和行为、相互之间的沟通和交流，进行知识互补；在建立信任和合作愿望的基础上，面对需要解决的实际问题，表达不同的观点和看法，建立良性的认知冲突，使得每个团队成员带着对自我认知的意识和调节，去解决认知冲突，从而激发新的思维。

创新型人才渴望获得良好的人际关系和他人的肯定，这个需求只有在团队合作中才能得到最大的满足。为此，强化团队成员有效互动，不仅可以促使创新型人才不断提高自身素质，还能在组织内部形成一种凝聚力。

11.4.3 重建师徒制

"在我的事业发展过程中，我时常向身边的朋友提起一个人，和他对我这一生事业选择的影响。把我还算成功的现下归因于他，我觉得一点都不过分。他就是我的博士生导师，××教授先生。当我还在犹豫地选课题的时候，他适时地出现了，在他开的"纳米材料和技术"课上，他用他投入的姿态、生动的语调和执着的兴奋感染并吸引着我加入；当我最终进入他的课题项目却有时发现疑无路的时候，他用他丰富的想象力一次次地为我指向光明；当我尽情投入忘记自我忘记生活的时候，他却把我拉向了巴西里约的海滩，教我游起了泳；当我在面临未来选择的时候，他建议我回国，说中国的科研环境正在好转，相比较于美国正削减某些科研方面的投入（比如能源储氢），中国政府却在加大对科研的投资。"

"导师和学生的关系是一个很有趣的课题。毫无疑问，这对于学术创新有着决定性的作用。好的师生关系可以带来无尽的好处，这样的例子数不胜数。而糟糕的关系带来的反目以及仇恨也不少见。"

"从一个学生的角度来说，我还是比较尊重导师的，即使有时会觉得他处理的方法有些不对，但我也会尊重他，安排的事情也会认真地去做，包括以前的院士把我派到别的单位，但我仍然尊重他，所以不管导师怎么对我，我对他都是尊重的。从导师的角度，我现在也是导师嘛，该严的时候比较严，该关心人的时候我也比较关心他们。"

——摘自本书访谈记录

传统的师徒制是寓教学于工作之中，学徒在实践中逐步掌握技术要领，师傅在整个过程中起着演示、指导、修正的作用，徒弟跟随师傅参与日常工作，在实践中先观摩师傅的做法，然后自己尝试做，并由师傅手把手指点，直到学会为止。

现代的培训理念一度弱化了师徒制培训的作用，转而推行大规模的、标准化的培训方式。而实际上，师徒制在目前一些高科技企业又被重拾。因为师徒制的优点在于通过近距离的社会性接触，能使新手最大限度地获得专家所具有的隐性知识。师徒制不是对新型培训方式的否定，而是一种更加积极完善培育新人的手段。

知识的创新重在隐性知识的领悟，而隐性知识存在于实践活动中，存在于学习者自身的体验中。为此，团队中知识的传承与创新来自每个成员对实践活动的参与。从新员工入职开始，团队管理者就需要考虑采取什么样的实践搭档组合形式来促进新员工的学习。在搭档组合中，成员之间性格、教育程度等方面的匹配，也会影响到新成员学习与成长的效率。

在师徒关系中，导师的角色包括教练、顾问以及支持者。即导师应该帮助徒弟发展其技能、提供支持并帮助他们建立自信、代表其徒弟积极介入各项事务，进行游说，让徒弟得到更重要的任务。

相对于没有参与师徒制的个人而言，参与非正式师徒制的员工在组织里有比较高的满意度、认同度和机动性，并能培养自动自发的精神和创新能力。为此，对渴望被引导的人来说，如果能在职业生涯早期遇到良师益友，就可能有助于他较快升迁，薪水也较高，而且对未来的职业发展有比较高的满足感。

同样，在科研机构中的导师制团队中，教练性的、支持性的师徒关系会极大地促进青年学者的成长。好的导师培养学生的独立科研能力，能一针见血地指出实验问题并提出建设性意见，好的导师言传身教，以理服人，甘为人梯，积极营造宽松的学术环境和良好的人际氛围。而平庸的导师把人当作有手的工具，只会发派任务、催促下属。为此，科研团队的导师甄选不能只是看其职务和发表的文章，还需要看人品、学术水平、沟通能力和利于创新的思想观念。

11.4.4 团队管理者的两个角色：创新推进者和跨边界管理者

> “比如说我在美国的老板，我觉得他就比较适合做管理工作，一方面他有在外交流把课题拉过来的能力；另一方面他有把团队里的人高效地利用起来的策略。会用人。”
>
> ——摘自本书访谈记录

在创新型团队中，团队管理者需要明确自身的两个重要角色。

（1）团队管理者要成为创新的推进者。这种创新推进者角色的功能表现为：能确保团队的每个成员都有机会表达自己的想法和意见；能有效化解团队中的冲突，确保不给团队及团队成员带来负面的影响；致力于在团队内部营造和谐的人际关系；为了有效完成团队工作任务，能创造出新的行动战略和方法；就工作任务的分配方法，能与团队成员进行充分的协商；能在团队内部建立行之有效的行为标准和奖惩制度；能把握好团队的工作进度，确保团队阶段性目标和最终目标按时完成。

（2）团队管理者要成为跨边界管理者。这个角色的功能表现为：能和组织外部的利益相关者进行充分的协调；能和组织中其他部门的成员进行充分的合作；能密切关注组织内外的环境变化，寻求对团队有用的信息和技术；能在组织内外努力争取各种所需的资源；就创新项目完成应达到的目标，能与客户或者上级管理方进行充分的协商与沟通。

11.5　建立创新导向的组织氛围

11.5.1　在组织战略层面明确创新型人才引进用途

“引进人才目的要明确，就是引进他来干什么，所以还是回到了需求，在哪个专业发展，达到国内领先水平还是世界先进水平，这个要明确。”

“不要为引进而引进，要知道我引进他来干什么，由我要让他来干什么来评价他，他有没有这个能力做，有没有这个领导才能做，这个领导才能不是管理的，是团队的，所谓的 leader，无论是科研还是其他，因为现在省里面是为了 GDP，各个省进行竞争，我有多少个高校，有多少个重点学科，有多少个院士等，就从来不比对国家创新的贡献等。”

“用人方一定要明确雇佣这个人的目的，自己的组织目标、组织愿景一定要清楚。”

——摘自本书访谈记录

从组织层面上考虑创新型人才引进，要依据组织的发展战略思路和制度安排，以有效的途径和措施，有成效地吸引人才、引进人才、使用培养人才。

为此，从人力资源管理的角度，在人才引进前，需要完成两个环节的管理。一是完善人力资源规划，即以全面核查现有人力资源、分析企业内外部条件为基础，以预测组织对人员的未来供需为切入点，内容包括晋升规划、补充规划、培训开发规划、人员调配规划、工资规划等；二是完善岗位设计与职位分析，即对职位设置目的、汇报关系、任职要求、主要职责、衡量标准、工作权限、工作方式、主要流程及制度等方面作充分的、详细的分析及说明，并明确岗位用人需求，确定完成这一工作所需要的知识技能等资格条件。

11.5.2　科学测评创新型人才，重视心理契约

"引进人才首先还是看素质，然后看科研的能力，其他方面是可以弥补的。"

"用什么手段增加对引进人才素质的了解？……要跟他周边的人去了解，比如说同事啊，老板啊等。"

"我参与了去年的博士、硕士研究生招生面试。所里通过各种方式确立高门槛，甚至把英语口语也提上日程。我作为口语考官面临了两难的境地，我发现很多学生在学术方面有想法，英文却不怎么样，而英文流利者大多没有太花时间搞专业了。我该怎么办呢？"

"有的是为工资来的，有的是在原来的地方待不下去了，你想想这样的人引进来能干什么呢？"

——摘自本书访谈记录

创新型人才的能力体现可以分为三个层次：一是专业的精通程度，考量一个人在多大程度上能完成被正式要求的工作；二是对环境的适应程度，考量一个人在多大程度上能适应工作环境或者工作角色上的变化，当组织进行变革时，能积极学习新的技能，或承担新的工作任务；三是能动程度，考量一个人在多大程度上进行积极参与或发起工作系统或工作角色行为上的变革，表现为能提出建议让工作更有效，能对工作方法进行创新或改进，以提高组织的绩效，重点表现在于：行动、果决、未来策略导向、把握机会、前瞻。

相比较而言，以上三个层次的人才，其创新能力是逐步提高的。在目前的人才引进中，重在对第一个层次能力的考察，通过对其已经做出的学术成果进行鉴定。而第二层次尤其是第三层次的能力一般是无法系统考察的。在人力资源管理界，目前人才测评工具逐步完善，组织可以通过系统的人才测评体系来测量创新型人才的能动性，具体地可以包括量表测定、无领导小组讨论、角色扮演、案例分析、模拟面谈等。而在现实中，因为高校和科研院所在人力资源管理能力上的

薄弱和不重视，能充分有效应用这些测评工具的机会很少。

进一步，从成长激励的角度来看，创新人才的引进需要考虑组织用人方与引进人才相互的心理契约。心理契约是指在组织与员工的相互关系中，员工所感知到的彼此为对方承担的责任。这些责任与关系可能并没有具化到纸质的合同书上，是隐含的、非正式的、未公开说明的，但是确实真实存在的。相关研究证明，员工对心理契约违背行为的认知与不良的员工行为（包括离职、工作粗心）存在高度正相关，而与积极的员工行为（如工作绩效、组织公民行为、组织承诺）和态度（如工作满意度、组织忠诚度）存在高度负相关。为此，作为应聘的双方，需要最大限度地达成心理契约。表 11-1 列出了心理契约的基本内容。

表 11-1　心理契约中组织与员工双方的责任

	组织对于员工的责任	员工对于组织的责任
规范	组织提供明确、具体、有关工作环境和物质待遇的条件，一般有明文规定。 如：薪水、福利、稳定的工作保障	员工遵守组织制度和行为规范，承担组织明确规定的工作要求和岗位职责。 如：保守商业机密、接受组织安排的工作调整等
人际	组织提供良好的人际环境，关心员工的个人生活，为员工解决生活中的困难。 如：尊重员工关怀员工的个人成长和个人生活，开诚布公地交流	员工为组织建设良好的人际环境，与周围同事相互帮助、资源共享。 如：对同事提供额外的帮助；主动配合上级完成各项活动
发展	组织给员工提供事业发展的空间，能够使员工充分发挥自己的优势和潜能。 如：工作的挑战性、创造自由；培训与学习的机会	员工付出额外的工作努力，自觉承担角色外的工作任务，促进组织事业的发展和成功。 如：主动承担额外工作而不计报酬；努力使个人业绩创优

根据此表可以看出，创新型人才的引进，在人际与发展层面上的心理契约尤其需要重视，达成共识，才能最大限度地发挥创新型人才的能动性，创造更好的绩效。

11.5.3　明确区分科研人员与科研管理人员的不同岗位职责与能力需求

“我觉得科研管理工作意义也很大，但想要做好，我觉得对这个行业要热爱和有这方面的素养，做科研的能力和做科研管理的能力是不太一样的。”

“我感觉到现在非常不好的习惯就是睡眠时间太少，行政工作比较繁忙，社会应酬太多，这个应酬，在我看来，是我最头疼的问题，但是学院要发展，目前这个社会状态，你必须要应酬。”

“就行政来讲，就要提高效率，要分权，调动班子的积极性，对他人充分信任，明确责任。”

“什么样的人适合担任行政职务？……首先在做事情方面要公平，不能有小圈子的思想，如果是自己圈子的人，就给他一些好的任务等，但是我觉得很多人还是做不到的；第二个是自己在专业方面要过得去，这样的话才能把握院的方向。”

——摘自本书访谈记录

人职匹配是现代人力资源管理的基本理念，个体差异是普遍存在的，每一个个体都有自己的个性特征，而每一种职业由于其工作性质、环境、条件、方式的不同，对工作者的能力、知识、技能、性格、气质、心理素质等有不同的要求。匹配得好，则个人的特征与职业环境协调一致，工作效率和职业成功的可能性就大为提高；反之则工作效率和职业成功的可能性就很低。因此，对于组织和个体来说，进行恰当的人职匹配具有非常重要的意义。

目前，在一些高校、科研院所内，科研指标成为甄选管理人员的重要标准，科研做得好，就容易晋升至中层管理，甚至主管学生工作的教师也面临报考博士的竞争和压力。“博士化”成为通用的人才成长必经之路。但实际上，科研人员与科研管理人员是两种不同的职位，职责不同，对个体特征的需求也不同。在这一点上，企业的研发人才管理做得较为清晰，表 11-2 列出了某科技公司研发部总监和研发工程师不同的岗位职责和任职要求。

可以明显地看出，研发工程师需要对专业具有强烈的好奇心，喜欢新生事物，对问题喜欢刨根问底，以钻研为乐趣，以不断开发高质量产品为主要职责。而研发管理人员，需要为科研人员制造一个鼓励创新、适合研发的环境与范围，制度研发策略并具备营销与市场竞争的理念。从任职要求中可以看出，领导力、组织建设、员工激励、绩效管理、沟通谈判、公众演讲、财务这几项突显全局观、过程管理的能力均为研发管理者所独有，而研发工程师重在个人的工作积极性、责任心、团队合作方面。

根据职业倾向理论，一般来说，精于与物打交道的人不会精于与人打交道。为此，能将技术研发做到高层次的人才，一般不具备优秀的与人沟通、领导他人的能力。所以，要想将高层次创新人才的能力发挥到极致，必须扬长避短，慎重考虑他是否具有管理能力。而选拔科研管理型人才，不要求他的专业能力做到多么高的层次，而重在他的管理、领导、与外界沟通能力以及激励他人的能力。

表 11-2 高级研发工程师与研发部总监工作说明书对比

	高级研发工程师	研发部总监
岗位职责	1. 使用 C/C++语言进行电信增值业务平台的开发； 2. 根据软件需求说明书，进行需求评审和软件设计； 3. 根据软件设计文档，编写高质量的程序； 4. 编写测试用例，完成单元测试，进行代码走查，提交检查单； 5. 代码维护，包括问题定位，故障修改，代码优化	1. 根据公司总部提出的战略目标，制定事业部战略，提出事业部的业务规划、经营方针和经营形式，经公司总部确定后组织实施； 2. 完成经公司总部确定的各项经营指标； 3. 主持事业部的基本团队建设、规范内部管理； 4. 拟订事业部内部管理机构设置方案和基本管理制度； 5. 审定事业部具体规章、奖罚条例，审定事业部工资奖金分配方案，审定经济责任挂钩办法并组织实施； 6. 审核签发以事业部名义发出的文件； 7. 召集、主持总经理办公会议，检查、督促和协调各部门的工作进展，主持召开行政例会、专题会等会议，总结工作、听取汇报； 8. 向公司总部提出事业部的更新改造发展规划方案、预算外开支计划； 9. 推进公司企业文化的建设工作
任职要求	1. 熟练使用 C/C++语言，具备扎实的编程功底和丰富的编程经验； 2. 熟悉 Unix/Linux，Sybase/Oracle 数据库环境下相关软件开发； 3. 对通信网络有一定的了解； 4. 工作积极主动，有较强的责任心、团队合作技术，良好的沟通表达能力； 5. 有从事大型电信系统开发的经历者优先考虑； 6. 学历要求：本科工作三年以上，硕士工作一年以上； 7. 成长空间：进一步拓宽专业视野，成为电信增值业务领域领先的技术专家	1.硕士以上学历，MBA、EMBA 人员优先，特别优秀者可放宽至本科； 2.至少五年以上企业高级管理职位（总监级以上）工作经验，三年以上相关行业从业经验； 3.具备良好的职业形象和优秀的职业素养； 4.至少具备下列三项优势能力：领导力、组织建设、员工激励、绩效管理、沟通谈判、公众演讲、财务、协作； 5. 能承受较大的压力，高度的工作热情，良好的团队合作精神； 6. 有强烈的责任心和使命感，能够承受各种压力； 7. 敏锐的市场洞察力和突出的市场拓展能力

11.5.4 为科研人员和科研管理人员设计多通道职业发展路径

“我们身边有一些本来做科研很好的年轻人，我还是蛮敬佩他的，但是你会发现，突然因为某个机会他去做官了，然后因为做官他就偏离这个学术道路了，我会觉得非常可惜，然后从创新的角度我真不明白他的价值观是什么样，一定要通过做官这条路才能够去在学术上有所方便，但是我觉得他去做官几乎就是放弃了一定的学术的钻研，他根本没有时间和精力。”

“我觉得最遗憾是二十五岁到三十四五岁，大概八到十年，行政事务多些，因为一个人的精力是有限的，科研和学术研究也在从事，但没有用很多的精力用于学术研究，而且这个年龄又是打基础的时期，所以这个非常遗憾，只能以后弥补。”

“前一段时间系里面工作很忙，占用了很长的时间，我就希望院里面有一些会议可以少一些，有些会议与我关系并不是很大。”

“让我当系主任，我说还是再待一年再说吧。我觉得最近一两年还是把科研做好，担任行政职务会占用一些时间，因为目前是我做科研的黄金时期，再往后年龄大了就不行了，如果学院真的让我担任行政职务，我想再过一年。”

“本来行政和学术就是有矛盾的。”

——摘自本书调研访谈记录

给优秀拔尖的科技人员封官，往往变成了一种重要的激励手段，似乎科研人员走上管理岗位，才更能体现自我价值。而实际上，同时担当科研人员和科研管理人员两个角色，对本身已经具有一定学术水平和创新成果的人才来说，并不意味着持久的学术能力提高或者持续的创新成果出现。学术性人才的职业发展通道是否一定要归拢到管理型岗位上，是一个值得商榷的问题。这里面存在着一个巨大的诱因就是：有官职容易争取来项目。而这里面存在的一个巨大的隐患是：有官职的人，做科研的时间和精力必打折扣，便会更多地利用学生和下级来完成项目。为此，这个逻辑的结论是：更多的项目是由不完全具备学术能力的次一级人才来完成的。

为此，在界定清楚科研人员与科研管理人员不同的能力需求之后，必须为这两种人员设计不同的职业发展通道，区分不同的岗位职责，以便人尽其才、人尽其职。在表 11-2 中，某高新技术企业的高级研发工程师的成长空间是成为电信增值业务领域领先的技术专家，而非研发经理。图 11-1 表示了某高新技术企业管理类职位与科研类职位之间的关系。

在这张图上，技术员出身的员工可以在科研的职业通道上持续发展，也可以在管理类的职业通道上持续发展。两类职业通道都具备足够的职业发展空间，进一步获得更高、薪酬更丰厚的职位。两类职业通道之间具有转换的机会，即从资深研究员转换为地区经理助理，但仅此一次转换机会。资深研究员在具备了一定的专业能力后，如果确实具备良好的管理能力发展潜质，可以转为管理类岗位。如果确认具备进一步发展的科研能力，则在科研类职位通道上继续发展。随着科研类岗位的提高，则不能随意转向管理类岗位，因为在一定程度上，科研能力越高，管理能力越弱，且研发工作做得越久，越发缺少管理经验和相应的视野，无法转向同级别的管理类岗位。

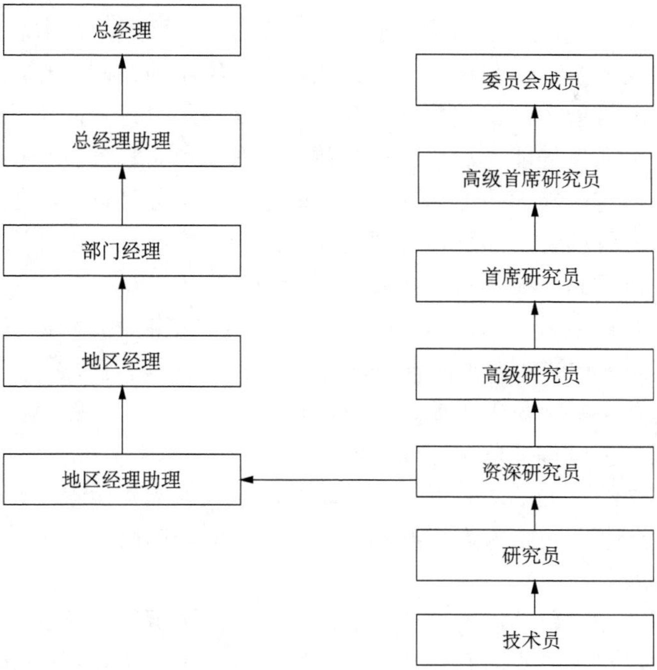

图 11-1 某电信企业技术员职业发展通路设计

这种多通道职业发展路径在高校或者一些科研院所中是不具备的。科研能力突出的专业人员在职业发展过程中轻易转而做官，除去价值观的问题，最可惜的是一个潜在的创新人才可能就此陨落。而这类科研人员是否具备相应的管理能力，是否在管理岗位创造好的绩效，更需要打个问号。为此，可以这样说，这种轻易从科研转向科研管理，是严重的资源滥用，是严重的损害组织创新绩效的行为。而设计两种不同的职业发展通道，可以有效避免这样的情况发生，将真正对两类不同能力的人员起到激励、持续发展创新的作用。

11.5.5 加强科研管理者的管理能力培训

> “我们学校的中层，好像从来没有参加过什么管理能力培训，会有培训开会，一般就是学习政策。”
>
> ——摘自本书访谈记录

根据现代人力资源管理理念，管理的实质就是“管人”，用各种管理方法和技能充分调动人的主动性和积极性，关注员工与组织的共同成长。德鲁克认为，中国缺乏优秀的管理者，其实并不需要更多地从外面引进，而是让现有的管理者多学习一些“管人”的能力，就会很有效。而对于科研管理者来说，管理创新型人才更需要具备这个能力。因为创新人才的培育，实际是创新氛围的培育，而创新氛围，实际是各种管理制度、管理文化的综合，为此，可以这么说，创新管理者的能力与素质提高，比创新人才的科研能力提高更迫切。

但是，相对于企业来说，事业单位与科研机构严重缺乏对科研管理人员管理能力的培训。他们关注的多为各种数据的统计和汇报，而相对缺乏对人自身的关注。

管理能力并不完全是天生的，是可以培养、学习的。一般地，针对管理者管理能力的提高，可以包括以下培训内容。

（1）非 HR 经理的 HR 管理：了解基本的现代人力资源管理理念以及人力资源管理的一般环节，包括人力资源规划、职位分析、招聘、培训、绩效考核、薪酬、员工关系等。

（2）管理技能：包括沟通技能、情商学习、冲突解决、跨文化管理、时间管理、授权管理、员工激励、有效决策、团队管理、员工职业生涯规划等。

（3）职场心理健康：了解基本的心理学常识，提高对自己以及他人身心状况觉察的能力、体验并领悟促进身心健康、化解职业压力的方法。

为此，从人力资源管理的角度来说，加强科研管理者的管理能力培训应该成为一种持续、长久的创新管理手段，比单纯地强调创新人才的专业能力成长更为有效。

11.5.6　重视内部创新型人才的培养

“我觉得在这方面，应该打破常规，也不一定是海外的就好，也不一定就是 211 学校或者是 985 学校培养出来的就一定好。就是说，比较能干的话，单位应该给他创造一个最好的宽松的环境。现在的有些东西就是杀鸡取卵，高校到底是培养人才还是搞科研，为了培养人才，必须有一流的科学家和学者，一流的科学家和学者必须落到培养人才的实处。”

“首先我觉得要支持年轻人，创造有利于他们成长的环境，这个比什么千人计划、百人计划更有效。”

“千人计划不可能一个人干，还是要有年轻人来干，二是有好的选拔机制，给年轻人一个良好的环境，我觉得他们肯定能成为人才，然后建立一个公平的环境，但是我觉得现在国内这种关系、圈子还是非常严重，圈子里的人提拔就快一点。”

"如果有一天我们也要像美国那样，把所有的劳动密集型产业外包，需要自己创造新的行业，新的领域，新的就业危机感，那我们的创造力也会喷薄而出的。"

——摘自本书访谈记录

在人力资源管理的招聘管理中，针对一个岗位的空缺，是外部招聘还是内部招聘一直是各有利弊考虑的。表 11-3 列出了内外部招聘的优劣势对比。

表 11-3　内部招聘与外部招聘优劣势对比

	优势	劣势
内部招聘	● 有利于提高员工的士气和发展期望； ● 对组织工作的程序、组织文化、领导方式等比较熟悉，能够迅速展开工作； ● 对组织目标认同感强，辞职的可能性小，有利于个人和组织的长期发展； ● 风险小，对员工的工作绩效、能力和人品有基本了解，可靠性较高； ● 节约时间和费用	● 容易引起同事间的过度竞争，发生内耗； ● 竞争失利者感到心理不平衡，难以安抚，容易降低士气； ● 新上任者面对的是"老人"，难以建立起领导声望； ● 容易近亲繁殖，思想、观念因循守旧，思考范围狭窄，缺乏创新与活力
外部招聘	● 为组织注入新鲜的"血液"，能够给企业带来活力； ● 避免组织内部相互竞争所造成的紧张气氛； ● 给组织内部人员以压力，激发他们的工作动力； ● 选择的范围比较广，可以招聘到优秀的人才	● 对内部人员是一个打击，感到晋升无望，会影响工作热情； ● 外部人员对企业情况不了解，需要较长的时间来适应； ● 对外部人员不是很了解，不容易做出客观的评价，可靠性较差； ● 外部人员不一定认同组织价值观和组织文化，会给组织稳定造成影响

在培育创新型人才的过程中，外部引进一直是一个主流声音。限于我国创新型人才的缺乏，具有前沿知识、视野宽阔的领军式创新型人才确实需要在国际范围内引进。但是，更多的、具有一定潜力的创新型人才还是应以本土化人才、内部人才为主。

培养内部创新型人才，需要管理氛围的改善，包括科学的人才测评机制、晋升通道的科学设计、创新团队的培育、建立良性竞争氛围、以人为本的组织文化理念、管理者能力的提高等。

11.5.7　推行全面绩效考核，弱化“职称”

“国内在评职称上有些问题，太注重量了，不注重实际的科学贡献，科学贡献不能按量来计算，比如发表了很多文章，但实际上没有解决很重要的问题。”

“在国内的话，有些人发表很多文章，但是质量很差，没有意义和创新性，水平很低，但是国内评职称对此好像无所谓，有发表文章的数量就可以评教授。”

“绩效考核很有趣。在一个需要时间和厚积薄发的领域，却在后面用鞭子催着赶路。从石子里挑出了玉，却也苦了真正干活的。职称制度和晋升制度对真正投身做研究的没有太大的吸引力，点到即止，够了就行。倒是催生了很多的假冒伪劣。”

“在学术圈里有哪些因素最为制约年轻人的创新？……论资排辈。”

——摘自本书访谈记录

职称是指专业技术人员的专业技术水平、能力以及成就的等级称号，反映专业技术人员的学术和技术水平、工作能力的工作成就。

在中国的现状下，职称主要代表社会地位，职称通过申报、评审，由主管部门授予，一般认为是否授予职称是由主管部门领导决定，评审主要是形式。职称可以作为学术贡献和声誉的体现，有高职称的人享有较高的社会经济和福利待遇，但与实际技能未必有直接关联，甚至于早已异化为现实的物质待遇而被一些有权势有关系的人玩弄于股掌之中。职称作为确定专业技术能力的通用标准，在各种项目申请、奖项评定中成为年轻学者的“拦路虎”。长此以往，职称造就了学术创新领域中的“马太效应”，即强者越强、弱者越弱的现象，严重制约了创新型人才的发展。

在科学的绩效考核体系中，需要对员工在工作过程中表现出来的工作业绩、工作能力、工作态度以及个人品德等进行全方位的评价，并用之判断员工与岗位的要求是否相称。表 11-4 中列举了某企业研发人员的绩效考核体系。

相对于企业中的绩效考核，事业单位与高校对创新研发人员的绩效过于注重“量”，如课时量、项目申报量、论文发表数量，而非常缺乏对“质”与“态度”的考核，包括工作水平、工作态度、团队协作、创新建议、知识分享等。相比较于这张绩效考核表，职称充其量只是对应着其中的 5%～35%（岗位技能+工作质量）。为此，过于关注职称的考核体系是非常狭隘的、偏颇的。

表 11-4　企业研发人员绩效考核表列举

部门：研发部　　　　　　　　岗位名称：研发工程师　　　　　　姓名：________

考核项目		分值	考核成绩等级区分				
			100%	80%	60%	40%	20%
A 日常工作表现与绩效（90%）	任务进度	15	无须督促，及时准确地通报工作进展	会及时通报工作进展	在督促下会按照要求通报工作进展	在督促下会偶尔通报，但不及时	不通报工作进展状态
		15	经常提前完成任务	及时完成任务	基本能及时完成任务，偶尔延期	完成任务需延期1/3左右时间	延期一倍以上时间
	工作质量	10	主动依照要求开发，解决商讨各种问题解决方法	无须督促，能依照要求进行开发	在督促下，大部分情况能依照要求开发	偶尔能依照要求开发，被批评后会改进	不能依照要求开发，多次提醒不接受
		10	所有成果符合公司规范，完全遵守开发管理流程	绝大部分成果符合公司规范，绝大部分情况遵守开发管理流程	大部分成果符合公司规范，大部分情况遵守开发管理流程	大概1/3成果符合公司规范，大概1/3情况遵守开发管理流程	工作成果经常不符合公司规范，经常不遵守开发管理流程
		10	所有工作成果都能一次性通过测试或评审	绝大部分工作成果能一次性通过测试或评审	大部分工作成果能一次性通过测试或评审	大概1/3工作成果能一次性通过测试或评审	工作成果经常无法一次性通过测试或评审
	工作数量	10	超出平均工作量，已超负荷工作	超出平均工作量	工作量饱满	低于平均工作量	几乎没有什么工作
	岗位技能	5	能完整了解需求，能指出设计的不足并解决，缺陷极少	能很好地了解需求，缺陷较少	在指导下能较好了解需求，但缺陷较多	经常将需求理解错误，导致开发结果不正确	不能理解设计需求，不能实现开发意图
	团队协作	10	解决问题对事不对人，坦诚相待、主动协调配合、顾全大局	能利用多种机会与他人进行坦诚沟通，建立较好的工作关系	能主动与他人进行沟通，有时表现出不耐烦的情绪	较为自我，不太愿意与人主动沟通，自我封闭较多	态度生硬、自以为是，不愿意与人沟通和交流，计较个人得失
	工作态度	5	对任何工作有积极持久热情，具有主人翁态度，对分内分外之事都能主动去做	工作热情，能主动考虑问题，并主动提出解决办法，积极承担力所能及的临时工作	主动性和热情较高，不需要督促，对临时交办的工作基本上能够承担并完成	有一定的工作主动性和热情，偶尔需要督促，很少提出建议，对临时交办的工作有推脱现象	工作不主动，缺乏热情，需要上级不断督促

续表

考核项目		分值	考核成绩等级区分				
			100%	80%	60%	40%	20%
B 特殊表现 （10%）	新人培训	10	同时指导两名以上新人，且均通过部门考核、顺利转正	指导一名新人，且通过部门考核、顺利转正	为新人制订合理的培训计划，且实施效果良好，阶段考核达到预期目标	为新人制订合理的培训计划，但实施效果一般，阶段考核未达到预期目标	为新人制订了培训计划，但实施效果较差
	知识培训	5	主动提出工作相关的知识培训，培训内容得到参与人的认可，培训效果好	主动提出工作相关的知识培训，培训内容得到参与人的认可，培训效果较好	能够按照指导的培训课题制作出合理的课件，培训效果良好	能够按照指导的培训课题制作出合理的课件，但培训效果一般	按照指导的培训课题制作出的课件一般，培训效果较差
	创新建议	5	本月度提交的创新建议有3个以上被采纳	本月度提交的创新建议有2个以上被采纳	本月度提交的创新建议有1个以上被采纳	本月度提交的创新建议未被采纳，但被保留	本月度提交的创新建议均被拒绝

进一步，绩效考核是动态的，企业对研发创新人员的考核周期在一个月到半年之间，考察员工近期的表现，绩效成绩是经常变动的。而职称只是代表了过去的成绩，能将过去的成绩一劳永逸地享用下去，只能滋生各种专注于获得职称的机会主义行为。

> “有年轻老师为了评这个教授吧，至少要到副教授是吧，前几年是铆足了劲地干干干，上了副教授就说，我就这一辈子在这位子上熬死了。就不做事了，或者说是少做事了，那可想而知。那我们评这个副教授到底是为什么呢？就评了以后，最后就评了一个家庭主妇出来。”
>
> ——摘自本书访谈记录

为此，为了激励创新人才的持续成长、真正激发创新意识，需要推行全面绩效考核，包括以下内容：

（1）建立科学的绩效考核理念：绩效表现包括行为和结果两个方面，不仅要考核工作业绩（也就是工作的结果），也要考核工作能力和工作态度；

（2）全面制定绩效考核目标，包括考核维度（包括工作业绩、工作能力和工作态度）、考核周期等；

（3）加强日常的绩效监控管理，管理人员需要与员工持续沟通、收集绩效信息、进行辅导和咨询；

（4）明确绩效考核主体：确保直接上级考核，鼓励自我考核，兼顾同事、下级与客户考核；

（5）推行绩效考核面谈：管理者需要针对下级的考核成绩进行及时的面谈，指出存在的具体问题，分析原因，鼓励成长。

11.5.8　推行宽带薪酬，弱化"职称"

一般来说，薪酬体系包含以下内容。

（1）基本工资：又可以分为基础工资、工龄工资、职位工资、技能工资等；

（2）绩效奖金：可以包含全勤奖、超产奖、节约奖、年终奖、效益奖等；

（3）补贴：可以包含夜班津贴、车船补贴、降温费、特种作业补贴、出差补助、住房补贴、伙食补贴等；

（4）福利：包含补充养老、医疗、住房、寿险、意外险、财产险、带薪休假、免费午餐、班车等；

（5）长期激励方案：如股票期权，一般为管理层持股，向核心人才倾斜。

在这些薪酬内容基础上，不同价值导向的薪酬体系侧重不同。一类是高稳定薪酬模式，基本薪酬是薪酬结构的主要组成部分，绩效薪酬等处于非常次要的地位，所占的比例非常低（甚至为零）。即薪酬中固定部分比例比较高，而浮动部分比较少。并且，在这一类薪酬模式中，与职位密切挂钩的薪酬比例很大。为此，晋升成为最大的发展目标。

另一类薪酬模式是高弹性的，绩效薪酬是薪酬结构的主要组成部分，基本薪酬等处于非常次要的地位，所占的比例非常低（甚至为零）。即薪酬中固定部分比例比较低，而浮动部分比例比较高。在这一类薪酬模式中，与职位密切挂钩的薪酬比例很小，发展能力、创造好的绩效是最大需求。

毫无疑问，高校与各种科研院所的薪酬体系属于前者，2009 年，高校教师岗位改为 13 个等级，不同级别的教师享受不同待遇。相关政府管理部门本意是希望这样细分岗位之后，能刺激有一定技术水平的教师参加等级评选，享受不同的待遇。而实际上，这样的变革是一种管理理念上的倒退，因为职位等级多、级差小，优秀教师与普通教师的工资差距无法拉开，教师专注于岗位升职，而真正有创新潜力的教师，因为岗位级别较低，在以职称为主要评价要素的氛围中无法突显创新，受到的激励程度很低。

目前，在一些逐步接受现代管理理念的国企中，已经开始逐步进行薪酬变革，实行宽带薪酬制。所谓的宽带薪酬就是指对多个薪酬等级以及薪酬变动范围进行新的组合，使原来很多的薪酬等级合并为等级较少但宽度增加的新的薪酬结构。一般来说，每个薪酬等级的最高值与最低值之间的区间变动比率要达到 100%或

100%以上。一种典型的宽带薪酬结构可能只有不超过 4 个等级的薪酬级别，但每个级别内部的浮动范围可能高达 200%～300%。图 11-2 和图 11-3 对比了传统的多级别薪酬和宽带薪酬之间的差异。

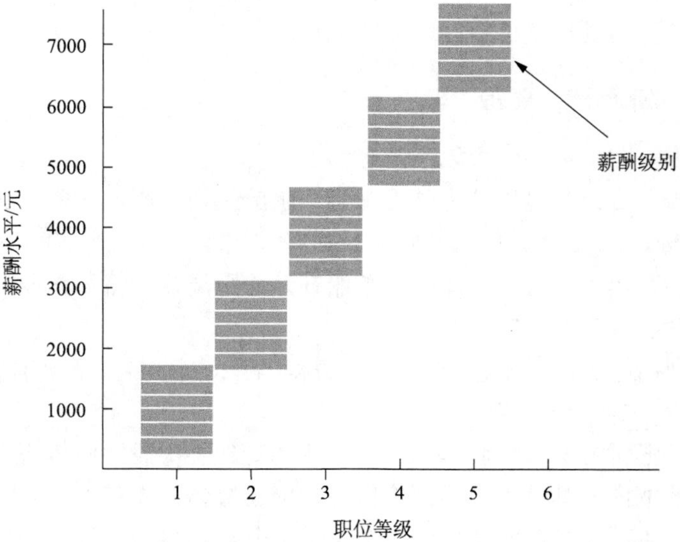

图 11-2　传统的多级别薪酬体系

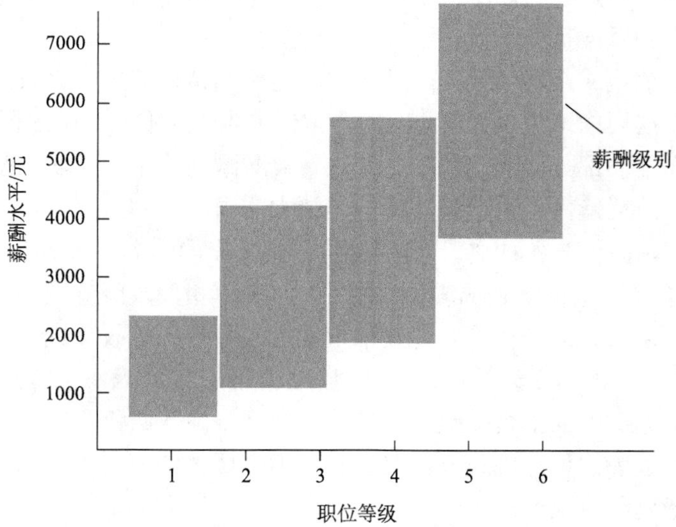

图 11-3　宽带薪酬体系

宽带薪酬最大的特点就是压缩级别，将原来十几个甚至二三十个级别压缩成几个级别，并将每个级别对应的薪酬范围拉大，从而形成一个新的薪酬管理系统及操作流程，以便适应当时新的竞争环境和业务发展需要。这样不仅能简化相应的行政工作，而且有利于激励员工。因为在宽带薪酬结构下，由于同一级别内部薪酬差异很大，与本次考核周期内的绩效表现联系密切。为此，员工将专注于自身工作能力的提高，从而减少了专注于升职的恶性竞争，乐于营造创新氛围。

11.5.9 提倡科学健康的领导-下属关系

> “并不是以领导作风为依据的，领导作风只能影响企业业绩，但是影响到什么程度很难说。整个企业的多种因素恰到好处地组合在一起，才能发挥最大效用，业绩才能好。现在很多企业强调魅力型领导，即使你强调魅力型领导，什么样的领导是魅力型领导，你能不能找出一个来，即使你找出来了，你敢不敢用？你把理论讲得头头是道，运用到实际中来，就做不出什么事情来，所以我们还是看实效。”
>
> ——摘自本书访谈记录

“官本位”氛围中，领导与下级之间的权力距离是很远的，并且滋生了各种不良现象，制约了创新氛围的培育。在现代领导学理论中，领导与下属之间的关系被认为是一种双向的互动关系，领导做得是否称职，并不单独取决于领导自身的因素，也不来源于对情境的控制，而是取决于领导和下级之间是否有效互动，不同的下属对同一个领导会有着不同的评价。

健康的领导与下属之间的关系，是领导让下属体验到被支持、被信任、被关注，而非感受到必须执行、必须遵从。在这种理念的指导下，有效的领导不仅仅考虑自身的人格特质和行为风格，更需要近距离地考虑与每一位下属之间的互动关系。更进一步，下属在这个双方关系中的影响力是不容忽视的。优秀的下属不仅仅是遵循领导意见、接受指导，更能够给领导建议并影响领导。

研究证明，上级支持感能极大地增强员工的工作满意度，有效激励员工，营造创新氛围。在这里，上级是指直接上级。为此，为了培育创新型人才，每一级领导都需要考虑认真倾听下属的建议，及时进行反馈，建立与下属的情感纽带，了解下属的职业目标和期望，关注下属是否实现了自己的目标，保证下属为了将来的发展可以得到另外的培训或教育，提供有发展机会的新任务，少运用位子权力，多运用个人影响力。

11.5.10　营造必要的职业危机感

“德国评教授还是比较严格的，博士以后要工作五年嘛，至少五年，就博士后。在此期间也有的是十年，就是说，十年以后你就要申请终生位置，也就是所谓的教授，或者说教授级别的这种，所谓的终生位置。那假如，你如果到那个时候你还找不到工作什么的，或者还没有这方面的工作，那他就会觉得你不太适合搞科研了。因为这个，就相当于长期的经历，你觉得这条路已经走不通了。那你可以换其他的，也有很多人改行。”

“国外就是说，它就以能力为所谓的真正的水平嘛，你没有水平，他自己也认了啊。这一点，国外是比较实事求是的。”

——摘自本书访谈记录

根据本书的调研，在事业单位中，即使员工的组织政治知觉很高，也不会直接影响其对工作的满意度。其中一个重要原因是事业单位稳定的职位，没有职业危机感，也没有职业流动意识和能力。同样，在高校与科研院所，在获得一定的职称之后便缺乏持续的创新动力，原因在于没有职业危机感。

树立一定的危机意识是创新的前提。对于个体来说，这种危机感体现在对工作的珍惜程度上。危机感强的员工，总会尽职尽责做好工作，并努力成为自我驱动的学习型人，主动性强，不怯于竞争，能实现持续创新。

营造适宜的职业危机感，还需要有良好的组织氛围。在高校与科研院所，职称似乎是造就职业危机的最大原因，科研做不好，有限名额的职称评不上，考核成绩不好，薪酬上不去。而这种危机感的塑造，是有失偏颇的。因为职称塑造了唯一的竞争方向，考核方法单一，注重“量”不注重“质”，不重视人才的自然成长，以行政名额的分派为评选依据，且能上不能下。这种“职称危机”造就了恶性竞争、非理性竞争、各种机会主义的诞生，创新浮于表面。更进一步，“职称危机”造就了这些潜在创新人才的能力弱化，若是竞争失利，发展其他职业通道的能力非常有限，综合能力较差，易产生职业疲惫感，甚至造就恶性后果。

为此，保持适度的职业危机感，并不是员工个体的事情，更多的是组织管理的责任。组织管理要考虑怎样建立科学的、良性竞争的组织氛围，营造适宜的职业危机感，并同时塑造创新型人才的持续职业竞争能力。如合理的职位规划和晋升通道设计，建立以绩效工资为主的考核体系，通畅的沟通与反馈体系，健康的上下级关系，培养团队合作意识等。

11.5.11　关注创新人才的职业心理健康

“应酬占用了大量的时间，没有办法，我基本上没有休息时间，礼拜六、礼拜天都要工作。”

“现在一般晚上一点到两点睡觉，一天五六个小时左右的觉。”

——摘自本书访谈记录

创新精神包括好奇心理，探究兴趣，创新的动机和需要，对新异事物的敏感，对真知的执着追求，对发现、发明、革新、开拓、进取的百折不挠等。而这些创新要素是否能在创新型人才身上有效地体现出来，与其心理健康水平有着密不可分的关系。现代职业人面对瞬息万变、竞争激烈的局面，每天都要承受来自社会、环境、工作、家庭、学习及自身等各个方面的有形或无形的压力，承担创新任务的创新型人才更是如此。心理健康的损害往往从生理健康开始，如头痛、失眠、胸闷、注意力无法集中、全身乏力等，进而表现为孤独、苦闷、易激动、焦虑等精神症状，严重者可能会出现人生无意义感、极端思想、怪癖行为、抑郁等心理问题。这无论是对个体的健康生活，还是对组织的创新绩效，都是一种损害。为此，组织管理者在关注创新人才创新工作佳绩的同时，需要及时关注他们的职业心理健康。

创新型人才保持健康的心理，可以从三个方面进行。

（1）行为调节：如善于休息、参加适当的体育运动、培养个人兴趣，感受到快乐。

（2）认知调节：转变一些不良认知，建立起正面的认知理念，如能面对现实，不管现实对自己是否愉快，知道什么是应该做的，什么是不应该做的；既无过多的幻想，遇到困难也不逃避；对自己的能力、条件、情绪和动机有明确的了解，不会做出不符合社会标准的事，情绪稳定，遇事能正确处理；对自己的作用和价值有正确的认识，既尊重自己，也尊重别人；赏识别人的能力，能从自己的同事、配偶、孩子、亲戚和朋友中得到乐趣；善于分享、给予和接受爱与友谊，热爱自己的职业和工作，不见异思迁。

（3）组织支持：建立员工心理援助系统，通过培训、沟通、团队活动、咨询等方式提倡健康生活方式，提高个体处理压力的能力，并营造理解、尊重、相互信任的组织文化氛围。

创新型人才心理健康，需要个体与组织管理者的共同努力，是保持持续创新能力的基本前提。

11.6 国家与地区创新环境建设

11.6.1 提倡独立、自由、开放的教育理念

"大学的一个重要的层次就是自由，还有一个重要的层次就是创新，再一个重要精神就是独立。"

"学校的教育理念和学生的意识上要加强，国内有着一种不好的现象是老师说了什么，权威说了，就他们说了算，我们不能提出反对的意见，这样不行。学生要有独立思考的能力，老师说的话不能全信，也可以有自己的意见，多与老师交流。在课程上要设立一些培养学生思考能力的课。"

——摘自本书访谈记录

一个国家的持久创新，需要看它的教育理念。一个以服从、统一为基础的教育理念会抹杀个体的成长本性，一个以稳定、"官职"为导向的教育文化只能促成更多的不良现象。如果教育者的教育模式不创新，是不可能培养出大批创新型人才的。这里，教育理念的创新需求贯穿了幼儿、基础教育和高等教育。

幼儿的教育理念在于父母，良好的家庭环境是人生的第一步财富。为此，父母的人生价值观、行为习惯与方式至关重要。在这里，提倡强调亲情、尊重孩子个性、平等交流、提供孩子充分成长空间的父母教养方式。

基础教育以学校为主，是青少年逐步成人、培养社会技能、完善自我人格的重要时期。这个时期的教育理念，应以尊重学生个性、面向全体学生、评价多样化、鼓励失败中的创新、品格教育为主，并且，需要提倡开放式的创新能力重于封闭式的考试能力，教师的师德重于专业能力。

高等教育的办学理念，对国家创新能力的建设更为重要。传统的高等教育注重质量，偏重于对知识的传承与掌握，更多的是以学生掌握的知识的多少来衡量质量的高低。但以创新为导向的大学生更应该注重社会和专业需要的综合素质、实践能力和创造力。也不能以一个标准来衡量多种类型和层次的学生，比如不能够拿学术型人才教育所要求的标准来要求技能型人才教育。高等教育不应该封闭于大学中或者高等教育系统内部，而是需要具有开放性，与社会及业界进行广泛的联系，此联系不仅表现在大学对社会的服务，而且表现在社会和业界对大学教育的影响和作用。并且，要做到这些开放性，需要从教师开始。教师的知识体系如果永远是从课本到课本，就无法对学生进行开放式的教育传承。

> “我们学院提倡一个教师对接一个企业，金融系的老师对接一个银行，国贸系的老师对接一个企业或政府组织。”
>
> ——摘自本书访谈记录

高等教育理念的变革，需要从高校的管理机制入手，包括对高校的领导机制、行政化的官僚主义盛行、缺乏办学自主权等。只有进行高校自主变革，才能真正实现国家高等教育理念的变革。

11.6.2 重视人文科学的发展与创新

> “很难想象，一个学校如果没有强势的人文学科专业，能成为名校。”
>
> ——摘自本书访谈记录

由于历史和认识上的原因，长期以来，中国的高等学校注重专业教育而忽视文化素质教育，即使是在文科院校和专业，也注重的是专业教育，强调的是人文专业知识的把握，而不是人文精神的培养以及人文知识内化为学生人文素质的提高。

培养创造型人才是一项综合性的工作，一个重要的方面就是在学校中建立人文与科学融合的理念。随着时代的发展，人文教育与科学教育的融合越来越成为我国教育界以及社会其他各界所密切关注的问题，只有很好地解决这个问题，大学生文化素质教育才会真正落实，人才创造力的培养才会有所实现。

为此，创新型国家的建设，离不开人文科学的发展，从家庭教育氛围到一个地区的创业文化建设，都与每个人的基本人文素养有关。

11.6.3 注重高层次管理人员的引进，培养“领导者”而非“管理者”

目前，各地在引进高层次科技人才的同时，也逐步考虑引进高层次管理人才。高层次管理人才需要具备两种能力。一是对外扩展的管理能力，包括市场意识强，熟悉国内国际经济运行规则，在生产经营、资本运作等方面具有较高造诣；二是对内的管理能力，即具有科学的人本管理理念，能有效激励创新型科技人才，营造创新组织文化氛围的管理能力。

目前，各地区各创业园区在引进高层次管理人员时，较强调第一种能力，相对缺乏对第二种能力的考虑。但实际上，能持续激励高层次创新人员的能力是第二种能力。高层次管理人员起到的“领导”的功能，不同于一般的管理者。表 11-5 列出了领导者和管理者不同的功能。

表 11-5　领导者与管理者的功能差别

领导者	管理者
关注未来	关注现在
引起变化	保持现状与稳定
创造共同价值观的文化	实施政策与程序
建立与下属的情感纽带	对下属客观公正
运用个人权力	使用位置权力

无论是引进领导者，还是内部培养领导者，领导者的管理理念和技能都是可以培训的。并且，这种培训重在经验的积累和交流，为此，需要长期建立领导者培训和成长的管理平台，真正塑造良好的、有效的领导文化。

11.6.4　帮助创新创业人员适应本地生存软环境

“为什么政府前后说的话不同？为什么当时的许诺没有兑现？”

“我想可能是因为自己是外地人，在这里挺不适应，我的性格好像就不适合这里。”

——摘自本书访谈记录

各地各地区以及各级组织在引进创新型人才时，都给出了不同程度的吸引政策，包括贷款、租房、住房、家属安置等，这些都属于经济性生存环境，但创新型人才是否适应当地的生存软环境，让其事业抱负在良好的心态下健康成长，更为重要。

对于这些创新型人才来说，对环境的充分认知是其提高适应力的一个有效条件。一些海归人才长期在国外生活，对国内的各级政府、部门、组织的管理流程和相关政策很不熟悉，甚至对职业心态、生活行为、处事风格都不适应，为此，对于他们来说，最大限度地了解现状是必要的。

帮助创新创业人员适应本地生存软环境，需要各级地方政府及相关管理机构的重视和工作落实，可以通过培训、交流、联谊等形式充分沟通信息、了解需求、澄清政策与管理措施等。为此，创新型人才的引进只是第一步，维持、开发好这些人才的成绩发挥、事业运转才是更为重要的。

参考文献

艾曼贝尔. 1987. 创造性社会心理学. 方展画, 文新华, 胡文斌, 译. 上海: 上海社会科学院出版社.

安鸿章. 2003. 现代企业人力资源管理. 2 版. 北京: 中国劳动社会保障出版社.

奥本. 2000. 现代企业诊断. 陈玲, 译. 北京:机械工业出版社.

白新文, 王二平, 李永娟. 2006a. 大五人格与绩效: 团队水平的研究. 心理科学进展, 14(1): 120-125.

白新文, 王二平, 周莹, 等. 2006b. 团队作业与团队互动两类共享心智模型的发展特征. 心理学报, 38(4): 598-606.

彼得·哈尼, 罗杰·贝内特. 2004. 培训! 培训! 推动员工持续进步. 北京: 中国劳动社会保障出版社.

边燕杰, 丘海雄. 2000. 企业的社会资本及其功效. 中国社会科学, (2): 87-99.

卜长莉. 2006. 社会资本的负面效应. 学习与探索, (2): 54-57.

蔡翔, 张光萍. 2008. 绩效结构理论的两次飞跃: 关联绩效与适应性绩效. 统计与决策, (8): 39-41.

常涛, 廖建桥. 2007. 国外团队有效性研究新进展述评. 科学学与科学技术管理, 28(9): 163-169.

陈琦, 张建伟. 1998. 建构主义学习观要义评析. 华东师范大学学报(教育科学版), (1): 61-68.

陈威豪. 2006. 创造与创新氛围主要测量工具述评. 中国软科学, (7): 86-95.

陈文府. 2007. 中国企业家创业环境地区差异的实证研究. 技术经济, 26(12): 1-4.

陈文蕾. 2010. 认识自己, 才能"人职匹配". http://qjwb.zjol.com.cn/html/2010-10/31/content_588017.htm? div=-1[2012-5-25].

陈兴淋. 2007. 南京创业环境现状评价: 一项基于专家问卷的实证研究. 南京社会科学, (7): 135-140.

陈学军, 王重鸣. 2001. 绩效模型的最新研究进展. 心理科学, 24(6): 737-738.

陈英. 1999. 家庭教养方式与儿童社会化研究综述. 社会心理科学, (4): 13-18.

陈悦, 刘则渊, 庞杰, 等. 2005. 中国管理科学合著现象分析. 科学学研究, 23(6): 758-764.

陈跃. 2010. 我国民营高科技企业创新型人才建设研究. 成都:成都理工大学

陈志霞. 2005. 知识员工组织支持感及其影响. 北京: 中国经济出版社.

陈志霞, 吴豪. 2008. 内在动机及其前因变量. 心理科学进展, 16(1): 98-105.

成军. 2004. 建构主义框架下的"自主学习". 西南大学学报(社会科学版), 30(3): 171-176.

程国军. 1999. 对人才成长环境的多方位思考. 学术交流, (5): 158-160.

崔捷, 梁晓. 2010. 师范类大学生创造力倾向与人格的关系. 社会心理科学, (11): 29-34.

崔文文. 2010. 我国公务员通用绩效模型实证研究. 重庆: 重庆大学.

迪克斯. 2001. 组织学习与知识创新. 上海: 上海人民出版社.

董福荣. 2006. 构建中小企业培训体系的几个问题. 财会研究, (6): 62-63.
段锦云, 钟建安. 2004. 组织中员工的角色外行为. 人类工效学, 10(4): 69-71.
方晓义, 郑宇. 1998. 初中生父母抚养方式的研究. 心理发展与教育, 14(4): 33-37.
冯明, 陶祁. 2005. 适应性绩效及其在人力资源管理中的应用. 北京劳动保障职业学院学报, 13(4): 19-20.
冯润民. 2010. 拔尖创新人才的思想素质及教育路径. 思想理论教育, (15): 76-79.
付仁峰. 2009. 人力资源管理者职业生涯管理与适应性绩效的关系研究. 武汉: 华中农业大学.
付允, 牛文元, 汪云林, 等. 2009. 科学学领域作者合作网络分析——以《科研管理》(2004—2008)为例. 科研管理, 30(3): 41-46.
傅裕贵. 2009. 科技创新人才成长之内在要素与重要过程研究. 中国科学基金, 23(5): 287-290.
甘斌. 2008. 员工培训与塑造: 如何化被动为主动. 北京: 电子工业出版社.
高宝立. 2003. 论大学生创新精神和创新能力的培养. 江苏高教, (4): 1-4.
高建. 2007. 中国城市创业观察报告. 北京: 清华大学出版社.
高鹏, 孙显蔚, 刘丽萍, 等. 2009. 关于地质领域高层次人才成长与培养问题的思考. 中国国土资源经济, 22(6): 25-26.
葛宝山, 李虹霖. 2006. 我国典型地区创业环境实证研究. 经济纵横, (7): 69-70.
谷力群, 钱堃, 黄兴原. 2009. 知识经济下企业创新型人才的开发与管理策略. 大连教育学院学报, 25(2): 50-51.
顾平安. 2000. 高级人才成长与发展的微观人际环境——从团队关系看郭品正事件. 中国人才, (8): 14-15.
关颖. 1994. 家庭教育方式与儿童社会化. 天津社会科学, (4): 107-110.
郭元源, 池仁勇, 段姗. 2007. 城市创业环境与创业活力分析——以部分城市为例. 浙江工业大学学报(社会科学版), (4): 452-457.
郭忠华. 2004. 转换与支配: 吉登斯权力思想的诠释. 学海, (3): 48-54.
国务院发展研究中心. 2006. 创新人才激励方式调查研究报告, (124): 1-10.
韩燕, 唐振华. 1999. 试论创新人才的基本特征. 中医教育, (18) : 26-27,33.
何国祥. 2008. 关于中国科技人力资源的总量、结构与流动的研究与思考. 科学观察, (5): 1-13.
黑尔里格尔, 斯洛克姆, 伍德曼. 2001. 组织行为学(上). 岳进, 王志伟, 俞家栋, 等, 译. 北京: 中国社会科学出版社.
胡蓓, 翁清雄. 2007. 人才成长问题研究进展与评述. 人才开发, (6): 11-12.
胡三嫚, 佐斌. 2007. 组织政治知觉与组织承诺: 工作不安全感的调节作用研究. 心理学探新, 27(2): 82-87.
黄建东. 2000. 21 世纪的管理挑战. 山东工商行政管理, (7): 82.
纪宝成. 2010. 以更加开阔的视野认识创新人才的选拔和培养. 中国高等教育, (12): 16-17.
江卫东. 2002. 知识型员工的工作设计与激励. 科学学与科学技术管理, 23(11): 58-62.
姜春林, 丁堃. 2004. 关于我国高水平管理科学研究合作现象的统计分析——兼看第一作者年龄分布特征. 研究与发展管理, 16(1): 72-78.
姜彦福. 2003. 全球创业观察 2002 中国报告. 北京: 清华大学出版社.
蒋琬, 林康康. 2010. 领导–员工交换、组织支持感与员工创新性实证分析. 北京邮电大学学报

(社会科学版), 12(3): 91-98.
金小红. 2007. 吉登斯的结构化理论与建构主义思潮. 江汉论坛, (12): 94-97.
凯岑特米·哈伊. 2001. 创造性: 发现和发明的心理学. 夏镇平, 译. 上海: 上海译文出版社.
柯江林, 孙健敏, 石金涛, 等. 2007. 企业 R&D 团队之社会资本与团队效能关系的实证研究——以知识分享与知识整合为中介变量. 管理世界, (3): 89-101.
雷卫中, 吴国英. 2002. 浅议创新人才的有效激励. 北方经贸, (6): 15-16.
黎常. 2009. 信任对知识管理的促进机制研究. 科技进步与对策, 26(1): 147-151.
李丹. 1994. 儿童发展心理学. 上海: 华东师范大学出版社.
李亮, 朱庆华. 2008. 社会网络分析方法在合著分析中的实证研究. 情报科学, 26(4): 549-555.
李梦俊, 赵越岷, 陈华平. 2008. 关于组织成员转移知识意向影响因素的实证研究. 科技管理研究, 28(11) : 217-219.
李正风. 2006. 科学知识生产方式及其演变. 北京: 清华大学.
理查德·莱斯特, 迈克尔·皮奥雷. 2006. 破译创新的前端: 构建创新的解释性维度. 郑刚, 等, 译. 北京: 知识产权出版社.
刘佰桥, 陈秀敏, 王希海. 2009. 父母教养方式对大学生心理健康的影响. 社会心理科学, (6): 107-111.
刘宝存. 2003. 创新人才理念的国际比较. 比较教育研究, 24(5): 6-11.
刘翠花. 2007. 期望理论与知识员工激励. 内蒙古科技与经济, (4): 55-57.
刘慧君. 2007.中国科技创新的人文环境建设问题探讨. 长沙: 湖南师范大学.
刘慧群. 2010. 高校科研团队协作关系治理模式研究——基于社会网络分析的视角. 湖南师范大学自然科学学报, 33(3): 124-128.
刘杰, 陆君安. 2004. 一个小型科研合作复杂网络及其分析. 复杂系统与复杂性科学, 1(3): 56-61.
刘军. 2009. 整体网分析讲义. 上海: 上海人民出版社.
刘树明. 1991. 科技人才素质结构. 北京: 化学工业出版社.
刘维民, 何爽. 2009. 组织支持研究进展综述. 社会心理科学, (5): 49-53.
刘小玲. 2003. 一种基于人际互动网络的隐性知识管理模式. 科学学与科学技术管理, 24(10): 45-48.
刘云, 石金涛. 2009. 创新气氛的概念形成、测量与影响因素. 科学学与科学技术管理, 30(12): 70-75.
刘则渊, 尹丽春, 徐大伟. 2005. 试论复杂网络分析方法在合作研究中的应用. 科技管理研究, 25(12): 267-269.
卢宏明. 2000. 试论创新人才的素质特征. 科学进步与对策, 17(10): 106-107.
卢乐珍. 1984. 父母教养态度的形成因素. 幼儿教育, (8).
卢永彪. 2007. 组织政治认知对教师工作满意度及职业倦怠的影响. 中国临床心理学杂志, 15(4): 376-377.
鲁頔. 2010. 高新技术企业研发人员适应性绩效研究. 北京: 中国地质大学.
鲁思·华莱士, 艾莉森·沃尔夫. 2008. 当代社会学理论——对古典理论的扩展. 6 版. 刘少杰, 等, 译. 北京: 中国人民大学出版社.

罗伯特·J. 斯滕博格, 等. 2005. 创造力手册. 施建农, 译. 北京: 北京理工大学出版社.
罗洪铁, 周琪. 2003. 人才宏观环境的功能初探. 中国人才, (4): 25-26.
罗家德. 2010. 社会网分析讲义. 北京: 社会科学文献出版社.
罗家德, 叶勇助. 2006. 信任在外包交易治理中的作用. 学习与探索, (2): 44-50.
罗云峰, 陆则慰. 2003. 比较中美两国大气科学研究的几点认识. 地球科学进展, 18(3): 483-487.
吕晓俊, 俞文钊. 2001. 团队研究的新进展. 人类工效学, 7(1): 51-54.
马超, 凌文辁, 方俐洛. 2006. 企业员工组织政治认知量表的构建. 心理学报, 38(1): 107-115.
孟祥菊. 2008. 工作安全性对工作满意度的影响. 人才开发, (5): 24-26.
孟晓斌. 2009. 适应性绩效: 动态环境中员工绩效管理的新思路. 中国人力资源开发, (12): 17-21.
聂晖. 2005. 软件企业研发团队组建行为定性模拟研究. 武汉: 华中科技大学.
欧阳霞. 2006. EAMOLA 成员科研合作行为的网络可视化研究. 图书情报知识, 27(6): 33-37.
裴宏斌. 2002. 科技创新人才的成长规律及激励机制. 中国石油和化工, (11): 44-45.
彭庆恩. 1996. 关系资本和地位获得——以北京市建筑行业农民包工头的个案为例. 社会学研究, (4): 53-63.
戚振江, 王端旭. 2003. 研发团队效能管理. 科研管理, 24(2): 127-132.
齐秀生. 2005. 浅议社会环境与人才. 中国行政管理, (10): 72-75.
祁红梅, 黄瑞华. 2008. 影响知识转移绩效的组织情境因素及动机机制实证研究. 研究与发展管理, 20(2): 58-63.
钱铭怡, 肖广兰. 1998. 青少年心理健康水平、自我效能、自尊与父母养育方式的相关研究. 心理科学, (6): 553-555.
秦晓蕾, 孔繁斌. 2008. 事业单位员工组织政治知觉对绩效影响实证研究. 中国行政管理, (6): 118-121.
冉斌. 2005. 培训促进成长. 北京: 中国经济出版社.
桑标. 2003. 当代儿童发展心理学. 上海: 上海教育出版社.
沈荣华. 2008. 我国创新型科技人才的现状、问题及走向.
沈小平. 2009. 解读"官本位"现象. 组织人事学研究, (8): 41-44.
施建农, 1995. 创造性系统模型. 心理科学进展, 13(3): 1-5.
石金涛, 吴治国. 2007. 组织学习、知识管理与技术创新人才内生机制的关系研究. 中国人力资源开发, (7): 11-16.
石金涛, 程金林, 孙锐, 等. 2006. 基于 CLW 模型的企业创新人才培养研究. 上海市软科学研究课题研究报告.
时蓉华. 2002. 社会心理学. 上海: 上海人民出版社.
斯蒂芬 • P. 罗宾斯. 2005. 组织行为学. 10 版. 孙建敏, 李原, 译. 北京: 中国人民大学出版社.
孙芬. 2013. 企业人才资源管理视角下的创新型人才成长策略研究. 市场周刊: 理论研究, (2): 109-110.
孙红萍, 刘向阳. 2007. 个体知识共享意向的社会资本透视. 科学学与科学技术管理, 28(1): 111-114.
孙锐. 2009. 中国企业组织创新气氛结构实证研究. 科研管理, 30(1): 38-44.

孙锐, 石金涛. 2006a. 基于研发项目的组织创新支持与人才培养机制研究. 中国人力资源开发, (11): 69-72.
孙锐, 石金涛. 2006b. 企业创新组织行为影响因素研究评述. 中国人力资源开发, (7): 19-24.
孙锐, 石金涛, 李海刚. 2008. 围绕企业研发活动的创新人才培养与激励分析. 科学学研究, 26(1): 162-168.
孙锐, 石金涛, 王庆燕. 2007. 基于提升企业创新能力的组织创新气氛研究分析与展望. 科学学与科学技术管理, 28(4): 71-74.
孙锐, 石金涛, 张体勤. 2009. 中国企业领导成员交换、团队成员交换, 组织创新气氛与员工创新行为关系实证研究. 管理工程学报, 23(4): 109-115.
谭浩. 2010. 我国重视创新型科技人才培养 实施人才强国战略. http://www.gov.cn/jrzg/2010-05/21/ content_1611004.htm[2015-11-20].
唐殿强, 孙玉萍. 2009. 企业创新型人才的培养. 中国发明与专利, (5): 56-58.
唐根丽, 钱丽, 陈忠卫. 2008. 安徽省创业环境区域差异性比较研究——以芜湖、合肥、亳州三地市为例. 技术经济, 27(12): 43-49.
唐文平. 2006. 创新人才激励机制. 甘肃理论学刊, (7): 65.
陶祁, 王重鸣. 2006. 管理培训背景下适应性绩效的结构分析. 心理科学, 29(3): 614-617.
田虎伟. 2009. 大学生创造力的培育——基于大学生主体性的实证研究. 华北水利水电大学学报(社会科学版), 25(2): 84-86.
田金亭, 朱强忠. 2011. 中学生数学成绩与创造力倾向的关系研究. 上海教育科研, (2): 52-54.
田起宏, 韩笑, 雷涯邻. 2010. 创新人才培养理论研究现状及未来研究方向. 山东师范大学学报(人文社会科学版), 55(6): 82-85.
托马斯·库恩. 2003. 科学革命的结构. 金吾伦, 胡新和, 译. 北京: 北京大学出版社.
万晓红, 黄月胜, 莫勍. 2009. 高校教师组织支持感与组织承诺关系研究. 社会心理科学, (2): 64-68.
汪丹. 2009. 个体网络结构分析在科学交流活动中的应用研究——以碳纳米管领域的科学合作为例. 科学学研究, 27(4): 523-528.
王福生, 杨洪勇. 2007. 作者科研合作网络模型与实证研究. 图书情报工作, 51(10): 68-71.
王慧娟. 2009. 企业创新型人才素质评价体系研究. 长春: 吉林大学.
王丽, 傅金芝. 2005. 国内父母教养方式与儿童发展研究. 心理科学进展, 13(3): 298-304.
王利平, 金淑霞. 2009. 组织政治研究回顾与展望. 经济管理, (5): 175-181.
王明辉, 凌文铨. 2006. 员工组织社会化研究的概况. 心理科学进展, 14(5): 722-728.
王强, 宋协青, 张子睿. 2001. 创新型科技人才培养模式的研究. 东北大学学报(社会科学版), 3(3): 229-231.
王胜桥. 2006. 中国情景下适应性绩效构思研究. 商业研究, (9): 124-126.
王通讯. 1986. 人才学教程. 郑州: 河南人民出版社.
王薇. 2003. “薪”难题: 转型路上“薪”事重重. 经理人, (Z1): 36-41.
王新友, 李恒芬, 肖伟霞. 2009. 父母教养方式对青少年网络成瘾的影响. 中国健康心理学杂志, 17(6): 685-686.
王雁飞, 朱瑜. 2005. 国外组织创新气氛研究概述. 外国经济与管理, 27(8): 26-32.

王业军, 刘艳艳. 2009. 基于社会网络分析法的学术创新团队的研究——以 S 人才发展研究中心为例. 技术与创新管理, 30(3): 276-279.
王竹萍. 2005. 会计本科高等教育创新人才成长规律的研究. 湖北经济学院学报(人文社会科学版), 2(5): 151-153.
韦桂美. 2007. 官本位思想对学校人际关系的消极影响及其对策. 当代教育论坛, (12): 33-34.
韦艳. 2009. 现代企业技术创新人才培养与激励机制建立研究. 中小企业管理与科技, (22): 57-58.
韦影. 2005. 企业社会资本对技术创新绩效的影响: 基于吸收能力的视角. 杭州: 浙江大学.
魏登才. 2004. 论创新人才的特征. 湖北社会科学, (11): 98-100.
魏发辰, 颜吾佴. 2007. 创新型人才的成长规律及其自我修炼. 北京理工大学学报(社会科学版), 9(5): 106-109.
魏运华. 1999. 父母教养方式对少年儿童自尊发展影响的研究. 心理发展与教育, 15(3): 7-11.
温忠麟, 张雷, 侯杰泰, 等. 2004. 中介效应检验程序及其应用. 心理学报, 36(5): 614-620.
文魁, 吴冬梅. 2006. 科技创新人才环境研究报告. 经济与管理研究, (1): 19-24.
翁君奕, 林迎星. 2003. 创新激励: 驱动知识经济的发展. 北京: 经济管理出版社.
吴晓伟. 2009. 社会网络对企业竞争情报团队学习能力影响的个案研究. 图书情报知识, (1): 57-62.
吴新辉. 2009. 变革时代企业员工适应性绩效及其影响因素的研究. 南昌: 江西师范大学.
吴新辉, 袁登华. 2010. 适应性绩效: 一个尚需深入研究的领域. 心理科学进展, 18(2): 339-347.
武士勋, 戴维, 颜冰. 2005. 略论创新人才特征及其培养途径. 河北工程大学学报(社会科学版), 22(1): 81-82.
武淑媛. 2010. 社会网络视角下的高校科研团队知识交流研究. 大连: 大连理工大学.
肖晋, 马弘, 马建民. 2008. 论自主创新型科技人才的激励方法. 宁波经济丛刊, (2): 34-37.
谢彩霞. 2009. 科学合作动力因素的科学计量学分析. 情报杂志, 28(2): 167-171.
谢言梅. 2006. 家庭教养方式及其子女心理健康关系研究评述. 大理学院学报. 5(11): 81-84.
邢怀滨. 2005. 社会建构论的技术观. 沈阳: 东北大学出版社.
徐佩, 章仁俊. 2006. 企业研发项目团队有效性评价指标体系构建研究. 科技进步与对策, 23(12): 146-148.
徐晓锋, 刘勇. 2007. 评分者内部一致性的研究和应用. 心理科学, 30(5): 1175-1178.
许长荣, 李良婷. 2008. 创新力. 哈尔滨: 黑龙江科学技术出版社.
薛贵, 董奇, 周龙飞,等. 2001. 内部动机、外部动机与创造力的关系研究. 心理发展与教育, 17(1): 6-11.
闫丽云. 2010. 国有企业创新型人才成长环境构建. 现代企业教育, 363(16): 81-82.
阎光才. 2015. 从成长规律看拔尖创新型学术人才培养. 成才之路, (6): 37-39.
杨德林, 史海峰. 2005. R&D 项目组知识创造影响因素的实证研究. 科学学与科学技术管理, 26(7): 92-96.
杨建锋. 2005. 企业员工组织政治知觉量表的编制与施测. 重庆: 西南师范大学.
杨丽萍. 2006. 社会建构论心理学. 上海: 上海教育出版社.
杨明海. 2007. 项目团队效能成熟度研究. 济南: 山东大学.

杨蕊. 2009. 大学学术生态失衡的制度分析. 大连: 大连理工大学.

姚晋平. 2010. 创优人才环境就要破除"官本位". 山西日报, 2010-6-11.

姚梅林. 2003. 从认知到情境: 学习范式的变革. 教育研究, (2): 60-64.

叶浩生. 2003. 第二次认知革命与社会建构论的产生. 心理科学进展, 11(1): 101-107.

殷国鹏, 莫云生, 陈禹. 2006. 利用社会网络分析促进隐性知识管理. 清华大学学报(自然科学版), 46(S1): 964-969.

尹丽春, Kretschmer H, 刘则渊. 2006. 基于 COLLNET 成员的合著网络拓扑结构分析. 科技进步与对策, 23(2): 70-73.

于海波, 方俐洛, 凌文辁. 2004. 组织研究中的多层面问题. 心理科学进展, 12(3): 462-471.

余祥庭, 李晓锋. 2009. 创新型人才的特征及其培养的实践探索. 教育探索, (10): 92-93.

俞晓军. 2004. 日本企业研发机构的组织特征和运作方式分析. 东北亚论坛, 13(4): 60-64.

约翰·希利·布朗, 保罗·杜奎德. 2003. 信息的社会层面. 王铁生, 葛立成, 译. 北京: 商务印书馆.

岳冬梅, 李鸣杲, 金魁和, 等. 1993. 父母教养方式:EMBU 的初步修订及其在神经症患者的应用. 中国心理卫生杂志, (3): 97-101.

曾贱吉, 胡培, 蒋玉石, 等. 2010. 员工对工作满意度、离职倾向影响的实证研究——基于组织政治知觉的角度. 山西财经大学学报, (2): 104-109.

曾琦, 芦咏莉, 邹泓, 等. 1997. 父母教育方式与儿童的学校适应. 心理发展与教育, 13(2): 47-52.

张常维. 2010. 高校教师胜任力模型与绩效关系研究. 成都: 西南交通大学.

张方华, 林仁方. 2004. 企业的社会资本与技术合作. 科研管理, 25(2): 31-36.

张剑, 郭德俊. 2003. 内部动机与外部动机的关系. 心理科学进展, 11(5): 545-550.

张乐. 2010. 保险业销售人员适应性绩效结构的分析. 南京: 南京理工大学.

张雷, 雷雳, 郭伯良. 2003. 多层线性模型应用. 北京: 教育科学出版社.

张黎. 2001. 创新人才素质浅谈. 高等工程教育研究, (3): 96-97.

张利飞, 曾德明, 张运生. 2004. 高新技术企业研发团队治理及其实证研究. 科学管理研究, 22(4): 45-48.

张利华, 闫明. 2010. 基于 SNA 的中国管理科学科研合作网络分析——以《管理评论》(2004—2008)为样本. 管理评论, 22(4): 39-46.

张旻. 2008. 浙江创新型人才队伍建设模式研究. 上海: 复旦大学.

张敏. 2007. 适应性绩效: 教师绩效结构的新发展. 高等工程教育研究, (2): 103-106.

张敏, 郑全全. 2009. 教师适应性绩效的量表编制. 人类工效学, 15(2): 44-47.

张树娟, 刘政. 2008. 研发团队知识创造的影响因素及绩效评价. 情报杂志, 27(1): 18-20.

张伟. 2010. 高层次创新人才成长的制度保障探索. 中国高等教育, (21): 15-16.

张文宏. 2006. 城市居民社会网络资本的结构特征. 学习与探索, (2): 40-44.

张文新. 1999. 儿童社会性发展. 北京: 北京师范大学出版社.

赵刚. 2007. 自主创新的人才战略. 北京: 科学出版社.

赵海. 2002. 小学生创造力发展及其影响因素研究. 北京: 北京师范大学.

赵慧军, 王君. 2008. 员工组织公正感、组织信任和离职意愿的关系. 经济管理, (z1): 55-60.

赵万里. 2000. 建构论与科学知识的社会建构. 天津: 南开大学.
赵延东. 2006. 再就业中社会资本的使用——以武汉市下岗职工为例. 学习与探索, (2): 58-62.
赵延东, 罗家德. 2005. 如何测量社会资本: 一个经验研究综述. 国外社会科学, (2): 18-24.
赵业, 李明岩. 2004. 员工创造力开发策略. 科学管理研究, 22(5): 95-97.
郑利锋. 2007. 高新技术企业研发工作特征、胜任特征与绩效关系研究. 杭州: 浙江大学.
中投顾问. 2011. 2010—2015 年中国培训行业投资分析及前景预测报告. https: //wenku. baidu. com/view/6f10ef283169a4517723a356. html [2017-10-12].
周厚余, 郑全全. 2006. 适应性绩效研究及其对绩效管理的意义. 人类工效学, 12(4): 57-59.
周丽. 2006. GEM 框架下珠三角欠发达城市创业环境研究——以广东省肇庆市为例. 特区经济, (11): 67-69.
周三多, 陈传明, 鲁明泓. 2005. 管理学. 上海: 复旦大学出版社.
周文碘. 2002. 企业文化与企业发展——华为企业文化的精神. 重庆大学学报(社会科学版), 8(6): 96-97.
周莹, 王二平. 2005. 团队领导的职能、决定因素及有效性. 心理科学进展, 13(6): 780-787.
周志成, 朱月龙. 2005. 团队领导行为对团队效能影响之研究. 应用心理学, 11(2): 181-185.
周志山, 许大平. 2002. 基于实践活动的使动性和制约性——吉登斯结构二重性学说述议. 浙江师范大学学报(社会科学版), 27(5): 65-69.
朱岚. 2005. 中国传统官本位思想生发的文化生态根源. 理论导刊, (11): 113-116.
邹枝玲, 施建农. 2003. 创造性人格的研究模式及其问题. 北京工业大学学报(社会科学版), 3(2): 93-96.
Lave J, Wenger E. 2004. 情境学习: 合法的边缘性参与. 上海: 华东师范大学出版社.
Abbey A, Dickson J W. 1983. R&D work: Climate and innovations in semiconductors. Academy of Management Journal, 26(2): 362-368.
Acedo F J, Barroso C, Casanueva C, et al. 2006. Co-authorship in management and organizational studies: an empirical and network analysis. Journal of Management Studies, 43: 957-983.
Adams J S. 1965. Inequity in social exchange. Advances in Experimental Social Psychology, 2(4): 267-299.
Adler P S, Kwon S W. 2002. Social capital: prospects for a new concept. Academy of Management Review, 27(1): 17-40.
Agho A O, Mueller C W, Price J L. 1993. Determinants of employee job satisfaction: an empirical test of a causal model. Human Relations, 46(8): 1007-1027.
Alliger G M, Tannenbaum S I, Traver H, et al. 1997. A meta-analysis of the relations among training criteria. Personnel Psychology, 50(2): 341-358.
Allworth E, Hesketh B. 1997. Adaptive performance: updating the criterion to cope with change//2nd Australian Industrial and Organizational Psychology Conference, Melbourne.
Allworth E, Hesketh B. 1999. Construct-oriented biodata: capturing change-related and contextually relevant future performance International Journal of Selection and Assessment, 7(2): 97-111.
Amabile T M. 1988. From individual creativity to organizational organization//Gronhaug K, Kaufmann G. Innovation: A crossdisciplinary Perspective. New York: Wiley: 139-166.

Amabile T M. 1993. Motivational synergy: toward new conceptualizations of intrinsic and extrinsic motivation in the workplace. Human Resource Management Review, 3(3): 185-201.

Amabile T M. 1996. Creativity in context: update to the social psychology of creativity. Boulder, Colo.: Westview Press.

Amabile T M. 1997. Motivating creativity in organizations: on doing what you love and loving what you do. California Management Review, 40(1): 39-58.

Amabile T M. 1998. How to kill creativity. Harvard Business Review, 76 (5): 76-87.

Amabile T M, Gryskiewicz N D. 1989. The creative environment scales: work environment inventory. Creativity Research Journal, 2(4):231-253.

Amabile T M, Gryskiewicz S S. 1987. Creativity in the R&D laboratory. Greensboro, NC: Center for Creative Leadership.

Amabile T M, Conti R, Coon H, et al. 1996. Assessing the work environment for creativity. Academy of Management Journal, 39(5): 1154-1184.

Amabile T M, Schatzel E A, Moneta G B, et al. 2004. Leader behaviors and the work environment for creativity: perceived leader support. Leadership Quarterly, 15(1): 5-32.

Anderson N R, West M A. 1998. Measuring climate for work group innovation: development and validation of the team climate inventory. Journal of Organizational Behavior, 19(3): 235-258.

Ardichvili A. 2003. Constructing socially situated learning experiences in human resource development: an activity theory perspective. Human Resource Development International, 6(1): 5-20.

Badawy M K. 2007. Managing human resources. IEEE Engineering Management Review, 36(1): 117.

Badger T A. 1992. Coping, life-style changes, health perceptions, and martial adjustment in middle-aged women and men with cardiovascular disease and their spouses. Issues in Health Care of Women, 13(1): 43-55.

Barabási A L, Jeong H, Néda Z, et al. 2002. Evolution of the social network of scientific collaborations. Physica A: Statistical Mechanics and its Applications, 311(3): 590-614.

Barney J B. 1986. Organizational culture: can it be a source of sustained competitive advantage. Academy of Management Review, 11(3): 656-665.

Baron R M, Kenny D A. 1986. The moderator-mediator variable distinction in social psychological research: conceptual, strategic, and statistical considerations. Journal of Personality and Social Psychology, 51(6): 1173-1182.

Barron F, Harrington D M. 1981. Creativity, intelligence, and personality. Annual Review of Psychology, 32(1): 439-476.

Baumrind D. 1971. Current patterns of parental authority. Developmental Psychology, 4(1-2): 1-103.

Bell B S, Kozlowski S W J. 2002. Adaptive guidance: enhancing self-regulation, knowledge, and performance in technology-based training. Personnel Psychology, 55(2): 267-306.

Bharadwaj S, Menon A. 2000. Making innovation happen in organizations: individual creativity mechanisms, organizational creativity mechanisms or both?. Journal of Product Innovation

Management, 17(6): 424-434.
Billett S. 2000. Guided learning at work. Journal of Workplace Learning, 12(7): 272-285.
Blomqvist K, Hara V, Koivuniemi J, et al. 2004. Towards networked R&D management: the R&D approach of Sonera Corporation as an example. R&D Management, 34(5): 591-603.
Blum M L, Naylor J C. 1968. Industrial psychology : its theoretical and social foundations. New York: Harper and Row.
Bogenrieder I. 2002. Social architecture as a prerequisite for organizational learning. Management Learning, 33(2): 197-212.
Boland Jr R J, Tenkasi R V, Te'Eni D. 1994. Designing information technology to support distributed cognition. Organization Science, 5(3): 456-475.
Borgatti S P, Everett M G, Freeman L C. 2002. UCINET for Windows: Software for social network analysis.
Borman W C, Motowidlo S M. 1993. Expanding the criterion domain to include elements of contextual performance//Schmitt N, Borman W C. Personnel Selection in Organizations Personnel Selection in Organizations. San Francisco: Jossey-Bass.
Braun E L, Kimball R T. 2001. Polytomies, the power of phylogenetic inference, and the stochastic nature of molecular evolution: a comment on walsh et al. (1999). Evolution, International Journal of Organic Evolution, 55(6): 1261-1263.
Brown J S, Duguid P. 1991. Organizational learning and communities-of-practice: toward a unified view of working, learning, and innovation. Organization Science, 2(1): 40-57.
Brown J S, Duguid P. 1998. Organizing knowledge. Caufornia Management Review, 40(3): 90-111.
Brown J S, Duguid P. 2001a. Knowledge and organization: a social practice perspective. Organization Science, 12(2): 198-213.
Brown J S, Duguid P. 2001b. Creativity versus structure: a useful tension. MIT Sloan Management Review, 42(4): 93-94.
Brown M G, Svenson R A. 1998. Measuring R&D productivity. Research-Technology Management, 41(4): 30-35.
Burns T. 1961. Micropolitics: mechanisms of institutional change. Administrative Science Quarterly, 6(3): 257-281.
Campbell J P, Dunnette M D. 1968. Effectiveness of T-group experiences in managerial training and development. Psychological Bulletin, 70(2): 73-104.
Campbell J P, McCloy R A, Oppler S H,et al. 1993.A theory of performance// Schmidt N, Borman W C. Personnel Selection in Organizations. San Francisco: Jossey-Bass.
Campion M A, Medsker G J, Higgs A C. 1993. Relations between work group characteristics and effectiveness: implications for designing effective work groups. Personnel Psychology, 46(4): 823-847.
Campion M A, Papper E M, Medsker G J. 2010. Relations between work team characteristics and effectiveness: a replication and extension. Personnel Psychology, 49(2): 429-452.
Cardinal L B. 2001. Technological innovation in the pharmaceutical industry: the use of

organizational control in managing research and development. Organization Science, 12(1): 19-36.

Carlile P R. 2002. A pragmatic view of knowledge and boundaries: boundary objects in new product development. Organization Science, 13(4): 442-455.

Chao G T, O'Leary-Kelly A M, Wolf S, et al. 1994. Organizational socialization: its content and consequences. Journal of Applied Psychology, 79(5): 730-743.

Chen G. 2005. Newcomer adaptation in teams: multilevel antecedents and outcomes. The Academy of Management Journal, 48(1): 101-116.

Chen G, Klimoski R J. 2003. The impact of expectations on newcomer performance in teams, as mediated by work characteristics, social exchanges, and empowerment. Academy of Management Journal, 46(5): 591-607.

Chen G, Thomas B, Wallace J C. 2005. A multilevel examination of the relationships among training outcomes, mediating regulatory processes, and adaptive performance. Journal of Applied Psychology, 90(5): 827-841.

Cohen S G, Bailey D E. 1997. What makes teams work: group effectiveness research from the shop floor to the executive suite. Journal of Management, 23(3): 239-290.

Cook S D N, Yanow D. 2011. Culture and organizational learning. Journal of Management Inquiry, 2(4): 373-390.

Cooper R G, Kleinschmidt E J. 1996. Winning businesses in product development: The critical success factors. Research Technology Management, 39(4): 18-29.

Cropanzano R, Howes J C, Grandey A A, et al. 1997. The relationship of organizational politics and support to work behaviors, attitudes, and stress. Journal of Organizational Behavior, 18(2): 159-180.

Damanpour F. 1991. Organizational innovation: a meta-analysis of effects of determinants and moderators. Academy of Management Journal, 34(3): 555-590.

Driscoll J W. 1976. Organizational trust and satisfaction with participation in organizational decision making. Cambridge Mass. M.I.T.Alfred P. Sloan School of Management, 2(8144):702.

Drucker P F. 1999. Knowledge-worker productivity: the biggest challenge. IEEE Engineering Management Review, 41(2): 79-94.

Dunn J D, Stephens E C, Kelley J R. 1973. Management Essentials: Resource. New York: McGraw-Hill Companies.

Eden D. 1984. Self-fulfilling prophecy as a management tool: harnessing pygmalion. Academy of Management Review, 9(1): 64-73.

Edwards R J. 1984. Group effectiveness in organizations. Social Science Information Studies, 4(1): 70-72.

Eisenberger R, Huntington R, Hutchison S, et al. 1986. Perceived organizational support. Journal of Applied Psychology, 71(3): 500-507.

Ekvall G. 1996. Organizational climate for creativity and innovation. European Journal of Work and Organizational Psychology, 5(1): 105-123.

Ekvall G. 1997. Organizational conditions and levels of creativity. Criminal Behaviour and Mental Health, 6(4): 195-205.

Ekvall G, Ryhamnar L. 1999. The creative climate: its determinants and effects at a Swedish university. Creativity Research Journal, 12(4): 303-310.

Ellis A P, Hollenbeck J R, Ilgen D R, et al. 2003. Team learning: collectively connecting the dots. Journal of Applied Psychology, 88(5): 821-835.

Farrell D, Petersen J C. 1982. Patterns of political behavior in organization. Academy of Management Review, 7(3): 403-412.

Ferris G R, Fedor D B, Chachere J G, et al. 1989. Myths and politics in organizational contexts. Group and Organization Management, 14(1): 83-103.

Freeman L C. 1979. Centrality in social networks: I. conceptual clarification. Social Networks, 1(3): 215-239.

Gandz J, Murray V V. 1980. The experience of workplace politics. Academy of Management Journal, 23(2): 237-251.

García-Valderrama T, Mulero-Mendigorri E. 2005. Content validation of a measure of R&D effectiveness. R&D Management, 35(3): 311-331.

Genest C, Thibault C. 2001. Investigating the concentration within a research community using joint publications and co-authorship via intermediaries. Scientometrics, 51(2): 429-440.

Gherardi S, Nicolini D, Odella F. 1998. Toward a social understanding of how people learn in organizations: the notion of situated curriculum. Management Learning, 29(3): 273-297.

Gladstein D L. 1984. Groups in context: a model of task group effectiveness. Administrative Science Quarterly, 29(4): 499-517.

Glaeser E L, Laibson D, Sacerdote B. 2002. An economic approach to social capital. Economic Journal, 112(483): 437-458.

Goldenberg J, Libai B, Muller E, et al. 2010. The evolving social network of marketing scholars. Marketing Science, (29): 561-567.

Gómez D, González-Arangüena E, Manuel C, et al. 2003. Centrality and power in social networks: a game theoretic approach. Mathematical Social Sciences, 46(1): 27-54.

Gossart C, Özman M. 2009. Co-authorship networks in social sciences: the case of turkey. Scientometrics, 78(2): 323-345.

Goyal B, Lawande S. 2006. Grid Revolution: An Introduction to Enterprise Grid Computing. Osborne/McGraw-Hill.

Granovetter M S. 1973. The strength of weak ties. Social Networks, 78(6): 1360-1380.

Greenberg J, Baron R A. 1997. Behavior in organizations: understanding and managing the human side of work. New Jersey: Prentice-Hall,Inc.

Greenberg J. 1993. Justice and organizational citizenship: a commentary on the state of the science. Employee Responsibilities and Rights Journal, 6(3): 249-256.

Griffin B, Hesketh B. 2011. Adaptable behaviours for successful work and career adjustment. Australian Journal of Psychology, 55(2): 65-73.

Griffin M A, Neal A, Parker S K. 2007. A new model of work role performance: positive behavior in uncertain and interdependent contexts. Academy of Management Journal, 50(2): 327-347.

Guilford J P. 1959. Personality. American Journal of Psychology, 73(4): 39-62.

Hackman J R. 1983. A normative model of work team effectiveness. A Normative Model of Work Team Effectiveness.

Harrellcook G, Dulebohn J H, Ferris G R. 2000. Organizational politics: the nature of the relationship between politics perceptions and political behavior. Frontiers in Endocrinology, 6(2): 146-159.

Harrison D A, Mohammed S, Mcgrath J E, et al. 2003. Time matters in team performance: effects of member familiarity, entrainment, and task discontinuity on speed and quality. Personnel Psychology, 56(3): 633-669.

Harrisson D, Laberge M. 2002. Innovation, identities and resistance: the social construction of an innovation network. Journal of Management Studies, 39(4): 497-521.

Hesketh B, Neal A. 1999. Technology and Performance//Ilgen D R, Pulakos E D. The Changing Nature of Performance: Implications for Staffing, Motivation, and Development, Jossey-Bass, San Francisco, CA: 21-55.

Hirst G, Mann L. 2004. A model of R&D leadership and team communication: the relationship with project performance. R&D Management, 34(2): 147-160.

Hoffman M L. 1982. Affect and moral development. New Directions for Child and Adolescent Development, 1982(16): 83-103.

Hollis A. 2001. Co-authorship and the output of academic economists. Labour Economics, 8(4): 503-530.

Hoppock R. 1935. Starting a guidance program : one way of doing it. Journal of Counseling and Development, 13(4): 344-347.

Hu C, Racherla P. 2008. Visual representation of knowledge networks: a social network analysis of hospitality research domain. International Journal of Hospitality Management, 27(2): 302-312.

Inglehart R. 1999. Trust, Well-Being and Democracy. Democracy and Trust.

Inkpen A C, Tsang E W K. 2005. Social capital networks, and knowledge transfer. Academy of Management Review, 30(1): 146-165.

Isaksen S G, Lauer K J, Ekvall G, et al. 2001. Perceptions of the best and worst climates for creativity: preliminary validation evidence for the situational outlook questionnaire. Creativity Research Journal, 13(2): 171-184.

Jackson S E, Murphy P. 1999. Managing Work-Role Performance: Challenges for 21st Century Organizations and Employees. The Changing Nature of Work Performance.

James L R, Demaree R G, Wolf G. 1993. Rwg: an assessment of within-group inter-rater agreement. Journal of Applied Psychology, 78(2): 306-309.

Jewell L N, Reitz H J. 1981. Group effectiveness in organization. Academy of Management Review, 6(3).

Jones G R. 1986. Socialization tactics, self-efficacy, and newcomers' adjustments to organizations. Academy of Management Journal, 29(2): 262-279.

Judge W Q, Fryxell G E, Dooley R S. 1997. The new task of R&D management: creating goal-directed communities for innovation. California Management Review, 39(3): 72-85.

Kacmar K M, Ferris G R. 1991. Perceptions of organizational politics scale (POPS): development and construct validation. Educational and Psychological Measurement, 51(1): 193-205.

Kaiser H F, Rice J. 1974. Little Jiffy, Mark IV. Journal of Educational and Psychological Measurement, 34(1):111-117.

Kalleberg A L. 1977. Work values and job rewards: a theory of job satisfaction. American Sociological Review, 42(1): 124-143.

Kanter R M. 1984. Managing Transitions in Organizational Culture: The Case of Participative Management at Honeywell. Managing Organizational Transitions.

Kanter R M. 1988. When a thousand flowers bloom: structural, collective and social conditions for innovation in organization. Research in Organizational Behavior, (10): 169-211.

Käser P A W, Miles R E. 2002. Understanding knowledge activists' successes and failures. Long Range Planning, 35(1): 9-28.

Kenny D A, Kashy D A, Bolger N. 1998. Data analysis in social psychology. Handbook of Social Psychology, 1: 233-265.

Kim Y, Min B, Cha J. 1999. The roles of R&D team leaders in Korea: a contingent approach. R & D Management, 29(2): 153-166.

Klein K J, Ziegert J C, Knight A P, et al. 2004. A leadership system for emergency action teams: rigid hierarchy and dynamic flexibility. Academy of Management Journal, 47(6): 1-55.

Kleiner A, Roth G. 1997. How to make experience your company's best teacher. Harvard Business Review, 5: 172-177.

Kouzes J M, Posner B Z. 1987. The Leadership Challenge: How to Get Extraordinary Things Done in Organizations. San Francisco: Jossey-Bass Publisher.

Kozlowski S W J, Bell B S. 2003. Work groups and teams in organizations//Handbook of Psychology. John Wiley and Sons, Inc.

Kozlowski S W, Doherty M L. 1989. Integration of climate and leadership: examination of a neglected issue. Journal of Applied Psychology, 74(4): 546-553.

Kozlowski S W, Ilgen D R. 2006. Enhancing the effectiveness of work groups and teams. Psychological Science in the Public Interest a Journal of the American Psychological Society, 7(3): 77-124.

Kretschmer H, Aguillo I F. 2004. Visibility of collaboration on the Web. Scientometrics, 61(3): 405-426.

Kretschmer H. 2004. Author productivity and geodesic distance in bibliographic co-authorship networks, and visibility on the Web. Scientometrics, 60(3): 409-420.

Krichel T, Bakkalbasi N. 2006. A social network analysis of research collaboration in the economics community. Journal of Information management and Scientometrics, 3: 1-12.

Krogh G V. 1998. Care in knowledge creation. California Management Review, 40(3): 133-153.

Kurtzberg T R, Amabile T M. 2001. From Guilford to creative synergy: Opening the black box of team-level creativity. Creativity Research Journal, 13(3-4): 285-294.

Lapierre J, Giroux V P. 2003. Creativity and work environment in a high-tech context. Creativity and Innovation Management, 12(1): 11-23.

Lave J, Wenger E. 1991. Situated Learning: Legitimate Peripheral Participation. Cambridge, UK: Cambridge University Press.

Law J, Hassard J. 1999. Actor network theory and after. Blackwell/Sociological Review, 606-615.

Lester R K, Piore M J. 2004. Innovation—The Missing Dimension. Cambridge: Harvard Business Press.

Lewin K. 1946. Behavior and development as a function of the total situation. Suvremeni Promet-Modern Traffic, 32: 337-381.

Lin N, Cook K S, Burt R S. 2001. Social capital: theory and research. Transaction Publishers, 2001.

Litwin G H, Stringer R A. 1968. Motivation and organizational climate. American Journal of Sociology, 82(4): 1220-1235.

Liu X, Bollen J, Nelson M L, et al. 2005. Co-authorship networks in the digital library research community. Information Processing and Management, 41(6): 1462-1480.

Locke E A. 1969. What is job satisfaction?. Organizational Behavior and Human Performance, 4(4): 309-336.

Lohman M C. 2002. Cultivating problem-solving skills through problem-based approaches to professional development. Human Resource Development Quarterly, 13(3): 243-261.

London M, Mone E M. 1999. Continuous learning//Ilgen D R, Pulakos E D. The changing nature of performance: Implications for staffing, motivation and development. San Francisco, CA: Jossey-Bass.

Mackinnon D W. 1978. In search of human effectiveness. Creative Education Foundation.

Majchrzak A, Malhotra A, John R. 2005. Perceived individual collaboration know – How development through information technology-enabled contextualization: evidence from distributed teams. Information Systems Research, 16(1): 9-27.

Manolopoulos D. 2006. What motivates R&D professionals. Evidence from decentralized laboratories in Greece. International Journal of Human Resource Management, 17(4): 616-647.

Marsden P V. 2002. Egocentric and sociocentric measures of network centrality. Social Networks, 24(4): 407-422.

Martindale C, Hasenfus N. 1978. EEG differences as a function of creativity, stage of the creative process, and effort to be original. Biological Psychology, 6(3): 157-167.

Mascitelli R. 2000. From experience: harnessing tacit knowledge to achieve breakthrough innovation. Journal of Product Innovation Management, 17(3): 179-193.

May Y M, Korczynski M, Frenkel S J. 2010. Organizational and occupational commitment: knowledge workers in large corporations. Journal of Management Studies, 39(6): 775-801.

Mayes B T, Allen R W. 1977. Toward a definition of organizational politics. Academy of Management Review, 2(4): 672-678.

McCauley D P, Kuhnert K W. 1992. A Theoretical Review and Empirical Investigation of Employee

Trust in Management. Public Administration Quarterly, 16(2): 265-284.

McGill A R, Johnson M D, Bantel K A. 1993. Cognitive complexity and conformity: effects on performance in a turbulent environment. Psychological Reports, 75(3s): 1451-1472.

McGrath J E. 1962. A Summary of Small Group Research Studies. Arlington, VA: Human Sciences Research.

McGrath J E, Tschan F. 2007. Temporal matters in the study of work groups in organizations. The Psychologist-Manager Journal, 10(1): 3-12.

McGrath J E, Arrow H, Berdahl J L. 2008. The study of groups: past, present, and future. Personality and Social Psychology Review, 4(1): 95-105.

McMillan R C. 1997. Customer satisfaction and organizational support for service providers. Gainesville, FL: University of Florida.

Mele S, Dallman D, Vigen J, et al. 2006. Quantitative analysis of the publishing landscape in high-energy physics. Science Focus, (12): 1071-1083.

Mumford M D. 2000. Managing creative people: strategies and tactics for innovation. Human Resource Management Review, 10(3): 313-351.

Namus, B. 1992. Visionnary Leadership. Dans Journal of Leadership and Organizational Studies. San Francisco: Jossey-Bass Publisher.

Nerkar A, Paruchuri S. 2005. Evolution of R&D capabilities: the role of knowledge networks within a firm. Management Science, 51(5): 771-785.

Newman M E J. 2000. Models of the small world. Journal of Statistical Physics, 101(3-4): 819-841.

Newman M E J. 2001a. Scientific collaboration networks. II. Shortest paths, weighted networks, and centrality. Physical Review E: Statistical Nonlinear and Soft Matter Physics, 64(1): 016132.

Newman M E J. 2001b. The structure of scientific collaboration networks. Proceedings of the National Academy of Sciences of the United States of America, 98(2): 404-409.

Newman M E J. 2003. The structure and function of complex networks. Siam Review, 45(2): 167-256.

Newman M E J. 2004. Analysis of weighted networks. Physical Review E, 70(5): 056131.

Newman M E J, Girvan M. 2004. Finding and evaluating community structure in networks. Physical Review E Statistical Nonlinear and Soft Matter Physics, 69(2): 026113.

Nocera J A, Dunckley L, Sharp H. 2007. An approach to the evaluation of usefulness as a social construct using technological frames. International Journal of Human-Computer Interaction, 22(1-2): 153-172.

Nonaka I. 1991. The knowledge-creating company. Harvard Business Review, 69(6): 96-104.

Nonaka I. 1994. A dynamic theory of organizational knowledge creation. Organization Science, 5(1): 14-37.

Nonaka I, Konno N. 1998. The concept of "Ba": building a foundation for knowledge creation. California Management Review, 40(3): 40-54.

Nonaka I, Reinmîller P, Toyama R. 2001. Integrated Information Technology Systems for Knowledge Creation. Handbook of Organizational Learning and Knowledge.

Nunnally J. 1978. Psychometric Theory. NY: McGraw-Hill.

Orlikowski W J. 1992. The duality of technology: rethinking the concept of technology in organizations. Organization Science, 3(3): 398-427.

Orlikowski W J. 2000. Using technology and constituting structures: a practice lens for studying technology in organizations. Organization Science, 11(4): 404-428.

Orlikowski W J, Iacono C S. 2001. Research commentary: desperately seeking the "IT" in IT research – a call to the orizing the IT artifact. Information Systems Research, 12(2): 121-134.

Osterloh M, Frey B S. 2000. Motivation, knowledge transfer, and organizational forms. Organization Science, 11(5): 538-550.

Osterloh M, Frost J, Frey B S. 2002. The dynamics of motivation in new organizational forms. International Journal of the Economics of Business, 9(1): 61-77.

Pearce C L, Ensley M D. 2004. A reciprocal and longitudinal investigation of the innovation process: the central role of shared vision in product and process innovation teams (PPITs). Journal of Organizational Behavior, 25(2): 259-278.

Persaud S. 2002. The Wintering Kundalini. London: Peepal Tree Press.

Piaget J. 1974. The future of developmental child psychology. Journal of Youth and Adolescence, 3(2): 87-93.

Poon J M L. 2003. Situational antecedents and outcomes of organizational politics perceptions. Journal of Managerial Psychology, 18(2): 138-155.

Porter L W, Lawler E E. 1968. Managerial attitudes and performance. Industrial and Labor Relations Review, 23(1).

Prather C W. 2000. Keeping innovation alive after consultants leave. Research Technology Management, 43(5): 17-22.

Preacher K J, Hayes A F. 2004. SPSS and SAS procedures for estimating indirect effects in simple mediation models. Behavior Research Methods Instruments and Computers, 36(4): 717-731.

Price C R. 1972. New directions in the world of work. A Conference Report: 47.

Pulakos E D, Arad S, Donovan M A, et al. 2000. Adaptability in the workplace: development of a taxonomy of adaptive performance. Journal of Applied Psychology, 85(4): 612-624.

Pulakos E D, Schmitt N, Dorsey D W, et al. 2002. Predicting adaptive performance: further tests of a model of adaptability. Human Performance, 15(4): 299-323.

Putnam R D. 1993. The prosperous community. The American Prospect, 4(13): 35-42.

Putnam R D, Leonardi R, Naretti R Y. 1994. Making Democracy Work: Civic Traditions in Modern Italy. Princeton: Princeton University Press.

Racherla P, Hu C. 2010. A social network perspective of tourism research collaborations. Annals of Tourism Research, 37(4): 1012-1034.

Raudsepp E. 1987. Establishing a creative climate. Training and Development Journal, 41(4): 50-53.

Rawsthorne L J, Elliot A J. 1999. Achievement goals and intrinsic motivation: a meta-analytic review. Personality and Social Psychology Review, 3(4): 326-344.

Reagans R, Zuckerman E W. 2001. Networks, diversity, and productivity: the social capital of corporate R&D teams. Organization Science, 12(4): 502-517.

Rner K, Dall'Asta L, Ke W, et al. 2005. Studying the emerging global brain: analyzing and visualizing the impact of co-authorship teams: research articles. Complexity, 10(4): 57-67.

Robbins S P, Judge T A. 2009. Organizational Behavior. New Jersey: Pearson Prentice Hall.

Robbins S. 1996. Organizational Behavior : Concepts, Controversies, Applications. 7th ed. NJ: Prentice Hall.

Robinson S L. 1996. Trust and breach of the psychological contract. Administrative Science Quarterly, 41(4)：574-599.

Rodriguez M A, Pepe A. 2008. On the relationship between the structural and socioacademic communities of a coauthorship network. Journal of Informetrics, 2(3): 195-201.

Schultze U, Orlikowski W J. 2004. A practice perspective on technology-mediated network relations: the use of internet-based self-serve technologies. Information Systems Research, 15(1): 87-106.

Schummer J. 2004. Bibliography of nano-science and technology studies. Nanoethics, 104(5): 1856-1863.

Schumpeter J A. 1912. The fundamental phenomenon of economic development. American Journal of Economics and Sociology,61(2) : 405-437.

Scott S G, Bruce R. 1994. Creating innovative behavior among R&D professionals: the moderating effect of leadership on the relationship between problem-solving style and innovation// Engineering Management Conference. Management in Transition: Engineering a Changing World, Proceedings of the 1994 IEEE International, 1994: 48-55.

Sense A J. 2003. Learning generators: project teams re-conceptualized. Project Management Journal, 34(3): 4-12.

Sense A J. 2004. An architecture for learning in projects. Journal of Workplace Learning, 16(3): 123-145.

Shao T H. 2002. Profiling organization climate as an indicator of readiness for innovation at a selected institute of technology in Taiwan. Dissertation form The University of South Dakota.

Shin S J, Zhou J. 2003. Transformational leadership, conservation, and creativity: evidence from korea. Academy of Management Journal, 46(6): 703-714.

Shore L M, Tetrick L E. 1991. A construct validity study of the survey of perceived organizational support. Journal of Applied Psychology, 76(5): 637-643.

Siegel S M, Kaemmerer W F. 1978. Measuring the perceived support for innovation in organizations. Journal of Applied Psychology, 63(5): 553-562.

Simonton D K. 2000. Creativity. Cognitive, personal, developmental, and social aspects. American Psychologist, 55(1): 151-158.

Stetzer A, Morgeson F P, Anderson E L. 1997. Organizational climate and ineffectiveness: evidence from 25 outdoor work crew divisions. Journal of Quality Management, 2(2): 251-265.

Stoker J I, Looise J C, Fisscher O A M, et al. 2001. Leadership and innovation: relations between leadership, individual characteristics and the functioning of R&D teams. International Journal of Human Resource Management, 12(7): 1141-1151.

Symonds P W. 1939. The psychology of parent-child relationships. American Journal of Sociology, 91: 233-240.

Tam Y M, Korczynski M, Frenkel S. 2002. Organizational and occupational commitment: knowledge workers in large corporations. Journal of Management Studies, 39: 775-801.

Tata J, Prasad S. 2004. Team self-management, organizational structure, and ludgments of team effectiveness. Journal of Managerial Issues, 16(2): 248-265.

Tesluk P E. 1996. An investigation of work group management of the technological environment: Implications for group performance. Pennsylvania: Pennsylvania State University.

Thamhain H J. 2003. Managing innovative R&D teams. R&D Management, 33(3): 297-311.

Thamhain H J. 2004. Team leadership effectiveness in technology-based project environments. Engineering Management Review IEEE, 33(2): 11.

Thibaut J W, Walker L. 1975. Procedural Justice: a Psychological Analysis. Hillsdale NJ: Lawrence. Erlbaum.

Thompson M. 2005. Structural and epistemic parameters in communities of practice. Organization Science, 16(2): 151-164.

Thoms P, Greenberger D B. 1995. Training business leaders to create positive organizational visions of the future: is it successful? Academy of Management Annual Meeting Proceedings, 1995(1): 212-216.

Tierney P, Farmer S M, Graen G B. 1999. An examination of leadership and employee creativity: the relevance of traits and relationships. Personnel Psychology, 52(3): 591-620.

Tsoukas H. 1996. The firm as a distributed knowledge system: a constructionist approach. Strategic Management Journal, 17(S2): 11-25.

Tsoukas H, Vladimirou E. 2001. What is organizational knowledge. Journal of Management Studies, 38(7): 973-993.

Tushman M L, Nadler D. 1996. Designing the innovating organization//Starkey K. How Organizations Learn. London: International Thomson Business Press: 156-182.

Uhl-Bien M, Graen G B. 1998. Individual self-management: analysis of professionals' self-managing activities in functional and cross-functional work teams. Academy of Management Journal, 41(3): 340-350.

Un C A, Cuervo-Cazurra A. 2004. Strategies for knowledge creation in firms. British Journal of Management, 15(S1): S27-S41.

Vakulov B G, Samko S G, Bruce R A. 1994. Determinants of innovative behavior: a path model of individual innovation in the workplace. Academy of Management Journal, 37(3): 580-607.

van der Vegt G S. 2005. Location-level links between diversity and innovative climate depend on national power distance. Academy of Management Journal, 48(6): 1171-1182.

van Galen J A. 1988. Ideology, curriculum, and pedagogy in home education. Education and Urban Society, 21(1): 52-68.

van Maanen J E, Schein E H. 1977. Towards a Theory of Organizational Socialization. Brighton: MIT Press.

van Yperen N W, Hagedoorn M. 2003. Do high job demands increase intrinsic motivation or fatigue or both? The role of job control and job social support. Academy of Management Journal, 46(3): 339-348.

Vegt G S, Vliert E, Huang X. 2005. Location-level links between diversity and innovative climate depend on national power distance. Academy of Management Journal, 48(6): 1171-1182.

Vera D, Crossan M. 2005. Improvisation and innovation performance in teams. Organization Science, 16(3): 203-224.

Vigoda E. 2000. Organizational politics, job attitudes, and work outcomes: exploration and implications for the public sector. Journal of Vocational Behavior, 57(3): 326-347.

Vroom V H. 1964. Work and Motivation. New York: John Wiley and Sons Press.

Wagner C S, Leydesdorff L. 2005. Network structure, self-organization, and the growth of international collaboration in science. Research Policy, 34(10): 1608-1618.

Wasserman S, Faust K. 1994. Social network analysis. Encyclopedia of Social Network Analysis and Mining, 22(s1): 109-127.

Wechsler D. 1974. Wechsler intelligence scale for children--revised. Canadian Journal of School Psychology, 19(suppl1): 221-234.

Weick K E. 1998. Improvisation as a mindset for organizational analysis. Organization Science, 9(5): 543-555.

Welbourne T M, Johnson D E, Erez A. 1998. The role-based performance scale: validity analysis of a theory-Based Measure. Academy of Management Journal, 41(5): 540-555.

Wenger E. 1998. Communities of Practice: Learning, Meaning, and Identity. Cambridge: Cambridge University Press.

Wenger E, McDermott R A, Snyder W. 2002.Cultivating Communities of Practice: A Guide to Managing Knowledge. Harvard Business School Press.

West M A, Unsworth K L. 1998. Developing a team vision//Parker G M. Handbook of Best Practices for Teams (Vol 2). HRD Press: 295-310.

West M A, Wallace M. 1991. Innovation in health care teams. European Journal of Social Psychology, 21(4): 303-315.

Wexley K N, Yukl G A. 1984.Organizational Behavior and Personnel Psychology. Homewood: Richard D. Irwin.

William H A, Johnson. 2002. Assessing organizational knowledge creation theory in collaborative R&D projects. International Journal of Innovation Management, 6(4): 387-418.

Yamnill S, Mclean G N. 2010. Theories supporting transfer of training. Human Resource Development Quarterly, 12(2): 195-208.

Yin L C, Kretschmer H, Hanneman R A, et al. 2006. Connection and stratification in research collaboration: an analysis of the COLLNET network. Information Processing and Management, 42(6): 1599-1613.

Yin R K. 1993. Applications of case study research. Bms Bulletin of Sociological Methodology, 34(40): 101.

Yoshikane F, Nozawa T, Tsuji K. 2006. Comparative analysis of co-authorship networks considering authors' roles in collaboration: differences between the theoretical and application areas. Scientometrics, 68(3): 643-655.

Yukl G A. 2002. Leadership in Organizations. Tsinghua University Press.

Zaccaro S J, Rittman A L, Marks M A. 2001. Team leadership. Leadership Quarterly, 12(4): 451-483.

Zhang Y, Zeng D, Zhang L, et al. 2007. R&D team governance and R&D performance. Journal of Technology Management in China, 2(1): 71-83.

Zhou J. 2003. When the presence of creative coworkers is related to creativity: role of supervisor close monitoring, developmental feedback, and creative personality. Journal of Applied Psychology, 88(3): 413-422.

附录 1　父母教养方式量表

在回答问卷之前，请您认真阅读下列指导语：

父母的教养方式对子女的发展和成长是至关重要的。让您确切回忆小时候父母对您说教的每一细节是很困难的。但我们每个人都对我们成长过程中父母对待我们的方式有深刻印象。回答这一问卷，就是请您努力回想小时候留下的这些印象。

问卷有很多题目组，每个题目答案均有 1、2、3、4 四个等级。请您分别将最适合您父亲和您母亲的等级数字圈出来。每个题目只能选一个答案。您父亲和母亲对您的教养方式可能是相同的，也可能是不同的，请您实事求是地分别回答。

如果您在小的时候父母不全，可以只回答父亲或母亲一栏。若您是独生子女，没有兄弟姐妹，相关的题目可以不答。问卷不记名，请您如实回答。下面举例说明对每个题目的回答方法。

		从不	偶尔	经常	总是
1. 父母常常打您吗？	父	①	2	3	4
	母	1	②	3	4
2. 父母对您很亲热吗？	父	①	2	3	4
	母	1	②	3	4

性别：______　年龄：_______　您与父母一起生活到_______岁。

父亲文化程度：大学（包括大学以上、大专）、中专（包括高中）、初中、小学

母亲文化程度：大学（包括大学以上、大专）、中专（包括高中）、初中、小学

1. 我觉得我父母干涉我做的任何一件事。
2. 我能通过父母的言谈、表情感受到他（她）很喜欢我。
3. 我能感受到父母对我的喜爱。
4. 即使是很小的过错，父母也惩罚我。
5. 父母总试图潜移默化地影响我，使我成为出类拔萃的人。
6. 我觉得父母允许我在某些方面有独到之处。
7. 父母对我的惩罚是公平的。
8. 我觉得父母对我很严厉。
9. 父母总是左右我该穿什么衣服或该打扮成什么样子。
10. 父母不允许我做一些其他孩子可以做的事情，因为他们害怕我会出事。

11. 在我小时候，父母曾经当着别人的面打我或训我。
12. 父母总是很关心我晚上干什么。
13. 当遇到不顺心的事时，我能感到父母在尽量鼓励我，使我得到一些发展。
14. 父母总是过分担心我的健康。
15. 父母对我的惩罚往往超过我应受的程度。
16. 如果我在家里不听吩咐，父母就会恼火。
17. 如果我做错了什么事，父母总是以一种伤心的样子使我有一种犯罪感或负疚感。
18. 我觉得父母难以接近。
19. 父母曾在别人面前唠叨一些我说过的话或做过的事，这使我感到很难堪。
20. 在满足我需要的东西方面，父母是很小气的。
21. 父母常常很在乎我取得的分数。
22. 如果我面临一项困难的任务，我能感到来自父母的支持。
23. 我在家里往往被当作“替罪羊”或“害群之马”。
24. 父母总是挑剔我所喜欢的朋友。
25. 父母总是以为他们的不快是由我引起的。
26. 父母总试图鼓励我，使我成为佼佼者。
27. 父母总向我表示他们是爱我的。
28. 父母对我很信任且允许我独自完成某些事。
29. 我觉得父母很尊重我的观点。
30. 我觉得父母很愿意跟我在一起。
31. 我觉得父母对我很小气、很吝啬。
32. 父母总是向我说类似这样的话：“如果你这样做我会很伤心”。
33. 父母要求我回到家里必须得向他们说明我在做的事情。
34. 我觉得父母在尽量使我的青春更有意义和丰富多彩。(如给我买很多的书，安排我去夏令营或参加俱乐部)
35. 父母经常向我表述类似这样的话：“这就是我们为你整日操劳而得到的报答吗？”
36. 父母常以不能娇惯我为借口不满足我的要求。
37. 如果不按父母所期望的去做，就会使我良心上感到不安。
38. 我觉得父母对我的学习成绩、体育活动或类似的事情有较高的要求。
39. 当我感到伤心的时候可以从父母那儿得到安慰。
40. 父母曾无缘无故地惩罚我。
41. 父母允许我做一些我的朋友们做的事情。
42. 父母经常对我说他们不喜欢我在家的表现。
43. 每当我吃饭时，父母就劝我或强迫我再多吃一些。
44. 父母经常当着别人的面批评我既懒惰，又无用。

45. 父母常常关注我交什么样的朋友。
46. 父母能让我顺其自然地发展。
47. 父母经常对我粗俗无礼。
48. 有时甚至为一点儿鸡毛蒜皮的小事，父母也会严厉地惩罚我。
49. 父母曾无缘无故地打我。
50. 父母通常会参与我的业余爱好活动。
51. 我经常挨父母的打。
52. 父母常常允许我到我喜欢去的地方，而他们又不会过分担心。
53. 父母对我该做什么、不该做什么都有严格的限制而决不让步。
54. 父母以一种使我难堪的方式对待我。
55. 我觉得父母对我可能出事的担心是夸大的、过分的。
56. 我觉得与父母之间存在一种温暖、体贴和亲热的感觉。
57. 父母能容忍我与他们有不同的见解。
58. 父母常常在我不知道原因的情况下对我大发脾气。
59. 当我做的事情取得成功时，我觉得父母很为我自豪。
60. 父母经常拥抱我。

附录 2　威廉斯创造力倾向测量表

这是一份帮助你了解自己创造力的表单。在下列句子中，如果你发现某些句子所描述的情形很适合你，则请在题后的表格里“完全符合”的选项内打“√”；如果某些句子只是在部分时候适合你，则在“部分符合”的选项内打“√”；如果某些句子对你来说根本是不可能的，则在“完全不符合”的选项内打“√”。

答题的注意事项：

1. 每一题都要做，不要花太多时间去思考；所有题目都没有“正确答案”，凭你读完每一句的第一印象作答；虽然没有时间限制，但尽可能地争取以较快的速度完成，越快越好。

2. 凭自己的真实感受作答，在最符合自己的选项内打“√”；每一题只能打一个“√”。

问　题	完全符合	部分符合	完全不符合
1. 在学校里，我喜欢试着对事情或问题的结果进行猜测，即使不一定猜对也无所谓			
2. 我喜欢仔细观察我没有见过的东西，以了解详细的情形			
3. 我喜欢情节复杂和富有想象力的故事			
4. 画图时我喜欢临摹别人的作品			
5. 我喜欢利用旧报纸、旧日历及旧罐头盒等来做成各种好玩的东西			
6. 我喜欢幻想一些我想知道或想做的事			
7. 如果事情不能一次完成，我会继续尝试，直到完成为止			
8. 做功课时我喜欢参考各种不同的资料，以便得到多方面的了解			
9. 我喜欢用相同的方法做事情，不喜欢去找其他新的方法			
10. 我喜欢探究事情的真相			
11. 我喜欢许多新鲜的事			
12. 我不喜欢交新朋友			
13. 我喜欢想一些不会在我身上发生的事			
14. 我喜欢想象有一天能成为艺术家、音乐家或诗人			
15. 我会因为一些令人兴奋的念头而忘记了做其他的事			
16. 我宁愿生活在太空站，也不愿生活在地球上			
17. 我认为所有问题都是有固定的答案			

续表

问　题	完全符合	部分符合	完全不符合
18. 我喜欢与众不同的事情			
19. 我经常想知道别人正在想些什么			
20. 我喜欢故事或电视剧中所描写的情景			
21. 我喜欢和朋友在一起，和他们分享我的想法			
22. 如果一本故事书的最后一页被撕掉了，我就自己编造一个故事，把结果补上去			
23. 我长大以后，想做一些别人从没想过的事			
24. 尝试新的游戏和活动是一件有趣的事			
25. 我不喜欢受太多规则限制			
26. 我喜欢解决问题，即使没有正确答案也没关系			
27. 有许多事情我都很想亲自去尝试			
28. 我喜欢唱还没有普及的新歌			
29. 我不喜欢在同学面前发表意见			
30. 当我读小说或看电视剧时，我喜欢把自己想象成故事中的人物			
31. 我喜欢幻想 200 年前人类生活的情形			
32. 我常想自己编一首新歌			
33. 我喜欢翻箱倒柜，看看会有哪些东西在里面			
34. 画图时，我很喜欢辨别各种东西的颜色和形状			
35. 我不敢确定我对事情的看法都是对的			
36. 对于一件事情先猜猜看，然后再看是不是猜对了，这种方法很有趣			
37. 我对玩猜谜之类的游戏很有兴趣，因为我想知道结果如何			
38. 我对机器感兴趣，也很想知道它的里面是什么样子以及它是怎样转动的			
39. 我喜欢可以拆开来玩的玩具			
40. 我喜欢想一些新点子，即使这些点子用不上也无所谓			
41. 一篇好文章应该包含许多不同的意见和观点			
42. 为将来可能发生的问题找答案，是一件令人兴奋的事			
43. 我喜欢尝试新的事情，目的只是为了想知道会有什么结果			
44. 玩游戏时，我通常根据自己的兴趣选择是否参加，而不在输赢			
45. 我喜欢想一些别人时常谈起的事情			
46. 当我看一张陌生人的照片时，我喜欢去猜测他是怎么样的一个人			
47. 我喜欢翻阅书籍及杂志，但只想大致了解一下			
48. 我不喜欢探寻事情发生的各种原因			
49. 我喜欢问一些别人没有想到的问题			
50. 无论在家里还是在学校，我总是喜欢做许多有趣的事			

附录3　组织信任、组织政治知觉与工作满意度调研问卷

请您按照实际情况如实填写，不能空项，在相应的数字上打对钩。1=完全不同意，2=有点不同意，3 =有点同意，4=中等同意，5=完全同意。

一、请您先填写人口统计资料，作统计分析用。在相应的括号中打对钩。

1. 年龄：（　）
2. 性别：男（　）女（　）
3. 文化程度：初中以下（　）高中或大专（　）本科以上（　）
4. 职务：普通员工（　）基层管理人员（　）中层管理人员（　）高层管理人员（　）

二、请在右边选择一个符合您的看法的数字上打对钩。

	完全不同意	有点不同意	有点同意	中等同意	完全同意
1. 如果你找对了人，就能够得到想要的一切	1	2	3	4	5
2. 管理者和下属交流是为了提高自身形象	1	2	3	4	5
3. 在我们单位，人人自扫门前雪	1	2	3	4	5
4. 在我们单位，通常是会叫的孩子有奶吃	1	2	3	4	5
5. 员工清楚地知道单位的薪酬和晋升政策	1	2	3	4	5
6. 管理者运用单位内的各种政策为他们自身发展服务	1	2	3	4	5
7. 在我们单位，经常提升那些工作出色的员工	1	2	3	4	5
8. 人们觉得管理者仅仅从表面上帮助他人	1	2	3	4	5
9. 在我们单位，努力工作的员工能够得到回报	1	2	3	4	5
10. 应仔细考虑不能和哪些人作对	1	2	3	4	5
11. 在我们单位，薪酬和晋升标准很完善	1	2	3	4	5
12. 通常只有少数人能从单位政策变化中受益	1	2	3	4	5
13. 本单位领导鼓励员工坦率直言，哪怕是对权威观点的批评	1	2	3	4	5
14. 当有好处时，同事才会伸出援助之手	1	2	3	4	5
15. 在我们企业里，某些小团体可以为所欲为	1	2	3	4	5
16. 我相信我的单位是非常正直的	1	2	3	4	5

	完全不同意	有点不同意	有点同意	中等同意	完全同意
17. 我认为我的单位对待我的态度是一致的、可靠的	1	2	3	4	5
18. 我的单位总是诚实可信的	1	2	3	4	5
19. 总的来说，我相信单位的动机和意图是好的	1	2	3	4	5
20. 我认为单位能够公平地对待我	1	2	3	4	5
21. 我的单位对我是坦率、直接的	1	2	3	4	5
22. 我完全相信单位	1	2	3	4	5
23. 我从一开始就对我的工作感到满意	1	2	3	4	5
24. 大部分的时间我都对我的工作充满了热情	1	2	3	4	5
25. 我比一般的员工更喜欢自己的工作	1	2	3	4	5
26. 我发现工作能给我真正的享受	1	2	3	4	5